たたきの人類史

秋道智彌

玉川大学出版部

たたきの人類史

目次

目次

序章　たたき技術の進化論

一　たたき技術の地平

1 「たたき」の意味

人間は外界にあるモノをたたいて、何らかの変化を起こさせる行為におもいのほか長く馴れ親しんできた。たたくことで対象がじょじょに、あるいは瞬時に変化することに快感とストレス発散、さらには罪悪感をおぼえてきた。たたきの行為は、モノを火で加熱することや、肉を自然に放置し、段々と腐敗が進行する場合とはちがう。

加熱は火を使う人間独自の行為であるし、腐敗は自然に生じる過程である。肉をフライパンや直火で調理する行為は、火の物理的・化学的作用により肉の性質に変化が起こる。それにかかわるのは「火」であり、人間の身体は関係がない。腐敗はバクテリアの繁殖による化学変化を指し、この場合も自然の成り行きで人間は無関係である。

加熱や腐敗は人間の行為のいわば外にあるが、人間みずからの物理的な力が対象に働いていることを着実に体感できるのが「たたき」である。つまり、たたくことは対象の変化にみずからが深くかかわるきわめて人間的な行為である。

表１　「たたく」に関連する英語の動詞（順不同）

英語	日本語	英語	日本語
ヒット（hit）*	ねらい打つ、殴る	ストライク（strike）	たたく、打つ
ビート（beat）	たたく、連打する	ノック（knock）	（ドアを）たたく
ラップ（rap）	机をたたく	バッシュ（bash）	強くたたく
スラップ（slap）	平手打ち	パット（pat）	軽くたたく
タップ（tap）	肩を軽くたたく	バン（bang）	バンバンたたく
パウンド（pound）	搗き砕く	チョップ（chop）	小さく切る、刻む
ミンス（mince）	細かく切り刻む	クラブ（club）	こん棒でたたく
ハック（hack）	乱暴にたたき切る	ダイス（dice）	さいの目に刻む
ブルーズ（bruise）	乳棒でつき砕く	スラッシュ（thrash）	脱穀する
スマック（smack）	ピシャリとたたく	パルヴェライズ（pulverize）	粉状に砕く
サンプ（thump）	棒でゴツンと打つ	クラッシュ（crush）	押し砕く
パンチ（punch）	強く打つ、たたく	ハンマー（hammer）	槌（鎚）でたたく
ヒュー（hew）	斧でたたき切る	ブレイ（bray）	強くたたく
ナップ（knap）	石を槌でたたき割る	バブ（bob）	軽くたたく

＊：to hit の 'to' はすべて省略。表記以外の意味についても省略。

たたくことは、英語でどのように表現することができるだろうか。たたく行為を表す語彙（動詞）は意外と多くある。これを表１にまとめた。おなじたたく行為でも、強弱、回数、対象の形状変化などに応じて二八種類の表現がある。もちろん、英語とおなじように、たたく行為を言語的に細かく差異化している文化が世界にたくさんあると考えるべきではない。

たとえば、日本語では「たたく」に関連する動詞には、「叩く（敲く）」以外に、「打つ」、「搗く」、「刻む」、「砕く」、「撞く」、「弾く」くらいの例がある。鍛冶で金属を「鍛える」こともたたく行為を指す。たたく対象が人間か人間以外か、たたく強さや回数はどうかを考えると、たたく行為のもつ言語的な意味のひろがりは文化によってさまざまであり、環境条件やたたき技術の歴史的・時代的な変化によっても多様であろう。

本書で、たたきについて包括的な議論をすれば、たたきの行為をふくむ人間の技術文化を明らかにする絶好の指針が得られるのではないか。たたく行為は人間の進化の過程でどのような役割と意味をもってきたのか。本書では、「たたき技術」から人類史を再構成することを大きな目標としてかかげ、時空を超えた思索を展開したい。

2　たたき技術とは

たたき技術とは何か。蒸したモチ米を杵で搗いてモチを作る場合や、新鮮なアジの生身を包丁でたたいて作る「アジのたたき」は、食における「たたき」の好例である。サケやオヒョウ（カレイ科の大型魚）を一撃で絶命させる殺魚棒も、たたき具にほかならない。金箔をたたいてのばすことや金鎚で鉄をたたいて鍛える行為は芸術や工芸とかかわる。人類は戦闘のさい、こん棒で相手をたたく行為を常套手段としてきた。人間が育んできた「たたき」にかかわるさまざまな技術と道具、知恵の総体を「たたき技術」と呼ぼう。

たたく行為で、注目すべき点がある。それは、たたく回数の問題である。一撃で動物の頭部をたたいて殺す場合や、薪木を斧で真っ二つに割る場合がある。一方、何度もくり返して、たたく行為もある。たたく回数が増すと、対象の状態はおのずと変化する。

たたきの回数と対象の変化の関係は、およそ三つに類別できる。一番めは一撃ないし数度のたたきで動物を死に至らしめる場合である。かたいナッツを石でたたいて割る場合や、石核（コア）を別の石でたたいて、石の剥片（フレイク）を作る場合もあるだろう。二番めは何度もたたくことで、対象がやわらかくなるとか、じょじょに薄くなるような場合である。そして三番めはたたくことで対象がかたくなるとか、対象の内部にある成分の浸出量が増える場合である。これに、穀物を何度も唐竿《からさお》でたたくことで、脱穀される籾の量が増加するような事例もふくめて考えることができる。

たたく対象が動物の場合、前記三つのいずれにもあてはまる事例がある。植物の場合、たたくことでふつうやわらかくなるが、たたいてかたくなる例を私は知らない。鉱物・土を砕いて顔料を作る場合や、金属をのばす金箔の例は二番めのやわらかくなる場合にあてはまる。鍛冶において、金属を鍛錬によって強靭な「鋼《はがね》」に精製するのが三番めの例である。

具体例を示そう。植物繊維をたたいて製作する製紙の場合、たたく回数に応じて生じる植物繊維の変化を叩解度《こうかい》、つまり°SR（ショッパー・リーグラー：Schopper Riegler）の単位で示すことができる。横軸にたたきに要する時間をとり、縦軸を°SRで示すと、コウゾ（楮）とチョマ（苧麻）とでは、おなじ程度にやわらかくなるのに両者で一〇時間程度のちがいのあることがわかる[1]（図1）。

つぎに、金属片に物理的な圧力を加えて、金属の延性を利用して薄くするのが箔作りである。金や銀、アルミニウム、鋼などを例としてたたく回数（サイクル）と金属片の厚さの関係を示し

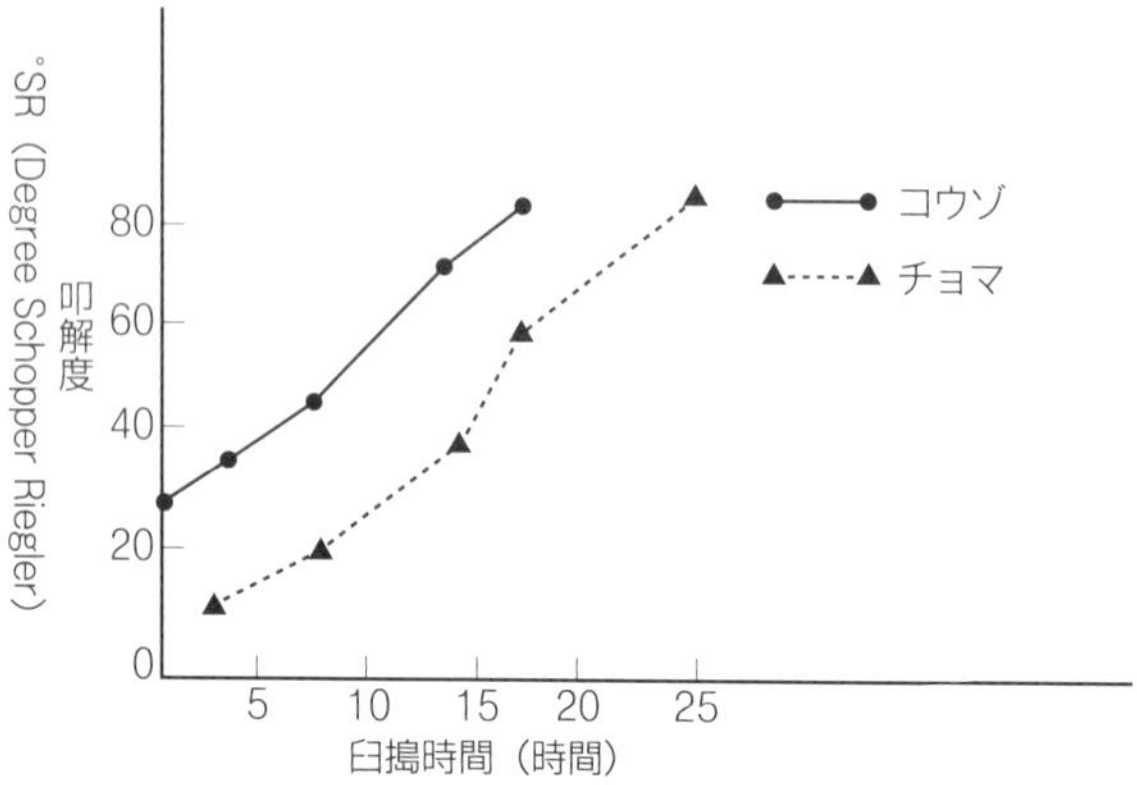

図１　製紙における臼搗時間と植物繊維の叩解度の関係
（大川・増田　1985）をもとに作成

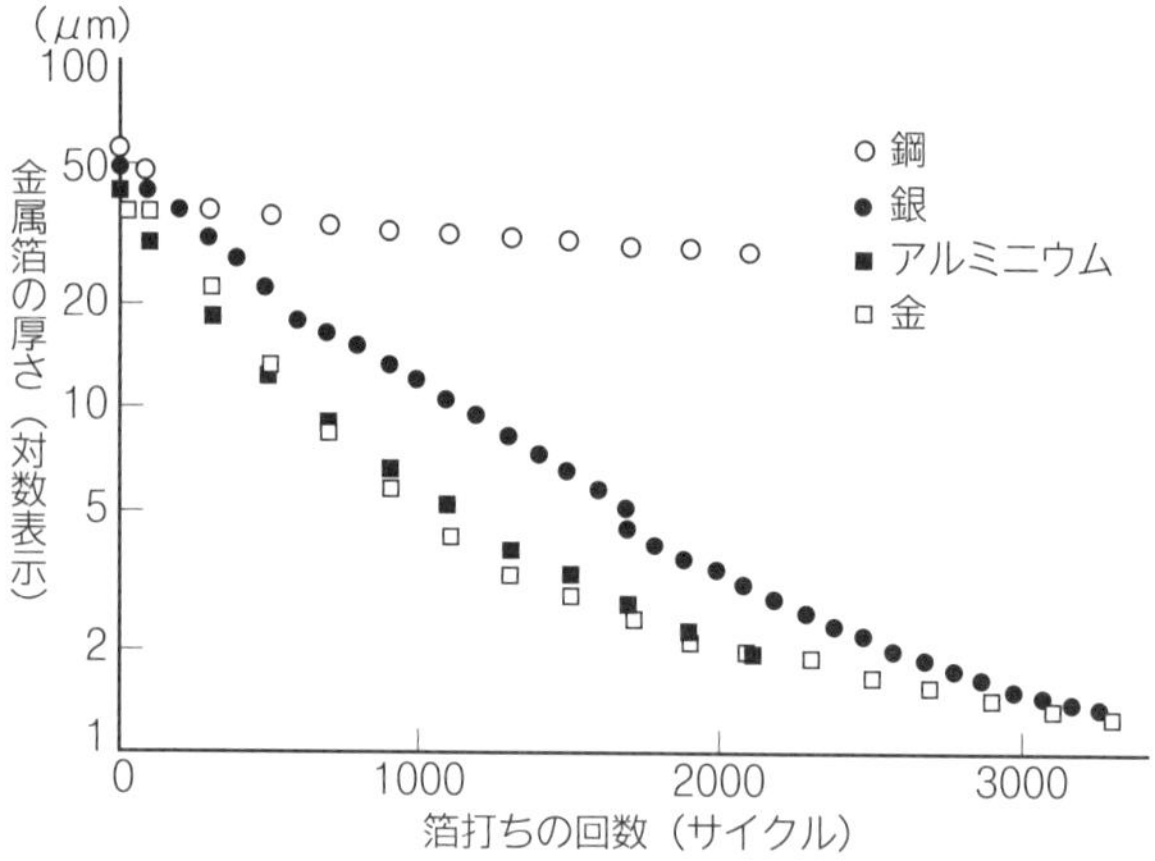

図２　箔打ちのサイクル数と金属箔の厚さの関係
（吾郷ほか　2003）をもとに作成

たのが図2である。[2] これによると、たたきの回数に応じて金がもっとも薄くのばされることがわかる。

たたきの技術は、人間生活の幅広い分野で見いだすことができる。たたく目的は個別の例ごとに分化しているが、それぞれ独立に発生したと考えるのか。一撃で対象に劇的な変化(死、切断、破壊)を与える場合や、何度もたたくことでそのリズムをおぼえ、たたきによって対象の変化する様子を肉眼でたしかめることができる場合がある。こうしてたたく行為がさまざまな対象に応じて用いられた可能性がある。つまり、食・薬・毒・衣服・工芸・芸術など、たたきの目的が多様であっても、たがいに影響することがあったのではないか。Ⅵ章では、人間のたたきの行為が慣習(ハビトゥス：habitus)[3]として技術文化の発展に大きな相乗効果をもたらしたとする仮説を提示したい。

3　たたき技術と細胞・構造

たたき技術が発揮される対象は、植物、動物のほか、鉱物や岩石もふくんでいる。植物と動物はともに細胞核をもつ真核生物であり、細胞一つ一つは細胞膜によって包まれている。植物の場合、この膜には脂質とタンパク質からなるかたい細胞壁の層がある。細胞壁は動物にはない。鉱物は結晶構造からなり、岩石は鉱物の複合体であり、やはりかたく結合しているので、その結合を断絶するためにたたきの技術が用いられる。

植物の場合、細胞内の細胞質には人間にとり有用・有毒な成分がふくまれている。成分をとりだすため、細胞壁を断ち切る必要が生じる。ここで登場するのがたたきの技術である。植物をたたく行為は、植物の有用・有毒成分を抽出するため、植物の細胞壁をたたきつぶし、水と混ぜて有用・有毒成分を分離する一連の技法が編みだされた。さらに、穀物の場合、脱粒するために穂を唐竿でたたく、ないし、ざる、石の台や木板にたたきつける、ウシなどに踏ませる技術は、たたくことで脱粒する行為にほかならない。コーヒーの果実を木の棒でたたいて落とすような例もある。

動物の場合、細胞壁はないものの、筋肉細胞をたたいて筋肉繊維を切断してやわらかくすることがある。ミンチ肉が好例である。骨はたたき砕いて砕片や粉状にするか、内部の脳髄や骨髄をとりだす。骨粉は飼料や肥料となる。

無生物の鉱物や岩石の場合、たたいて鉱物の結晶を粉砕する。あるいは、鉱物または岩石破片の集合体からなる岩石を砕いて破砕する。たたき砕く程度によって、粗砕（一～一〇センチメートル）、中砕（五～一〇ミリメートル）、粉砕（数十～数百マイクロメートル）、微粉砕（数十マイクロメートル以下）、超微粉砕（一マイクロメートル以下）に分けることがある。なお、岩石を生物体、鉱物を細胞に対比する考えは、鉱物の集合体が岩石であることによる。他方、石切り場で岩の露頭を切りとった石を加工して積みあげたピラミッドや、岩壁を削り、高さ十数メートルの石像を作るような場合もあるだろう。

〈註〉

（1）大川昭典、増田勝彦「製紙に関する古代技術の研究（Ⅲ）苧麻布・楮の臼搗による叩解」（『保存科学』24：17～24ページ　一九八五）

（2）吾郷真司、田中照剛、横手達夫、東田賢二、小野寺龍太「箔打ちによる金属箔製造に関する力学的検討」（日本金屬學會誌第67（1）：34～39ページ　二〇〇三）

（3）ピエール・ブルデュー（今村仁司ほか訳）『実践感覚1・2』（みすず書房　二〇〇一）

二　たたき技術の人類史

1　類人猿から新人まで

われわれホモ・サピエンスは、類まれなほど道具を多く使う霊長類である。道具を使うだけでなく道具を製作するための能力を進化の過程で獲得した。後述するように、ホモ・サピエンス以前のヒト科に属するわれわれの祖先も石器を作るために石と石をたたいて有用な道具を作った。

人類（ヒト科：ホミニデ：Hominidae）と類縁関係にある現世類人猿のチンパンジーも道具を使ってモノをたたくことがある。西アフリカ・ギニアのボッソウのチンパンジーは石を用いてナッツの殻をたたき割ることが報告されている。(1) それによると、ハンマーに使う石と、台として使う石を選び、かたいアブラヤシの実を台石の上におき、ハンマーの石をナッツめがけて振りおろす。一回で殻が割れない場合は再度、ハンマーの石を振りおろし、殻が割れると中の核をとりだして食べる（図3）。

チンパンジーの道具使用はたたき石と台石の利用といえるが、これ以外にも木の葉で水をすくって飲む行為やアリ塚の中のシロアリを木の枝を使って「釣りあげる」ことなどの道具使用行

動が知られている。(2)
たたく行為と用いられる道具について、もっとも古い形態は猿人（アウストラロピテクス属、アルディピテクス属など）段階までさかのぼることが数年前にわかった。二〇一五年、『ネイチャー』誌に発表された論文によると、エチオピアで発見された二六〇万年前よりもさらに古い時代に相当する石器がケニヤ北部のトゥルカナ湖に近いロムェクイ3（Lomwekui 3）で発見された。地層は約三三〇万年前（アウストラロピテクス属の時代に相当）のものとされ、ハンマーとなる石（hammer）、台石（anvil）、鋭利な刃物を作るための石がセットで見つかっており、たたき技術はホモ属以前の猿人段階までさかのぼることになった。(3)

図３　石でナッツをたたき割るボッソウのチンパンジー
（撮影・野上悦子）

この点に関連して、東京大学総合研究博物館において、東京大学創設一四〇周年記念国際共同特別展示「最古の石器とハンドアックス――デザインの始まり」が開催された（二〇一七年一〇月二〇日〜二〇一八年一月二八日）。展示では、二六〇万年前のホモ属段階に相当する世界最古の「オルドワン」石器、一七五万年前の最古の

「ハンドアックス」をふくむ「アシュール石器文化」草創期（一七五万年前）の石器（Early Acheulean）をはじめ、その後、石器製作技術の段階的発展（八五万年前まで）、「出アフリカ」をなしとげた現生人類（ホモ・サピエンス）の石器などが時系列で展示されていた。

アシュール石器文化はエチオピア南部のコンソで発掘された標本群をふくみ、原人（ホモ・エレクトゥス）段階のものである。石器の多くは玄武岩製で、ハンドアックス（handaxe：握斧）、クリーバー（cleaver：幅広刃部をもつ、通常は両面調整の石器）、ピック（pick：尖状石器）など、およそ九〇万年間における石器製作技術の発達、精緻化を目のあたりにすることができた(4)。

原石となる石核に石をたたきつけて剥離する技術が猿人段階から途方もなく長い時間を通じて連綿とおこなわれてきたわけで、たたき技術が人類史上に果たした役割とその進化の足跡に光があてられていたことは刺激的である。石器製作技術の進化のたどった道はたたき技術の進化にほかならず、本書にとっても大きな収穫であり、有力な証拠を提供するものとなった。

2 たたき道具の人類史—石器を中心に

石器の発達についての流れを概観しよう。そのうえで、たたき道具の系譜について考えてみたい。人間が素手で対象をたたく例は人間相手の格闘技のほか、パン生地を手でこねる場合や打楽器をたたく例などのほかはあまりなく、道具を用いて対象をたたく場合がほとんどである。銅鼓や太鼓、木魚などは桴《ばち》（枹）や棓《ばい》でたたく。大型の梵鐘では鐘の外部に「撞木《しゅもく》」をとりつけて大勢の人間がたたく（図4）。教会の鐘や軍艦の号鐘は鐘の内部にぶら下がった木製、金属製の舌《ぜつ》を人間が動かして音を出す。では、時代をさかのぼってみると、どのようなたたき技法が用いられたのか。

図4　知恩院（京都市東山区）の梵鐘撞き（撞木の材質はタイワンスギ）

旧石器時代においては、二つの石をたがいにたたいて打製石器が作られた。パーカッション（percussion）による打製石器の製作法は、（1）原石（＝石核）にハンマーとなる石を直接打ちつけてできる石核の鋭利な部分を道具として製作する接打法、（2）原石にシカの角や獣骨を鑿として石で打撃を加えて剥片を分離・製作する間接打法、（3）原石の縁にそってシカの角や骨、木をあて、石でたたいて石片を剥離する押圧剥離法に区別できる。たたくことで石核部分を使った場合と、剥離した部分を使う場合があり、どちらが道具となったかの分かれめが石器の発達にとり、分岐点となった。

旧石器時代に、亀甲状の石核に打撃を加えて剥片をとりだすルヴァロア技法と、石核に打撃を加えて分離した剥片にさらに加工した石刃《せきじん》技法が用いられた。石核石器を使用する技術は原人（ホモ・エレクトス）段階のもので、ヨーロッパではアシューレアン文化がよく知られており、一五〇万〜三〇万年前ごろまで続いた。また、剥片石器を使用する文化は旧人（ネアンデルタール人）段階のもので、ヨーロッパではムステリアン文化として知られる。新人（ホモ・サピエンス）段階では石刃を製作する技術が発達し、ヨーロッパでは四万年前ほどからクロマニヨン人により開発されたオーリニャシアン文化が相当する。石核から剥離した剥片の精緻化が進んだことになる。以上は、一次的な石器を製作するたたき技術の発達に関する例である。これを一次的なたたき技術（primary percussion technology）と呼ぼう。

これに対して、いったん製作された石器を使った二次的なたたき技術（secondary percussion technology）がある。その顕著な例が石皿と磨《す》り石《いし》であり、すでに旧石器時代から用いられている。たとえば、インドのビンベテゥカ洞窟（Bhimbetka Cave）から七〇万〜二九万年前のものとされる堅果類の殻が見つかったとされているが、石皿や石棒は自然にできたものとする意見もある。注意すべき点は、一次的なたたき技術は、石器を製作するためのものであり、できあがった石器はさらにたたくためというより、肉の切断、皮剥ぎなど、「たたき」をともなわない技法に関与した点である。

これに対して、いったんたたき技術を通じて製作された石器を用いて、さらにたたき技術が発揮される段階が発生した。それが、石皿と石杵を用いたたたき技術の出現である。チンパンジーの場合、ナッツをたたくのに使用される石は天然の未加工の原石である点とは大きくちがう。

本格的な石皿と磨り石がセットとして出土するのは新石器時代であり、多様な用途の磨製石器が製作された。日本の縄文時代の遺跡からは圧倒的に多くの石皿・磨り石が出土している。この点は次項で詳しくふれよう。ハンマーとなるたたき石と台となる石がセットとして用いられた点が大きな特徴である。

臼と杵で薬を調整した最古の例が、紀元前一五五〇年におけるパピルスの医学文書（Ebers Papyrus）の記載にある。ただし、臼と杵はもっと古くから薬以外に食物加工用に使用されていた。古代のエジプトやメソポタミアでは、臼と杵は食用と薬用に使われた。ギリシャ・ローマ時代の臼や杵は大理石製のもので、臼は底の深い椀状のものではなく平皿のような形のものであった。時代は大きく下るが一四世紀になると、青銅が臼と杵の材料として使われるようになった。一六世紀には、臼に把手やつまみをつけるように洗練され、臼の中身を注ぎやすいように注ぎ口を備えたものも使われた。

ルネッサンス時代、ヨーロッパ中で青銅や木材を材料にして種々の大きさで多様な形と装飾をほどこした臼が製作された。問題であったのは、青銅製の臼と杵は表面が錆びのために暗緑色に変色することであった。一七八〇年代になると、素焼きの陶器製の臼と杵が用いられるようになる。現在は、大理石、青銅、鉄、かたい木、陶器などを材料とする多様な種類の臼と杵が用いられる時代となった。臼と杵を使うことで、フードプロセッサーのような電動器具を使うよりも調味料や用いる食品のうま味を生かせる利点がある。家庭で手軽に扱えるうえ、臼と杵を使い、手作業で調理する楽しみもある。

3　臼と杵の民族誌

臼と杵には材質によってそれぞれ長所・短所がある。大理石製のものは食材の匂いがつかないうえ、たたきの結果、最上のペーストが得られる。ニンニクを搗いても、匂いはのこらない。使用後の洗浄も簡単で、そのまま放置しておいても問題ない。木製の臼と杵は、大理石や石製のものにくらべて耐久性では劣る。水分の多い食材は材質を劣化させるが、種子や穀物、岩塩などを処理する場合には適している。陶器製の臼と杵は錆びることがなく食材の匂いものこらない。酸性の食材で変質することもない。図5に、乳鉢と乳棒を例として木製、金属製、大理石製、陶器製のものを図示した。

アジア、インド、アフリカ、南北アメリカなど、非ヨーロッパ世界における臼と杵について整理しておこう。たとえば、メキシコのモルカヘテ（molcajete）は玄武岩から製作される石皿と石杵のセットを指す。最上のものは火山砂をほとんどふくんでいないもので、香辛料やハーブをたたいて調味料とするうえで重宝される。南米アンデスで石皿はバタン（batán）、石杵はウニャ（uña）と呼ばれる。ボリビア、ペルー、エクアドル、コロンビアなどでは、この道具でラユア（llajua）ないしライワ（llajwa）と称される辛いソース（トウガラシ、トマト、タマネギと香草）を準備するのに広く使われる。ソース作りのほかにも、脱穀、製粉、キノア（quinoa）のサポニン毒抜き、食用となるパパリサ（papalisa）の根を砕くさいなどに汎用される。

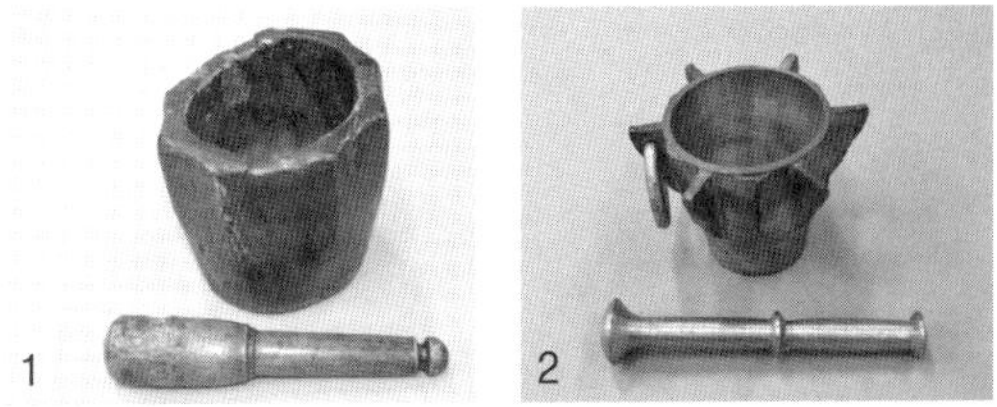

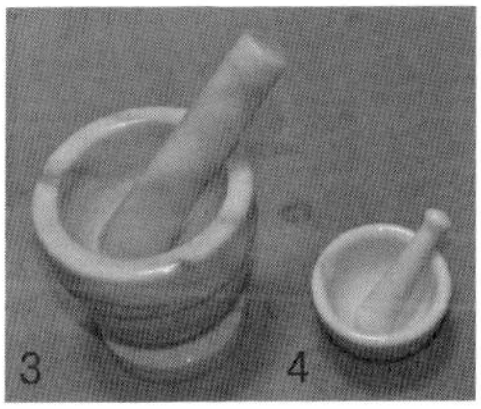

図５　乳鉢と乳棒
1. 木製（フランス）
2. 金属製（エジプト・アラブ共和国）
3. 大理石製（日本）
4. 陶器製（日本）
（1、2は国立民族学博物館蔵。3、4は筆者蔵）

メソアメリカでは、モルカヘテとともに石皿に穀物や種子をおき、長い石棒を前後に動かして、細かく砕く、ないし製粉する技法がある。石皿はメタテ（metate）、たたき石ないし磨り石の棒はマノ（mano）と呼ばれ、その知名度は高い。メタテは考古学的な遺物としてもメソアメリカでは、古典期（紀元前一六～

紀元前八世紀）の遺跡から多く出土している。メタテには脚なし、四脚ないし三脚のものがあり、食物加工ではなく儀礼で使われたものもある。[5] メタテとマノは食物加工のほか、岩石を微細に砕いて粘土とし、土器を作るためにも使われた。

メタテとマノのような形式の石皿と石杵は、インドでも広範囲に利用されている。石皿と石杵は、それぞれシル（sil）、バッタ（batta）と称され、インド各地で香辛料やマメ（豆）類を搗き砕くさいの道具として利用されている。シル・バッタ（sil batta）はインドで広く用いられるたたき具である。シルは大きな石皿で四方には縁がついている。バッタは食材を前後に挽いてたたきつぶすための棒状の道具である。シル・バッタは各種の香辛料を調整するうえで理想的な形状をしている。こうしてできる調味料は一般にマサーラ（masala）と呼ばれる。このほか、深いコップ形の臼であるヒマン（himan）と石製の杵、ダスタ（dasta）もインドで広範に用いられる。インドと南米で石杵と石皿が類似していることを伝播によると考える理由はないだろう。ともに、香辛料をたたいて調理することや脱穀に利用されたことが共通している点では注目すべきだろう。

石杵と石皿を用いたたたき技法は、さらにアジアに広く見られる。まず、日本の例から検討してみよう。日本のすり鉢は臼に相当するもので、外側には釉薬がかけられている。内側には細い線状の筋目がたくさん入っている。杵として木製のすりこぎを使う。木製の杵を使ってすることで、臼の筋目の凸面を傷つけない。とくに炒ったゴマをすりこぎですり、ペースト状にする。細い竹串などで臼の筋目につまったペーストをこそぎとる。すり鉢はゴマすり以外に、味噌、魚のすり身、豆腐、ヤマノイモのとろろ汁など、さまざまなペーストを作るうえで有用な道具として使われた。ただし、筋目にのこった食材は丁寧に洗浄する必要がある。

日本のすり鉢とすりこぎに類似した道具が東欧にあり、マキトラ（makitra）と称される。マキトラはポーランドやウクライナで用いられる家庭用の粘土製の大きな鉢で、内側は同心円状に細かい筋の入ったザラザラ面である。食材を入れて、先端が球状になった木製の道具でかき回す。大型の木製スプーンを使うこともある。小麦粉、卵、砂糖、バター、クワルク（低脂肪のペースト状チーズ）などからチーズケーキを、全粒小麦、ケシの種子、ミルク、ハチミツ、乾燥アンズ、アーモンドなどからクリスマス（一月七日）用に特別のプディング料理クティア（kutia）を作る。

図6　タイ南部トラン県リボン島における石製の杵（サーク）と臼（クロック）（臼の直径は19cm、高さ13cm、深さ7cm、杵は長さ22cm）

東南アジアのタイで用いられる臼（クロック：krok）は多孔質の石ではなく表面はなめらかな深い鉢型くびれ臼で、食材をすりつぶすのにたいへん適している（図6）。これに、トウガラシ、シャーロット、ニンニク、レモングラスなど刺激性の強い素材を入れて、重い石杵（サーク：saak）でたたき砕いたものを調味料として使う。使用後の洗浄も簡単であり、臼は石製で重量があり安定している。

インドネシアの臼はチョベック（cobek）と呼ばれ、平皿に近い形をしており、深さは二センチ程度しかない。杵はウレックないしウレック・ウレック（ulek ulek）と称され、杵の先端部が湾曲している。ウレックを用いるさい、臼の上におかれた食材を前後にすりつぶすように動かしてペースト状にする。

東アフリカでは、木をくりぬいた臼（キヌ：kinu）に未熟なトウモロコシを入れて杵（ムチ：mchi）で搗き、これを発酵させた液体はウソロ（usoro）と呼ばれ、ヒョウタンに入れて旅行に持参するか、収穫期や結婚式の前におこなわれる儀礼で飲用された。市場に出荷されることのない飲み物で、伝統的な手法で製造される。たたきの技術が次第に失われようとするなかで、ウソロはいわゆるスローフードの好例となっている。また、西アフリカ・マリのドゴン族は、臼を使わず平らな岩盤に穀物を広げ、集団で竪杵を使って脱穀する。

以上、世界の諸民族社会では多様な臼と杵が使われている。臼と杵の材質についてもおなじ木製なり石製のものから、臼が木製で杵が石製のもののように異なる場合まである。臼と杵の材質と組み合わせの例を表2に示しておこう。

表2　臼と杵の素材別利用形態

臼＼杵	石	木	金属	土器・陶器	骨
石	○[1]	○[2]	—	—	—
木	○[3]	○[4]	—	—	○[5]
金属	—	—	○[6]	—	—
土器・陶器	—	○[7]	—	○[8]	—
骨	—	—	—	—	—

1. メタテとマノ　2. 日本のモチ搗き　3. ハワイ諸島のポイ・パウンダー　4. 西アフリカの脱穀用臼と竪杵　5. ムブティ・ピグミーの象牙製杵と木板　6. 薬研、ルネッサンス時代における青銅製の臼と杵　7. マキトラ、日本のすり鉢・すりこぎ　8. 乳鉢と乳棒

4　縄文時代の石皿と磨り石

石皿は縄文時代に粉砕や製粉作業に使われた大型の磨製石器であり、おもにクリ・クルミ・ドングリなどの堅果類をすりつぶすための磨り石とセットで用いられた。堅果類を製粉する以外にも、顔料や土器の材料となる岩石の粉砕に用いられた。石皿と磨り石は定住化の普及した縄文時代前期を通じて見られ、とくに早期以降の集落遺跡で多く出土する。また、据付ないし固定式の石皿は住居内でまな板として調理に用いられたと考えられている。

石皿の素材はおもに安山岩や砂岩で、転石や河原石の石核を素材にする場合が多い。原石を加工せずにそのまま用いることもあるが、扁平な礫材を楕円形や長方形に整え、中央に浅いくぼみが作られる。これは日本以外の地域でも見られる技法であり、たたきの効果を増す。磨

り石にはたたきやこすったあとの使用痕がのこる場合が多い。大きさはだいたい、成人男性の握りこぶしより一まわり大きい程度である。棒状の長いものはすり棒と呼ばれることもある。磨り石は縄文時代の遺跡から圧倒的に多く出土するが、石皿と磨り石がセットとして見つかるのは旧石器時代のナイフ形石器の盛行する時期にまでさかのぼる。具体的には岩宿遺跡（群馬県みどり市）の発掘例で、石皿、磨り石と見なされている。(6)

縄文時代草創期の南九州・種子島における三角山Ⅰ遺跡から出土した石皿と磨り石にデンプンを作ったと思われる使用痕（＝磨耗痕）が見いだされた。(7)これと関連して、縄文遺跡から炭化物がいくつも出土している。最古の例は山梨県原平《はらだいら》遺跡（大月市）で、放射性炭素年代測定法で縄文時代の早期末（約六〇〇〇年前）のものとされている。

炭化物は、縄文前期から後期まで長野・山梨県を中心とした東日本から三〇以上の出土例がある。たとえば、縄文前期にあたる山形県押出《おんだし》遺跡（山形県高畠町）や長野県大崎遺跡（長野県茅野市）から出土した炭化物はパンないしクッキー状のものとされているが、脂肪酸に関する正確な分析があまりなく、種類の同定までに至っていない。とはいえ、出土した場所が住居内のことが多く、石で囲った炉や土坑（掘った穴）からの発掘例がある。なかには、パン状の炭化物が石皿の上にのった状態で見つかった新潟県長岡市の岩野原遺跡（縄文後期）の例もある。山梨県の宮之上遺跡（笛吹市）からは炭化物とともにドングリも随伴して出土している。(8)

図7　押出シ遺跡（静岡県三島市）出土の石皿と磨り石（静岡県埋蔵文化財センター蔵）

図8　北黄金貝塚出土の石冠（伊達市教育委員会蔵）

北海道の噴火湾に面する縄文中期の大規模な大船《おおふね》C遺跡からは、堅果類をたたいてすりつぶすのに使われたとされる石皿が二〇〇〇点以上大量に見つかっている。静岡県の押出《おんだ》シ遺跡からも類似のものが見つかっている（図7）。いずれも直径が二〇～三〇センチほどの平らな石で、材質はさまざまである。また、大船C遺跡から炭化物としてのクリの実が二〇〇粒ほど出土している。しかし、クリはこの地域に自生していなかった。一方、津軽海峡をへだてた青森市の三内丸山遺跡からクリの炭化物が出土しており、縄文時代における北海道と東北における交流とクリの利用について大きな意義を提起した。[9]

大船C遺跡以外にも噴火湾にある北黄金《きたこがね》貝塚（縄文時代前期前半から中期後葉、伊達市）の水場遺構から、「北海道式石冠」と呼ばれる磨り石や石皿が一二〇九点と大量に見つかった。石冠《せきかん》は握りの部分がグリップ状になったもので、たたく道具として使われたと考えられている（図8）。また、遺物は破壊されて水場に捨てられたと思われ、石皿も使用面を下部にしておかれた状態で見つかったことから、何らかの儀礼をともなっていたとされている。おなじく噴火湾に面した臼尻

A遺跡からは縄文後期前半を主体として、石斧、石槍などとともに石皿、たたき石、磨り石などが約四四〇〇点出土している。函館市にあるサイベ沢遺跡（縄文前期初頭から中期末）出土の石冠二点は道有形文化財にも指定されている。縄文時代における北海道南部から青森に至る地域で堅果類を加工する技術が広範に分布し、たたきの技法がその中核となっていたことはほぼまちがいない。この点で、縄文時代のたたき文化を探る原点が南北海道から北東北にあることもおそらくたしかだろう。

〈註〉

（1）Sugiyama, Y. and Koman, J.: Tool-using and making behavior in wild chimpanzees at Bossou, Guinea (*Primates* 20: 513–524, 1979). Matsuzawa, T.: Field experiments on use of stone tools by chimpanzees in the wild (*Chimpanzee Cultures*, Harvard University Press, Cambridge: 351–370, 1994).

（2）O'Malley, R. C., Wallauer, W., Murray, C. M., and Goodall, J.: The Appearance and Spread of Ant Fishing among the Kasekela Chimpanzees of Gombe. A Possible Case of Intercommunity Cultural Transmission (*Current Anthropology* 53(5): 650–663, 2012).

（3）Harmand, S., Lewis, J. E., Feibel, C. S., Lepre, C. J., Prat, S., Lenoble, A., Boës, X., Quinn, R. L., Brenet, M., Arroyo, A., Taylor, N., Clément, S., Daver, G., Brugal, J. P., Leakey, L., Mortlock, R. A., Wright, J. D., Lokorodi, S., Kirwa, C., Kent, D. V., and Roche, H.: 3.3-million-year-old stone tools from Lomekwi 3, West Turkana, Kenya (*Nature* 521 (7552): 310–315, 2015).

（4）諏訪元、ヨナス・ベイェネ、佐野勝宏、ブルハニ・アスファオ『アシュール石器文化の草創　エチオピア、コンソ』（東京大学出版会　二〇一七）

（5）Evans, S. T. and Webster, D. L.: *Archaeology of Ancient Mexico and Central America: An Encyclopedia* (Taylor & Francis, 2001).

（6）黒坪一樹、増田孝彦「ドングリ製粉にともなう磨石・石皿の形と運動　縄文後期資料と製粉実験から」（『京都府埋蔵文化財論集』7：109～126ページ　二〇一六）

（7）工藤雄一郎「縄文時代草創期土器の煮炊きの内容物と植物利用　王子山遺跡および三角山Ⅰ遺跡の事例から」（『国立歴史民俗博物館研究報告』187：73～93ページ　二〇一四）

（8）室伏徹「宮之上遺跡（第3次）」（『山梨考古』31：3～4ページ　一九九〇）

（9）佐藤洋一郎『縄文農耕の世界　DNA分析で何がわかったか』（PHP研究所　二〇〇〇）

三　たたき技術の多様性

1　臼と杵─座位と立位の技術

たたきの道具として汎世界的に重要な臼と杵を利用するさいの姿勢に注目しよう。臼と杵を座ったままの座位で扱う場合と立位で使う場合とでは、作業の効率、対象への物理的な力の強さ、道具の材質・形態が大きく異なると考えられる。

臼には三種類ある。挽き臼（磨り臼）は座位のままグルグルと回す身体行為に対応するが、搗き臼は立位の姿勢で上部から力強く杵で搗く。あるいは座位のまま、石板に石の杵をたたきつける場合もある。唐臼（踏み臼）は、足を使って杵をとりつけた柄にあたる横木の他端を足で踏むことで杵を上下させて搗く。唐臼（踏み臼）は立位で操作される。

杵には二種類ある。一つは竪杵で、臼に対して杵を垂直に上下して臼の中にある材料を搗く。もう一つが横杵で、杵に対して直角に杵の柄をとりつけ、柄を両手で固定してほぼ一八〇度上から回転させて臼の中の材料を搗く。杵の形が両者で大きく異なることは図9の3と4に示したとおりである。竪杵の多様な形態についてはI章四節でとりあげよう。

図9　臼と杵
1. くびれ臼 (搗き臼）
2. 胴臼 (搗き臼）
3. 竪杵
4. 横杵
5. ひき臼（上臼・下臼）
1～4は木製、5は石製
（沖縄県立博物館・美術館蔵）

搗き臼は木製、石製で胴臼、くびれ臼、あるいは深鉢型、皿型のものがある。中に入れた穀物やイモ、ナッツ類を杵でたたいて、粉状ないしペースト状にする。「上臼」（雌臼）の孔から穀類やダイズ（大豆）などを入れ、棒状のハンドルで「上臼」を回転させて材料をすりつぶす。上臼の下面と下臼の上面には溝が刻まれており、通常「目」と呼ばれ、多様な様式のものがある。この場合は、「たたく」、つまりパウンディング（pounding）というより「すりつぶす」グラインディング（grinding）行為に相当する。

歴史的に見ると、竪杵が圧倒的に長いあいだ利用されてきた。また、脚力を利用して搗く唐臼（踏み臼）は横木を足で踏んで杵を上下させる。杵によって物理的な力を材料に加

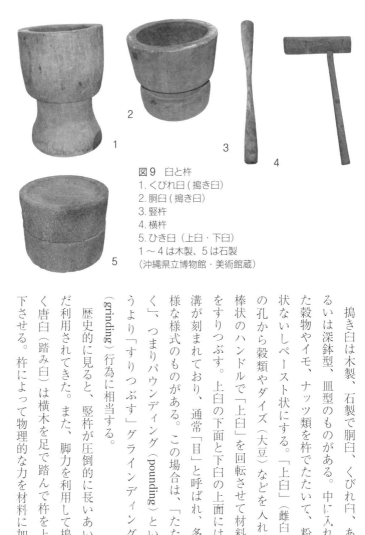

えるさい、腕力によるのがふつうだが、脚を使う場合のほか、水流を水車で受けとめてその動力を使う場合、風力で回る風車の力を利用する場合などがある。現在では、機械化されたミキサーやグラインダー（攪拌機）を使う方法に変化しているものの、依然として臼と杵を使う技術は生きのこっている。

臼と杵をめぐるいくつもの伝承や故事がある。中国では後漢時代の故事から、杵臼之交《しょきゅうのまじわり》の用語があり、上下貴賤の別なく人とつきあうことを指す。日本でも、杵を男性、臼を女性に見立て、男女の和合を表す。たとえば花嫁が婚家に入るときに、門口で杵をまたぐなどの民俗がある。大分県の臼杵市の稲田《いなだ》にある臼塚古墳から出土した甲冑《かっちゅう》に身を固めた姿の石人《せきじん》二体は臼と杵の形を表現したもので、これが臼杵の地名の起源とされている。この石人は国指定重要文化財となっている。

座位と立位を対比的にとらえたが、両者が組み合わされる場合もある。インドでは、二人の女性が竪杵で穀物をたたくさい、一人が座って杵の下部をささえ、もう一人の女性が立ったまま、竪杵の上部を支持して座位の人と調子をあわせて搗くことがある。また、臼と杵ではないが、唐竿を使って穀物を脱粒する場合は、立位でたたく作業がおこなわれる。

2　多様な臼と杵

臼と杵はたたき技術の典型例といえる道具のセットである。歴史的に古い原初的な例をふくめ、世界における諸事例を紹介しておこう。なお、「たたき」のなかに、ゴマをすり鉢ですることや、薬研《やげん》によって薬を調整する行為、石臼でソバや茶葉を挽いて粉にするグラインディングも広義のたたき技術にふくめて考えたい。

臼と杵でつぶす、ないし粉砕する工程には二種類ある。一つは乾式粉砕（dry grinding）で、材料を乾燥したままで加工する方式である。たとえば、脱穀で籾をとり、さらに籾すりで籾殻と種子を選別する工程があたる。もう一つは湿式粉砕（wet grinding）で、粉砕することで対象をペースト状に変形させる方式で、材料にふくまれる水分含有量の多少が大きくかかわっている。蒸したタロイモを搗いてペースト状にする場合は湿式粉砕にあたる。

(1)カップストーン

まず奇妙な例として、石の表面にくぼみ、ないし半球状の丸い孔があけられている場合がある。ふつう、数十以上多くの孔がおなじ場所に集中している。これはふつうカップストーン（cupstone）と称されるもので、世界では北米、アジア、オセアニア、ヨーロッパで広く見られる。これらの孔がどのように使われたのかについて、一致した見解はない。ナッツ類の粉砕・加工、薬や染料の調整、矢じりの製造、発火法などの実用的な用途が考えられるが、そのいずれかに特化したのか、あるいは複数の用途に併用されたのかはわからない。

カップストーンと類似した同心円状のリング模様の岩面陰刻画（ペトログリフ）が北米やブラジル、インド、ハワイ、ヨーロッパで知られている。同心円状の模様は水面に石を投げ入れ、そのさいに水の描く輪模様を想起させる。諸説があるなかで、妊婦が出産後に新生児のへその緒を入れる場所に使ったとする報告がハワイやポリネシアにある。ハワイ島のキラウエア火山の南側にあるプウロア（Pu'u Loa）という名前の丘に二万三〇〇〇以上のペトログリフがあり、その八四％は孔（cupele）となっている。周囲に住む人びとは子どもが生まれると、この溶岩の丘に新しく孔をたたいてうがち、その中に新生児のへその緒（ピコ：piko）を入れて一晩おいておき、翌朝にまだあれば、子どもが健康に長生きすると見なされた[1]。

フィンランド南部中央のハメーンリンナ（Hämeenlinna）には一〇〇以上のカップストーンの遺構がある。これらの孔は三五〇〇～一〇〇〇年前に作られたと想定されており、豊饒、狩猟獣の供犠、死者供養、あるいは病人治療のため、穀物やトナカイから搾乳した最初のミルクが捧げられた。孔にたまる雨水には超自然的な力があると信じられてきた。二〇世紀初頭まで前述した儀礼がいとなまれてきた。

スカンディナビア半島だけでもカップストーンの数は三万を超える。カップストーンは人為的に孔をあけて製作されたもののほか、氷河時代に氷河が運んだ迷子石（glacier erratic）に形成された半球状のものもある。迷子石はオマロルック（omarolluks）、ないしオマール（omars）と称される。自然物、人工物にかかわらず、特定の用途に使われたかどうかは民族誌例からたしかめるほかない。たとえば、米国では一六世紀にミシシッピ川以東（川の左岸側）に居住するヴァージニア・インディアンは家族ごとにナッツを割るためのくぼみを有しているとする報告があり、カップストーンはナッツをたたき割るための孔であった[2]。

(2)ストーン・アンド・マラーとアラストラ

平たい表面の二つの石をたがいにこすり合わせて、そのあいだに染料や食料をはさんで粉砕、加工する技術がある。英語では、ストーン・アンド・マラー（stone and muller）と表記される。マラーは、「粉砕棒」の意味であるが、いわゆる臼と杵のようなものではない。オーストラリアの先住民であるアボリジニも二つの平らな石をこすり合わせる技法を用いたが、ニューサウスウェールズ州の発掘品を見ると、一方は大きな平らな石で他方は握りこぶし大の小さな石をセットとしている。つまり、磨り石の大きさはおなじくらいとはかぎらない。

アラストラ（arrastra）は原初的な臼で、古代から地中海世界で用いられた。水を張った円形の

図10　バングラデシュ・インド東部におけるイネの脱穀装置デキ・チャ（ン）タ・チャル（dheki chhata chal）。dheki は「脚踏み杵」、chhata は「脱穀」、chal は「コメ」を指す（撮影・南出和余）

池に回転する軸と長いアームとなる支持棒を備え、大きな臼石をアームに固定し、人力ないし馬などに引かせて回し、水中に入れた原石を砕いた。アラストラは地中海世界でフェニキア時代から普及しており、のちの一六世紀にスペイン人が新世界に導入した。この装置はおもに金銀の採掘作業に利用され、粉砕された原石から金や銀が選別された。

(3) インドの臼と杵

インドには多様な臼と杵を使う技術がある。まず、オラル・カル（oralu kallu）は、石製の臼にあたるオラル・カルと杵にあたる円筒状のグンドゥカル（gundu-kallu）のセットからなっている。臼の中央部にはくぼみがあり、その幅はグンドゥカルの長径より少し大きい。また、グンドゥカルには回すための把手がついていることもある。この道具は材料をペースト状にするための湿式粉砕具である。

デキ（dheki）はバングラデシュやインド東部で利用される脚踏み式の杵で、重くて二メートル近い長さのレバー（支柱）が特徴である（図10）。映像を見たが、二人の女性がそれぞれ右脚と左脚で踏み台を踏み、地面に広げられた穀類を杵で搗く。杵に向かって左側の女性が左手に先がスプーン状になった長い棒をもち、穀物をかき回してまんべんなく脱穀できるようにする。杵から脚で踏む地点までの距離はレバー全体の八分の五の長さとなっている。

ベーソ・カル（beeso kallu）は、二つの平たい円筒形の石からなっている。上側におく臼の中央部には中空の孔があいている。周辺部の孔は把手を差しこみ、回転させるためのものである。上部の臼の中央部からコメ（米）やシコクビエ・ソルガムなどの雑穀の籾を入れて、籾すりをする。いわゆる乾式粉砕のための挽き臼である。北インドではチャッキ（chakki）、ネパールではジャト（jato）と呼ばれる。

ドゥンドゥガル（dundugallu）は円筒形、円形、卵形の石と平たい石からなり、インドの村落部で用いられてきたがほとんど見られなくなった。クトゥニ（kutni）は小型のたたき具で、ホート形ないし円形の石製の臼にあたるものでくぼみは浅い。これに食材をおき、イチジク形の杵、クットカル（kutto kallu）で搗く、粉砕する、するなどの作業をおこなう。

オナク（onak）は木製の長い棒で、かつてはオラル・カル（臼）に広げた穀類を製粉するための杵として用いられた。現在では、南インドにおけるアリシナ・クトゥヴァ・シャーストラ（Arishina Kuttuva Shastra）と呼ばれる結婚式儀礼に使われる。アリシナは現地語で香辛料のウコン

（turmeric）のことで、結婚式のさい、女性たちが臼の上でこのウコンを木の棒でたたきつぶす。これに水を混ぜたペーストが、参加した女性たちにより新郎の体に塗りつけられる。

(4)マドラー

マドラー（muddler）は酒場でバーテンダーが使う道具で、グラスの中に果実やハーブ類や薬味を入れ、これをつぶして酒に香りづけ成分を醸しだすための道具である。たとえば、モヒート（mojito）はタンブラーにミントの葉、ライム、砂糖を入れ、ペストル（すりこぎ棒）あるいはバースプーンでつぶす。これにラム酒と氷を入れてできあがる。ちなみに、作家のA・ヘミングウェイは、ドライ・ラムにライム、ミントの葉、シロップ、ビター（苦みのあるアルコール飲料）でカクテルを楽しんだ。ミントの葉は乳鉢ですりつぶされた。

カイピロスカ（caipiroska）はウォッカ・ベースのカクテルで、V字形に切ったライムと黒砂糖をロック・グラスに入れ、マドラーでライムをつぶしてウォッカとクラッシュ・アイスを入れる。図のものでは、木製のマドラーを使って

図11　カイピロスカ。黒砂糖とライムを入れ、木製のマドラーでライムをつぶしてから、ウォッカとクラッシュ・アイスを加える（撮影・小笠原輝）

ライムをつぶした（図11）。

たたきの技術は用いられる道具とともに利用の目的が多様化しており、食料として利用するだけでなく、儀礼においても重要な意味をもつことが大方わかった。詳しくは個々の利用面で考えるとして、もう少し、たたき技術の意義を考えておきたい。

(5) 儀礼と臼・杵

臼と杵が実用的な目的以外に儀礼で用いられる場合がある。九州の宮崎県西臼杵郡高千穂町では、かつて臼と杵のミニチュアを作り、子どもの首にかけた。これは子どもの病気を搗いて体の外に出す意味がこめられていたという。ただし北海道アイヌも、女の子が生まれると、臼と杵のミニチュアを作り、贈る習慣があった（図12）。男の子の場合は、模型の舟が贈与された。臼は高さ一四センチ、杵も長さ一八センチの小さなもので、実際に脱穀で使う竪杵は五九センチ程度でポニュタニと称された。杵と臼は将来、女性が日常生活で使う道具であり、たたき具が女性の人生儀礼の一環として位置づけられていた

図12　まじない用に使われるくびれ臼と竪杵のミニチュア。19世紀に収集されたもので女の子の誕生のさいに贈られた（国立民族学博物館蔵）

と考えることができる。アイヌ社会でくびれ臼（ニス）と上下対称の竪杵（イユタニ）はたいへん重要な生活用具とされている。(3)

3　たたきと芸術――非言語コミュニケーション論

(1) 拓本とタンポ

芸術分野では、木版画や拓本製作にたたく所作が重要な役目を果たす。馬楝《ばれん》は、木版や版画を刷るさいに使う小道具であり、基本的には刷るための道具を指すが、軽くたたいて刷ることがある。馬楝は、表面の包み皮、内側のあて皮、馬楝の芯から構成されている。馬楝の芯はカシロダケの竹皮をこよりにしてコイル状に編んだ円形のものである。これをあて皮にあてはめる。あて皮は、生漉和紙を木型に五〇枚前後貼り重ね、ワラビ粉や柿渋、本漆などで接着し、整形したものである。これをさらにカシロダケの竹皮で包む。福岡県八女市星野村産のカシロダケの竹皮を使った高級な馬楝がある。馬楝のあて皮を包む竹皮は湯でやわらかくして、縦と横方向にローラーをあてて竹皮の繊維をつぶしたものを使う。このさいの繊維つぶしもたたきの行為にほかならない。

タンポ（短穂、打包）は、拓本を製作するときに墨をつけてたたく道具で、綿を布で包み、球状にしてしばったものである。軽くたたいて、和紙に転写するための道具である。日本刀を拭くさい、タンポに砥石の粉を混ぜたもので刀剣を軽くたたく。

魚拓は、墨を直接塗った魚の上に敷いた和紙を素手で押さえて転写するのが「直接拓」である。これ以外に、凹凸のある石碑や青銅器に布や紙をあてて転写する「拓本」も基本的にこするないしたたきをともなう。対象の上から固形の墨をこすって転写するのが「乾拓」である。これに対して、対象に濡れた紙や布をかぶせ、墨をふくませたタンポで対象をたたいて転写するものを「湿拓」、墨を打つことを「上墨《じょうぼく》」と称する。後者はいずれも、魚拓のように直接対象に墨を塗らないので「間接拓」とも呼ばれる。拓本では、対象の凸面は黒く、凹面は白く転写される。魚拓の場合も、とくにウロコやひれに白黒の陰影が転写される。

(2)たたきと非言語コミュニケーション

まったく分野の異なる世界であるが、音楽、舞台芸術、寺社・教会における鐘撞きなどにおいても、打楽器や「鳴り物」によるたたきは世界的にたいへん広く分布する。打楽器については本論で中心的に扱うわけではないが、太鼓、ドラム、ティンパニ、鐘、鉦、ドラ、拍子木、ピアノ（打弦楽器）、チェンバロ（たたくというよりひっかくので、撥弦楽器）など、たたきの行為はその音響や音楽的な効果において大きな意味をもつ。これらの打楽器・鍵盤楽器を指や道具でたたくさい、「たたく」、「打つ」、「撞く」、「弾く」などの用語が日本語では使われる。

英語でピアノを弾くことはプレイ・ザ・ピアノ（play the piano）だが、鍵盤をたたくことはストライク・ザ・キーボード（strike the keybord）となる。直接的にはたたくが、音楽としてはやはりプレイであろう。太鼓や鍾・鉦の場合、木製・金属製のバチを使う場合と手でたたく場合がある。いずれも、英語ではたたくにあたるヒット（hit）、ビート（beat）の用語を使う。

京都の祇園祭でなじみの山鉾巡行のさいに、打ち鳴らされる摺鉦《すりがね》は、銅をふくむ合金製の皿状のもので、「鉦《かね》すり」と呼ばれるバチでたたく。鉦すりの柄の部分はクジラのヒゲを使い、先端部にはシカの角が使われる。皿の縁を鉦すりでたたくさい、皿の中央部をすることを「チキ」と呼ぶ。皿の中央部分をたたくさいは「チャン（コン）」と称する。このくり返しのリズムから、「コン・コン・チキ・チン、コン・チキ・チン」の慣用句が生まれた。たたく部位

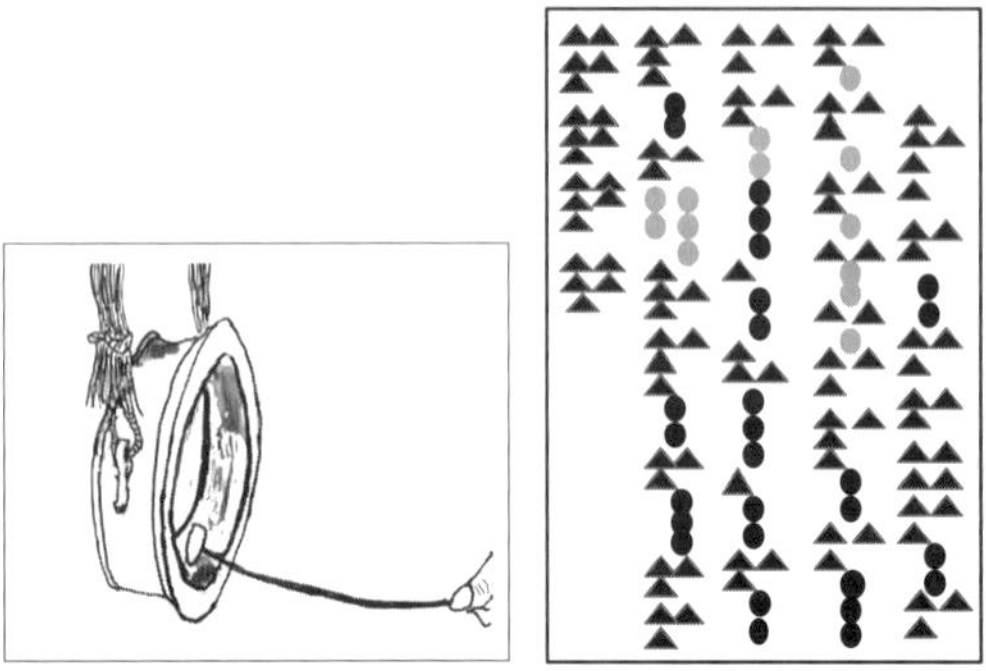

図 13　京都の祇園祭に用いられる摺鉦（左）と楽譜（右）。2 列の譜を上から縦に読む。右側の三角は上、左側の三角は下をたたく。黒丸は鉦の真ん中をたたく。グレーの丸は太鼓（函谷鉾の例）

や音色が言語化された例といえるだろう。摺鉦には楽譜があり、摺鉦のたたく部位（上、下、中央部）が縦に三角印と丸印で示されている（図13）。太鼓をたたく音のリズムが言語とおなじ働きをすることを人類学者の川田順造が西アフリカにおける調査から明らかにしている[4]。これはトーキング・ドラム（talking drum）と呼ばれるもので、声調と韻律を組み合わせた音が言語的な情報に変換される。太鼓をたたくことで、遠距離にも情報を音で伝達できる特徴がある。

また、人間が両手をたたいて拍手する行為は、賛同や祝福、感動などを表す非言語的なコミュニケーションの手段である。強く、何度も手をたたくことで、相手への強い思いや感動を表現することができる。演奏会のフィナーレ段階で、鳴りやまぬ拍手に応じて、アンコール演奏がおこなわれる例や、スポーツで得点をあげた選手への称賛や、表彰式において受賞者への賛同と評価を表すうえでも、手をたたくことは日常・非日常で見られる社会的な行為である。その反面、かならずしも相手を評価しないような場合は、恩着せがましくユックリとしたテンポで手を数回「パチ、パチ」とたたくことで、相手への不賛同を示すこともある。日本の神社では参拝のさい、「二礼二拍一礼」が正式のもので、拍手でなく柏手《かしわで》と呼ぶ。さらに、宴会や飲み会の最後に手締めとして参加者全員で手をたたく儀式はなじみの慣行である。相撲でも土俵入りの儀式で、両手でたたく儀礼的なふるまいがある。

たたく行為が進化的にも重要であることは論をまたない。ゴリラにおけるドラミングは自分の胸を両手でたたき、自己顕示を示すものとされている。このように考えてみると、たたきの行為は人類を超えて考察することのできる課題であるといえる。

以上の予備的な考察をふまえ、以下ではⅠ植物食とたたき技術、Ⅱ動物のたたき技術、Ⅲ暮らしのなかのたたき技術、Ⅳ殺しと毒、Ⅴ大地とたたき技術、Ⅵでは最終章としてたたき技術の進化についての包括的な議論を試みたい。

〈註〉

（1）Cox, J. H. and Stasack, E.: *Hawaiian Petroglyphs* (Honolulu, Bishop Museum Press, 1970).

（2）ヴァージニア・インディアンは、ヒッコリー（クルミ科ペカン属で hiquara）、ペカン（クルミ科で pakan）、クルミ（ahsmenuns）、ドングリ（anaskimmins）を利用した。

（3）萱野茂『アイヌの民具』（すずさわ書店　一九七八）

（4）川田順造、武満徹『音・ことば・人間』（同時代ライブラリー　岩波書店　一九九二）

I

植物食とたたき技術——ドングリからコメまで

一　植物のたたき技術

二〇〇一（平成一三）年、徳之島の伊仙町小島（鹿児島県大島郡）にあるガラ竿《ぞう》遺跡から磨り石が発見された。約二万四〇〇〇年前の旧石器時代に相当するもので、植物をたたいてすりつぶすために使われた可能性が指摘されている。たたきの技術が日本列島でも旧石器時代にさかのぼるとすれば、奄美諸島でいったい何がたたきの対象であったのか。本章では、植物のたたき技術を幅広くとりあげてみたい。

1　多様な植物食

人類の食にとり、植物はデンプンやタンパク質、食物繊維、各種ビタミン、無機塩類などを提供する。なかでも多糖類からなるデンプンは、摂取すると分解されて単糖類（グルコース）となるエネルギー源であり、植物の種子、地下茎（根茎・塊茎・鱗茎）などの細胞内に蓄積されている。デンプンは、穀物、根菜類、マメ類、野菜（草本類の山菜をふくむ）、果実、樹木作物など多様な種類にふくまれている。デンプンを植物からとりだすための技術には種々あるが、ここでは先史時代から伝統的に継承されてきたデンプン採取の技法に注目した[1]。

かつてはどの家庭でも年末になると、家でモチを搗いた。モチ搗きは家族が一体となる場であり、新年をむかえる重要な師走の行事でもあった。家でモチを搗く習慣はまだまだ全国にあると思うし、モチを市場や百貨店で買うだけが日本の正月準備でもあるまい。そもそも、臼と杵はモチ搗きだけの道具ではない。日本ではコメが主要な穀物であるが、ヒエ・アワ・ムギなどの雑穀類も使う。これらの穀物の脱穀から精白、さらには製粉工程において、臼（モルタル：mortar）と杵（ペストル：pestle）は多様な機能を果たしてきた。以下では、世界の主要なデンプン質源となる植物の加工について、堅果類、コメ、ムギ、雑穀などの穀物類、樹木栽培作物のサゴヤシ、イモ類のキャッサバ、タロイモ、ヤムイモ、マメ類、クズ、ワラビなどの野草と山菜、海藻などに分けて論じよう。

〈註〉

（1）松山利夫『木の実』（ものと人間の文化史47　法政大学出版局　一九八二）

二　ナッツのたたき技術

堅果類もしくは種実類（ナッツ）は、構造上、堅果、核果、種子に分けることができる。シイ・カシなどのドングリやヘーゼルナッツは堅果である。核果は果皮と果実の中にある部分で、モモ、スモモ、ウメ、サクランボなどでは果肉が利用されるが、クリ、クルミ、ピーカン（pecan）、マカデミア、アーモンド、イチョウ（銀杏）、ピスタチオなどは果皮が乾燥してかたくなっており、種子と密着していない。この場合、核果の中にある種子（仁）が利用され、穀果と呼ばれる。ピーカンの脂肪量は多く、北米の先住民は重要な食料・交易品として利用した。種子としてはカシューナッツやブラジルナッツがよく知られている。

1　ドングリと野生動物と人

ドングリは英語でエイコン（acorn）と称され、ブナ科の種実類を指す。大きくは、コナラ属のコナラ亜属には落葉樹のナラ（アベマキ、カシワ、クヌギ、コナラ、ミズナラ）や、常緑樹のウバメガシなどをふくむ。落葉樹は東日本に多く、常緑樹は西日本に卓越する。コナラ属のアカガシ亜属には、常緑樹のアカガシ、シラカシ、アラカシ、イチイガシ、ウラジロガシ、オキナワウラジロガシがふくまれる。

奄美以南の琉球列島に生育するオキナワウラジロガシは日本で最大のドングリで、西表島では島に生息するリュウキュウイノシシの重要な餌となっている。ドングリの出来不出来で、イノシシの栄養状態も変わり、食用とする場合にも味がちがうと地元の猟師から聞いたことがある。オキナワウラジロガシは過去に渋を抜いて地元の人びとも食べたが、現在は飼育する黒ブタ用の飼料とされている(1)。コナラ属以外では、常緑樹のマテバシイ属として、マテバシイやシリブカガシがある。

落葉樹のクリ属にはニホングリが相当する。これ以外に、常緑樹のシイ属として、スダジイ、ツブラジイが、落葉樹のブナ属にはブナとイヌブナがふくまれる。ブナはブナ林帯の指標となり、西日本の高度の高い地帯や北日本に分布する。世界遺産の白神山地や八幡平の山毛森（ブナモリ）のブナ林が著名である。ブナの実はツキノワグマの餌となり、ブナの凶作年に餌不足になったクマが人里に出没して農作物に被害が出ている(2)。

2 ドングリのアク抜き

(1)ドングリのデンプンとタンニン

堅果類を栄養学的に見ると、一〇〇グラムあたりのデンプン（糖質）は三七〜六五グラムまでバラツキがある（表1）。たとえば、ミズナラやコナラはエネルギー量、デンプン量ともに高い。しかし、照葉樹林帯のドングリであるアラカシ、シラカシ、マテバシイなどはエネルギー量、デンプン量ともにナラより低い。また、一〇〇グラムあたりのタンニン量は、ミズナラ（六・七グラム）、コナラ（四・八グラム）、シラカシ（四・五グラム）、アラカシ（四・四グラム）と多く渋味が強いが、クリとスダジイ（〇・一グラム）、マテバシイ（〇・五グラム）は渋味がない。

以上のように、堅果類にはクリやスダジイ、ツブラジイのように渋味・苦味成分をほとんどふくまないので生食ないし、から煎りして食べられるものから、えぐい味がしてそのままでは食用としにくいものまでがある。堅果類の渋味・苦味はタンニンやサポニンなどによるもので、これを除去しないと食用とはならない。ただし、タンニンはポリフェノール化合物でもあり、有害というわけではない。世界では、カシ・シイなどのドングリの渋味・苦味成分を除去して食用とする技術が広く知られてきた。以下では、これを「アク抜き」と称する。

表1　堅果類の栄養価とタンニン量

100 gあたり

種類＼栄養価	エネルギー (kcal)	水分 (g)	タンパク質 (g)	脂質 (g)	食物繊維 (g)	灰分 (g)	糖質 (g)	タンニン (g)
クリ	164.0	58.8	2.8	0.5	4.2	1.0	36.9	0.1
シラカシ	236.0	40.7	1.8	2.0	1.1	1.7	52.7	4.5
アラカシ	235.0	41.1	1.8	1.9	0.9	1.6	52.7	4.4
マテバシイ	236.0	39.9	2.5	0.7	0.9	1.2	54.8	0.5
スダジイ	249.0	36.6	2.3	0.5	0.7	1.0	58.9	0.1
イチイガシ	252.0	37.6	1.6	2.1	0.8	1.2	56.7	1.2
コナラ	281.0	28.1	2.9	1.7	1.2	1.9	64.2	4.8
ミズナラ	287.0	26.2	4.6	1.1	1.4	2.1	64.6	6.7
クヌギ	202.0	49.3	2.1	1.9	1.2	1.3	44.2	1.3

(2) 水さらしと加熱

アク抜きの技術を概観しよう。まず、落果を採集し、外皮が腐食するまで水中、または土中で貯蔵する。ドングリの貯蔵穴は縄文時代中期から知られており、断面はほぼ円形で、地面の入り口は小さく、底の広くなったフラスコ状のものがある。貯蔵穴からドングリ、クルミ、クリなどの殻が出土しており、ドングリ・ピット（acorn storage pit）と呼ばれる。低湿地のドングリ・ピットにはドングリを水さらしにして保存した形跡が認められる。底部に木片や葉をおき、その上にドングリを大量に入れ、さらに木の葉や木片をおき、大きな石や粘土で蓋をしたものもある。ドングリは収穫時期に応じて、いくつかの種類が層をなしていることがある。滋賀県の穴太《あのお》遺跡（大津市）のものは、下からイチイガシ、落葉性ドングリ、クルミ、トチノミの順に貯蔵されている。[3] 低湿地のドングリ・ピットにくらべて、乾燥した高地のドングリ・ピットではアクのあまりないドングリ類が貯蔵されたとする意見がある。

ピットからとりだしたドングリ類は丁寧に水で洗い、天日で乾燥したあと、殻をたたいて砕き、中の種子を選別する。このさいに、石皿の上で磨り石を用いた殻の粉砕作業がおこなわれる。さらに、種子を細かく砕いて粉末状にして、水と混ぜて適当な大きさにしたものを加熱して食用とされた。

ドングリは水さらしにすることでアクを抜き、さらに加熱して渋味・苦味のない食品として利用された。このように、アク抜きをするために「水さらし」と「加熱処理」の技術が用いられてきた。[4] 縄文時代におけるアク抜き技術は、その後も飢饉時における救荒食用に使われた。コメの栽培が困難な東北の山村などいくつかの地域では、ドングリは大正時代まで主食として利用された。また、太平洋戦争終結直後の食料難時代によく利用され、古老の記憶にものこっている。じつに数千年を経て、アク抜き技術が継承されてきたわけだ。

民俗学の調査によると、加熱処理のさい、木灰汁《もくあく》が用いられた。岩手県の北上山地では、ミズナラの実をアク抜きして「シタミ粉」を作り、湯でもどして粥として食された。照葉樹林帯にある熊本では、イチイガシの実から作ったデンプン粉から「イチゴンニャク」や「カシノキドウフ」が、シイの実を粉にしたものから「シイゴンニャク」が作られた。日本ではドングリのアク抜きに、西日本の照葉樹林帯では水さらしが、信州や東北地方の落葉広葉樹林帯では加熱法がおもに用いられ、地域性が認められる。

(3)縄文草創期のドングリ食

アク抜き用のドングリ・ピットが縄文時代の中期以降に多く見られるとして、それ以前の時代にドングリは利用されなかったのだろうか。北海道の帯広市にある八千代A遺跡は縄文早期（約八〇〇〇年前）のものであり、円形ないし長円形の竪穴住居址の数は一〇五と多く、長径が一〇メートルに達するものがある。住居の床面や炉跡から炭化したクルミ堅果皮片（三八軒）、コナラ亜属の子葉（六軒）、ドングリ・キハダの果実・種子（二四軒）、ヤマブドウ種子（三軒）、ミズキ核（九軒）、マメ科種子（二軒）などが出土している[5]。

このうち、クルミの種子（仁）はアク抜きの必要はないが、ドングリは気候が温暖になる時代とはいえ冷温帯の落葉広葉樹であろうからコナラ、ミズナラなどにはタンニンが多くふくまれている。水さらしの痕跡はなく、煮沸によりアク抜きされたことが想起される。キハダの実は北海道で「シコロ」と呼ばれる。これはアイヌ語の「シケレペ」（sikerepe：果実の意味）に由来し、実際、アイヌはシコロの完熟した果実を生食する。乾燥したシコロの実の煮汁でごはんを炊いたり（美幌）、コンブ、ササゲマメなどといっしょに煮こみ、オオウバユリ、ヒルガオの根などとごった煮にする。これをシケレペ・ラタシケプ（sikerepe-rataskep）、ないしシケレペと呼んだ（幌別）。

シコロはアザラシの脂を煮たててオオウバユリの団子とシコロ、ギョウジャニンニクを入れたものや、シコロの実を煮てサケの筋子と混ぜ、細切りにしたサケのルイベを沸かした海水に入れて解凍したものと和えて客にふるまうご馳走となった（屈斜路）。なお、クルミについては後述する。

おなじ帯広市の大正3遺跡は八千代A遺跡より古く、縄文草創期（一万四〇〇〇年前）のもので、道南部と共通する尖底土器が大量に見つかっている。しかも、土器が煮炊き用に使われたことが脂肪酸分析から判明した[6]。縄文草創期に土器で煮炊きした食材は肉や魚とともにデンプン質のものも想定されている。というのは、宮崎県都城市王子山遺跡は縄文時代草創期のものであり、土器の遺物とともにコナラ属植物の炭化した子葉《しよう》（胚の中の最初の葉）や炭化鱗茎が多数出土した[7]。土器の内面に付着した炭化物の安定同位体分析から、土器が陸上動物性の食料か淡水魚類、植物性食料などを混ぜて煮炊きした可能性が考えられている。つまり、堅果類のアク抜きのために土器で煮炊きしたというよりも、土器を使って食料を煮こんで調理したことを示している[8]。

種子島の三角山Ⅰ遺跡から出土した土器内面に付着した炭化物の安定同位体比に関する分析から、$\delta^{13}C$・$\delta^{15}N$の分布はクリ、ドングリ、マメ類をふくむC_3植物（二酸化炭素から合成され、炭素を三つもつ）や陸上動物の領域と海産物の領域との中間にある。窒素をふくむ炭化物が多いことは、動物性のタンパク質をふくむ食料が煮炊きされたことを示しており、分析をおこなった工藤雄一郎は、アクのあるドングリなどを脂肪分の多い動物の肉といっしょに煮炊きすることで、渋味・苦味が軽減された可能性を指摘している(8)。

(4)クリと渋皮

クリの場合、鬼皮の内側には渋皮がある。渋皮にはタンニンの渋みがあるので、そのまま生かして渋皮栗として食用するさいには、少し手間がかかる。まず、クリを水またはお湯に浸けて、やわらかくなった鬼皮を丁寧にむく。このさい、実割れすることがあるので渋皮を傷つけないことが肝要である。アク抜きは三回必要でけっこう面倒である。まず、クリを鍋で煮るさいに重曹を小さじ一杯程度入れる。一回めのアク抜きでは煮えたクリを水で洗浄する。続いて二回、煮沸して煮汁を捨て、水で十分に洗う。渋皮に切れこみのあるものを除去し、表面をきれいに掃除してふたたびクリを煮るが、このさい砂糖を加えて煮つめる。渋皮のタンニンが加熱処理で除去され、美味な渋皮栗が完成する。

3　アイヌと韓国のドングリ食

(1)アイヌのニセウ

北海道アイヌの人びとはドングリ類を「ニセウ」と称する。カシワはコムニ・ニセウ、ミズナラはペロ（二）・ニセウ、コナラはチカプ・ニセウと呼ばれる。これらコナラ亜属の子葉にふくまれるタンニン量はカシワ、ミズナラ、コナラの順に多くなる。アイヌの人びとはタンニン量の少ないカシワを利用する知恵を育んできた[9]。

ニセウは採集後、ムシロに広げてその上にムシロをかけ、水をときどきかけて乾燥しないようにして一～二カ月放置してアクを抜く。冬季に凍結するまえに皮をむいて湯通しして乾燥したものを保存する。あるいは冬季に屋外に保存し、ニセウが凍結・融解・脱水をくり返すことで細胞が壊れ、日中の暖気による発酵作用を通じてタンニン成分が軽減される。冬期の寒冷気候がタンニンを減らすうえで有効であれば、ドングリ・ピットで貯蔵する必要はなくなる。北海道や東日本のピットが何を目的としたものか精査する必要があるだろう。

生成されたニセウは水にもどしてたたき砕いたのち、動物の脂肪、塩、白インゲンマメと混ぜるか、魚といっしょに煮こんでできる煮凝りを食べた。年内に食べるさいには、ニセウを十分に茹でてアクを抜き、臼（ニス）と杵（イウタニ）で搗いて粉状にし、イオマンテ（熊送り）やイチャパル（祖霊祭）などのさいにシト（団子）を作って食べた。また、ラタシケプ（煮物）に加工して食べることもあった。

(2) 韓国のトトリ

韓国では、ドングリは「トトリ」と呼ばれ、何種類かが食用とされている。このなかには、クヌギ（サンスリ）、カシワ（トゥカル、あるいはトトリ）、ナラガシワ（トトリ）、コナラ（ソクソリ）のほか、韓国語名は不明であるがイチイガシ、ツブラジイ、スダジイ、マテバシイがふくまれる[10]。このうち、クヌギ、カシワ、ナラガシワ、コナラには水さらし法がほどこされるが、イチイガシ、ツブラジイ、スダジイ、マテバシイには水さらしはおこなわれない[10]。採集後、乾燥したドングリは臼（チョルグトン）と杵（チョルグコギ）によって殻と種子を選別する。一九八〇年代に韓国で調査をおこなった渡辺誠によると、ドングリの種子は機械で製粉されていた。これに水を入れてさらし、袋に入れてさらに水を加えてよく揉み、水溶液になったデンプンと絞りカスに分離する。カスはブタの餌として使う。得られたデンプンを料理に使う。

辻稜三によると、ドングリの加工法にはドングリゴハン（pab）、ドングリモチ（ttok）、ドングリウドン（kukusu）、ドングリカユ（tsuk）、ドングリスイトン（sujaibi）、ドングリお好み焼き（pindae-ttok）、ドングリドウフ（ムック：mook）がある[11]。最後のムックはドングリ粉を水と混ぜて湯がき、冷やして固めたもので、ういろう状の食品で副食物となるが、ほかは主食に相当する。ムックは飢饉や食料不足の時代に救荒食とされたが、現在では健康食品として広く利用されている。また、クッパのようにごはんといっしょに混ぜたトトリムック・パプが提供されている。

4 トチノキとクルミ

(1)トチノキ

トチノキはムクロジ科トチノキ属の落葉広葉樹であり、日本では縄文時代から食用とされてきた。遺跡からの食料遺存体は四七都道府県中、三六都道府県から一六四カ所で出土しているが、圧倒的に東北・中部・関東地方が多い。トチノキの実はトチノミ(栃の実)と呼ばれ、一〇〇グラムあたりのエネルギー量は一六一キロカロリー、糖質も三四・二グラムであり、いずれもドングリより低い値である。トチノミはドングリではないが、サポニンを多くふくむため、アク抜きを必要とする堅果類である。水にひたして虫殺し(二〜三日)→天日乾燥(一カ月)→水でもどす→熱湯で皮を軟化→皮むき→水さらし(一週間)→茹でる・木灰処理(灰がき)→水洗いと水さらしにする。これをモチ米といっしょに蒸して搗き、栃餅を作る。

皮むきにはトチノミをV字形の道具にはさんで外皮をとり、皮をむく。木灰で中和するさい、トチノミを砕いてさらす場合もある。北海道岩見沢農業高等学校・森林科学科の二年生が試みた実験では、非加熱処理をしたものよりも加熱処理したもののほうが食感もよいことがわかった。また、針葉樹のトドマツと広葉樹のミズナラを原料として木灰を作り、トチノミに加えた結果、広葉樹のほうがアク抜きに適していて食べても苦味がないことが判明した。[12]

トチノミを使う場合、アク抜きや水さらし・加熱処理ののち、栃餅を作るために、蒸したコメといっしょに杵と臼で搗いたものが利用された。トチノミからトチ粉を作ることがあり、やはりトチノミを臼と杵で搗いて粉状にしたものが保存される。かつては米一升がトチ粉一升と等価であった。このことからもわかるように、手間暇かけて作るトチ粉はたいへん価値のある食べ物であった。山村ではとくに正月や祭りのさいに栃餅やトチ団子が食べられた。トチ粉にアワやヒエの粉を水と混ぜて木鉢で練り、小さな団子にして蒸して食された。

北米でも先住民の人びとはトチノキの実を使った。東部の森林地帯ではイエロー・バックアイ（**yellow buckeye**）、西部ではカリフォルニア・バックアイ（**California buckeye**）が水さらし、加熱処理をしたうえでたたいて粉状にして用いられた。製法はドングリと似ているが、手間もかかることでドングリのない時期に用いられた[13]。

⑵クルミ

クルミはかたい核果をもつクルミ科クルミ属の高木で、緑色の仮果の中に核果があり、成熟すると外皮が割れて核果が落下する。核果の中の種子（仁）が食用とされてきた。日本ではオニグルミが古くから利用されてきた。縄文時代の遺跡からもクルミの殻が大量に出土している例がある。クルミの核果はたいへんかたいが、そのままでなく表面を焼き、殻が枝につく側（生《な》り口《くち》）

を石でたたくと二つに割れて中の仁をとりだすことができる。縄文時代には、石皿の上に焼いたクルミをおいて石でたたいたと考えられている。さらに、たたき石や中央部がへこんだ凹石《くぼみいし》が出土しており、クルミ専用に使われた可能性がある。

たとえば、埼玉県熊谷市千代《せんだい》にある西原遺跡（縄文時代中期）から出土した凹石とたたき石について分析した久保田正寿によると、凹石は長径が一四センチほどの楕円礫《れき》で、表面に二カ所、裏面に一カ所の逆円錐形のくぼみがある。大きさは直径二・五センチ、深さ一・五センチの小さなものである。細かく観察すると、クルミの核果の殻頂部に対応して深くくぼんでいるという。クルミをたたいて割るたたき石にしても、クルミの実の「生り口」をたたくため、たたき石に「生り口」のカーブに対応したくぼみができるという(14)。凹石とたたき石に見られるくぼみの特異性は、両者をセットとしてくり返し使ったことを示しており、興味深い分析結果といえる。

のちの時代、平城京址の木簡にも出土例は少ないが、クルミが貢納されたことが記載されている。それによると、甲斐国山梨郡から雑役《ざつえき》として「胡桃」が貢納されたことがわかる（一例）。平安時代の『延喜式』にも「年料別貢雑物」として甲斐国、越前国、加賀国から「胡桃」が貢納されている。クルミは当時、生産地から核果のまま運ばれたのだろうか。魚や貝類、海藻などは乾燥・塩蔵などの加工をほどこしたものが輸送されたことが木簡にも「長鮑」、「鮭鮓」などとして記載されていることからわかる。クルミが核果のまま奈良や京都に運ばれ、消費地の厨房でクルミの仁をとりだす作業がおこなわれた証拠はない。なお、クルミ科サワグルミ属のサワグルミは食用とはされないが、後述する魚毒用にかつて用いられた。

日本以外の地域でもクルミを割るのに石が使われたと考えられている。先述したように、北米やヨーロッパにも多くのカップストーンがのこされており、くぼみにナッツを入れて別の石でたたいて砕く方法が用いられた。クルミ割りの石器についての分析は残念ながらない。ただし、ヨーロッパでは紀元前四～紀元前三世紀に、すでに金属製のナッツクラッカーが製造されていた。V字形のものでナッツを真ん中にはさんで強く握り、殻を割る方式のものであり、アルキメデスの「てこの原理」の応用版といえる。

古代ローマの青銅製ナッツクラッカーが米国ワシントンのレーヴェンウォース・ナッツクラッカー博物館（Leavenworth Nutcracker Museum）に収蔵されており、時代は紀元前二〇〇～紀元二〇〇年時代のものである。その後、鉄製、真鍮製のものが一三世紀以降に出現する。木製のナッツクラッカーは原初的に二枚の木片を皮ひもか金属の蝶番で固定したものであるが、一五～一六世紀にドイツ、英国の職人は木の素材に彫刻をほどこし、とくに出来栄えのよいツゲ材を好んで使った。のち、さまざまな彫刻をほどこしたものとして人面や動物がモチーフとして使われた。木をくりぬいた孔にナッツを入れ、ネジを回して割る方式のものは一七世紀以降に出現する。ドイツでは一九三〇年代までに兵士や王の全身立像あるいは動物像に彫刻したヌスクナッカー（nussknacker）、つまり「クルミ割り人形」が広く使われるようになる。後ろ側のレバーを上げると顔面の口が開く。ここにナッツを入れ、レバーを下げると口の中のナッツが割れるしかけになっている。ナッツクラッカーは一撃でクルミを割る原理になっている。前述したレーヴェンウォース・ナッツクラッカー博物館には六〇〇〇点以上のクルミ割りが収蔵されている。

5　北米先住民とナッツ食

⑴北米のドングリ食

太平洋をはさんだ北米でもドングリが先史時代から食料として利用されてきた。ドングリには多くの種類があるが、ドングリ食の分布はとくに東部の森林地帯と西部のカリフォルニアに集中している。すでに辻稜三が日韓米のドングリ食を地域間で比較する詳細な文化地理学的研究をおこなっている。[13] 北米ではカシの仲間（オーク：oak）が重要であり、食用とされたカシ類には大型のウィロー・オーク（willow oak）から小型のタービネラ・オーク（turbinella oak）まで数十種類がある。なお、世界最大のドングリは中南米原産のもので直径が七センチに達する。

アク抜きにはたいてい加熱処理か水さらし法が用いられた。タンニンの少ないホワイト・オーク（white oak）と苦味の強いレッド・オーク（red oak）やブラック・オーク（black oak）が主要な食用種であった。カナダの先住民であるイロコイ（Iroquois）、ヒューロン（Huron）、オジブワ（Ojibwa）、ミックマック（Micmac）、マレシテ（Malesite）、ポタワトミ（Potawatomi）などの民族はホワイト・オーク、スワンプ・ホワイト・オーク（swamp white oak）、チェストナット・オーク（chestnut oak）などを水で加熱処理して食したが、苦味の強いものも利用された。そのさい、木灰を使ってアク抜きを促進する試みがなされた[15]。

一方、カリフォルニアでは、ポモ（Pomo）族の人びとはタン・オーク（tan oak）を好んだ。カリフォルニア北部に住むミウク（Miwuk）族のなかで、シエラ・ネヴァダ山脈西麓に住むグループは水さらしに手間がかからないカリフォルニア・ブラック・オーク（California black oak）を好んだ。ミウクの人びとはこのカシの木の下ばえを刈るなどの管理をおこなっていた。半面、水さらしに手間のかかるカリフォルニア・ライブ・オーク（California live oak）は敬遠された。

⑵北米の臼と杵

アク抜きはドングリを食べるうえで重要な加工技術であった。前述した辻がまとめているように、食べ方としては粉にしたものを粥状ないし焼いてパン、ビスケット、クッキーなどとするか、北米東部におけるように粒状のドングリはシカやウサギの肉や魚と煮こんだシチューとして食された。アイヌの場合も粒状のドングリを肉や魚と煮こんでシチューとする場合のあることはすでにふれた。北米ではないが、韓国や日本ではコンニャクやういろうなどの固形物とする場合もある。[13]

さらに、ドングリの油脂を使う事例が北米やスペイン、イタリア、北アフリカにある。脂肪含有量の多いドングリの種類は一〇〇グラムあたり一六～一八グラムの油脂をふくんでおり[16]、ドングリを水で加熱すると油は浮くが、水溶性のタンニンは油と分離することになる。北米では、ドングリ油は調味料として食用とされるとともに、狩猟のさいに人間の匂いを消すために体に塗って使われた。

ドングリの食用とアク抜きの技法に関する地域差は明らかであるが、ドングリを砕き、粉にするためにどのような技法が用いられたのか。広大な領域におけるたたきの技術を詳細に検討した包括的な研究はない。時代からしても紀元前五、六世紀から現代までの変容を知ることもそれほど簡単ではない。

(3)石皿と石杵はドングリ用か？

米国カリフォルニア大学人類学部のM・A・グラソウ教授は、北米における石皿と石杵の起源について問題を提起した[17]。石皿と石杵は先史時代からドングリなどのナッツ類をたたくための道具と考えられてきたが、二〇世紀初めからの人類学の調査では、ドングリ以外にも多様な素材をたたくために石皿と石杵が使われていたことが記録されている。実際、カリフォルニアのかなり広い範囲で、ドングリ以外にマメ類、野生のサクランボ、カヤツリグサの根茎などの植物や、ウサギやシカの肉を石皿においてたたきつぶす作業がおこなわれていた。興味深いのは、中部カリフォルニア内陸部に居住するヨクート（Yokut）族が、ドングリ以外に湿地帯に生育するカヤツリグサ科の根茎を乾燥後、石杵でたたいて粉状にする加工法を適用していたことだ。ちなみに、ヨクート族の居住する地域ではドングリ以外に、食用植物としてマツの実、野生植物の根茎、ハナウド、カヤツリグサ、ベリーなどの果実、葉、茎などが利用された。また、時代は不明であるが、この地域には平らな岩に孔を複数うがったカップストーンがのこされている。

ではいまから五〇〇〇年前の遺跡から発掘された石皿と石杵がドングリ用に使われたのか。もしドングリ以外のものに使用されたとすれば、それらは何であったのか。グラソウ教授の論文発表時点では、現在におけるように石器にのこされた食物残渣の安定同位体分析はなされていないが、カリフォルニアの先史時代における諸遺跡から出土した炭化物の分析から、多様な食物にたたきの技術が使われたことがわかっていた。

カリフォルニアのロスアンジェルス北側にあるサンタバーバラ水路の湿地遺跡（五〇〇〇年前）から大量の石皿と石杵が発見された。海面変化を考えると、当時は淡水域と汽水域の混じる湿地帯であったことが想定され、ドングリが入手できる環境にはない。そこでガマの仲間の根茎・

花・茎などが重要なデンプン食として利用されたとする仮説が提示された。カヤツリグサ科の仲間の根茎はたたいてデンプンを採集することができる。しかも、アク抜きの必要がなく、年中利用可能である。湿地帯には一面に群落が形成されるので資源量も安定している。カヤツリグサ属のショクヨウガヤツリは古代エジプトでも重要な食料であったし、ガマ属のホソバヒメガマも世界で広範に利用されている。ボリビアの高地にあるチチカカ湖に住むウロ（Uro）族もホタルイ属のトトラの根茎部分を食用としている。このように、石杵と石皿がドングリのデンプン利用のためだけに使われたと思いこむべきではない。なお、石皿ではなく、台石として使う場合はモルタルではなく、アンヴィル（anvil）と称する。

6 オセアニアのナッツ食

オセアニア地域で利用されるナッツ類のうち、食用および生活のうえで重要なものをたたき技法の関連でとりあげよう。[18]

(1) 栄養価の高いナッツ類

マカデミアはオーストラリア原産で、先住民のアボリジニがさかんに利用してきた穀果であり、アボリジニが利用する野生の動植物を意味するブッシュタッカー（bush tucker）の好例とされている。マカデミアの殻はナッツ類のなかでもっともかたい。アボリジニの人びとは、くぼみがいくつもある岩盤上で、くぼみにナッツをおいて石をハンマーとして打ちつけて殻を割る。これは前にふれたカップストーンを指す。マカデミアは現在ではハワイに移植後、現地でチョコレートなどをコーティングしたものが土産品として人気を博している。マカデミアは一〇〇グラムあたり七一九キロカロリーと高カロリーの食品であるが、脂質七七グラム、タンパク質八グラム、オレイン酸、パルミトレイン酸などの不飽和脂肪酸を多くふくみ、健康上の利点が指摘されている。マカデミア・ナッツは成木から二五キロほど収穫することができる。

マカデミアのほかに、オーストラリア産のウァトル・ナッツ（wattle nuts）はマメ科アカシア属の木で、殻を割るのに石の台とハンマー石を使う。サンドペーパーで種子の表面をこすって中の種子をとりだす方法もある。これをスカリフィケーション（scarification）と呼ぶ。ウァトル・ナッツは栄養価が高く、カリウム、カルシウム、鉄、亜鉛を多くふくむ。食物繊維も重量の二割以上あり、糖尿病にもよいとされている。

⑵カナリウムとククイ

ピリ（pili）はカナリウム属の高木で、そのナッツはマカデミアについで重要な食品とされている。カロリー価も七一八キロカロリーで、脂質は八〇グラム（一〇〇グラムあたり）でカリウムを五〇七ミリグラムふくんでいる。収穫後に殻を割るさい、軽くナイフでたたいて実を半分にし、中の仁をとりだす。カナリウム属の仲間の多くは種子の仁が食用とされる。メラネシアのソロモン諸島マライタ島に住むラウ漁撈《ぎょろう》民は農耕民からカナリウムの実を入手し、大きな石の上に実をおいて握りこぶし大の石で実をたたいて割り、中の仁をとりだす。マライタ島ではガリ（ŋali）と呼ばれる。これを竹筒に多数入れて燻製にしたものが食物として利用される。ガリはインドネシア語でクナリ（kenali）、ニューギニアのマヌス島でもナリ（nali）と称され、同義語のことばが東南アジアからメラネシアにかけて広がっている。マラヨ・ポリネシア語におけるカナリウムの祖語はガリップ（*qalip）である。カナリウム属には一〇〇種ほどが知られており、栽培種・野生種ともに種子を食用とするものが多い。

ククイ（kukui）はトウダイグサ科の仲間の高木であり、その種子が食用や調味料となるほか、種子の油が灯火として用いられた。英語でキャンドルナッツと呼ばれるゆえんである。ククイは東南アジア原産の植物で、人びとが東南アジア方面からオセアニア地域への移動のさいにカヌーとともに運んだ栽培植物である。ククイの実とハワイ諸島独特の海塩を混ぜてすりつぶした調味料がイナモナ（inamona）である。同時にイカの墨袋を乾燥したものが添加されたが、いまはチリトウガラシを代用とする。イナモナは炒ったククイの実を砕いたものに海塩や海藻を加えて調整される。

(3) タイヘイヨウクルミ・モモタマナ・サガリバナ

マメ科のタイヘイヨウクルミはタヒチアン・チェストナット（Tahitian chestnut）あるいはポリネシアン・チェストナット（Polynesian chestnut）と呼ばれる中木で、オセアニアのなかでもパプアニューギニアからソロモン諸島、ヴァヌアツ、フィジーからポリネシア各地で重要な食料とされてきた。種子は焼く・煮る・煎るなどの加熱調理で食用可能となる。さらに、石杵で搗いてペースト状にして食べられる。

シクンシ科のモモタマナはマレーシア原産の中木で、殻を砕いて種子は生食ないし焼いて食される。シー・アーモンド（sea almond）と呼ばれるように、海岸部に生育する。インド、スリランカからマレーシア、東南アジアの島嶼部、ニューカレドニア、オーストラリアに分布する。種子は一一月〜二月の冬季に熟し、完熟したものを発酵させて果実酒を作るほか、種子から良質の油を抽出し、調理に使われる。モモタマナの種子は子どもたちの好物だが、パプアニューギニア東部のミルン湾州では成人も食する重要な食料である。スリランカのシンハラ語でコッタンバ（kottamba）と称され、樹皮は水に浸すと黒い色になり、インドで心臓病や泌尿器系の病気によいとされている。樹皮や葉をたたいて水と混ぜた液は疥癬にも効く薬とされている。

サガリバナはサガリバナ科の高木で、花序が垂直に垂れ下がり、多くの果実をつける。日本でも奄美諸島以南のマングローブ地帯周辺に生育する。種子をたたいて中の仁をとりだし、棘のある籐を使ってすりおろし、水と混ぜて白濁した溶液にする。沈殿したデンプンを固形にしたものを火で焼いて食する。なお、サガリバナはサポニンをふくんでおり、水さらしや加熱なしに食べることはできない。同属のゴバンノアシとともにⅣ章で魚毒用植物としてとりあげる。

⑷グネモン・ベランガン・パンギノキ

グネモンは東南アジアからオセアニアに分布するグネツム科の中高木で、果実は生食されるほか、水煮や焼いて食用とされる。また、種子のデンプンを杵でつぶしてペースト状にして油で揚げてせんべいを作ることがある。パプアニューギニアでは本種をトゥリップ（tulip）と称する。

ベランガンは東南アジアからニューギニアにかけて生育するブナ科の木本で、種子は生食されるか、水煮にするか焼いて食される。大量に食べることで口腔内のガンを誘発するとの報告もある。

パンギノキはアカリア科の高木で、シス・ナッツ（sis nut）とも呼ばれる。種子は十分に水煮した後、灰とともにバナナの葉に包んで地中に四〇日ほど埋めておく。種子は青酸をふくんでおり、水煮と発酵作用で除毒することができる。パンギノキはインドネシア語でクルアク

図1　焼くか石蒸しにしたパンノキの果肉を石杵でたたいて調理する。右の写真の左下に見えるのがパンノキの実（中央カロリン諸島・サタワル島）

（keluak）と呼ばれ、実を砕いて濃厚な黒い色のドロドロした状態にまで加工する。これをインドネシアではラウォン（rawon）と呼ぶ。ラウォンは乾燥して粉として保存することがある。ラウォンは牛肉ないし鶏肉に調味料を加えて味を調整してシチューとし、これをごはんといっしょに食べる料理がナシ・ラウォンである。ナシは「ごはん」の意味である。シンガポールやマレーシアでも、鶏肉や豚肉とパンギノキのペーストを使ったアヤム・ブア・クルアク（ayam buah keruaku）やバビ・ブア・クルアク（babi buah keluak）が有名な料理である。アヤムは「ニワトリ」、バビは「ブタ」、ブアは「種子」を指す。

(5) パンノキとタコノキ属

パンノキはクワ科の高木で、果実のパルプ質が重要な食料となる。太平洋に広く分布し、直火で焼く、石蒸し焼き、水煮にしたものを石杵で搗いてペースト状にして食される（図1）。これには種子がないが、種子をもつものは別種であり、ミクロネシアのカロリン諸島、マリアナ諸島に分布している。種子をもつパンノキの果実はやや小型で、葉には切れこみがなく楕円形をしている。完熟した果実から種子をとりだし、水煮や石蒸し焼きにして食される。調理後、たたくかナイフで皮をむき、中の仁をとりだして食べる。味は淡泊である。

ミクロネシア・ポリネシアではパンノキの実を地下で発酵貯蔵することがある[19]。一年後にとりだして水で洗い、これを石杵でたたいてやわらかくし、石蒸し料理にしてから食用とする（図2）。食感は「ういろう」に似ている。

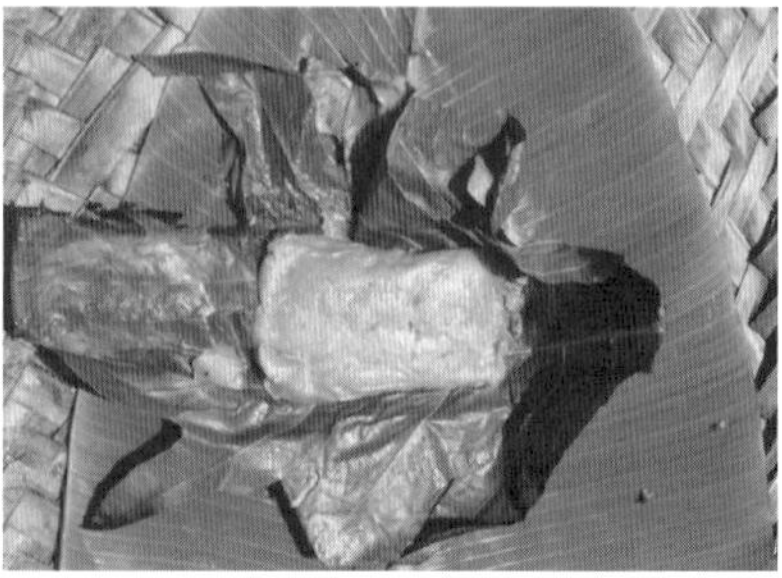

図2　石蒸し料理にした発酵パン果実。マール（maar）と呼ばれる（中央カロリン諸島・サタワル島）

タコノキ属の植物は世界で六〇〇種ほどが知られているが、たいていは熱帯地域に分布する。タコノキ属植物は葉、果実、幹など多様な部位が利用される。果実の利用に着目すると、シマタコノキの果実はタコノキ属のなかでもっとも大型になる。果実は生食ないし、調理して食される。また、果実のパルプ質の部分を砕いて粉にしてケーキ状にして食することもある。とくにミクロネシア東部の環礁島（ギルバート諸島・マーシャル諸島）では重要な食料とされており、オセアニア地域における人類の移動史のなかでそれらの地域の人びとはパンダナス・ピープル（Pandanus People）と称されることがあった[20]。

パンダナス・コノイデウスは特徴的な赤色ないし黄色の果実をもっている。石蒸し焼きで加熱した石をこの果実とともに混ぜて砕き、小さな種子と赤い色のペーストを分離してこれをタロイモやサツマイモを食べるさいにつけて食べる。ふつうオイル・パンダナスと呼ばれる。私はパプアニューギニアの高地周縁部の村で実際の調理例を見たが、海抜高度は約一二〇〇メートルであった。さらに高い場所にいくと、仁を利用するタコノキが生育しており、これはパンダリス・ブロシモスないしはパンダナス・ジュリアネッティであり、種子には脂分の多いタンパク質をふくんでおり、一八〇〇メートル以上のニューギニア高地における重要な食料とされている。果実の仁を燻製にしてやわらかくして、皮をたたいて中の仁をとりだして食用とする。ニューギニア高地ではふつうカルカ（karuka）と呼ばれる。

7　カカオとコーヒー

⑴カカオとチョコレート

カカオはアオイ科の常緑樹で、果実の中の種子はカカオ豆としてココアやチョコレートの原料として利用される。属名のテオブロマはギリシャ語で「神（theos）の食べ物（broma）」の意味である。原産地は中米で紀元前一九〇〇年ころから利用されていたとされている。紀元前一一〇〇年ごろから紀元前後にかけてさかえたオルメカ文明期に栽培作物とされていたようだ。

メソアメリカでは歴史上、いくつもの文明が生起した。テオティワカン文明（メキシコ中央高原：紀元前後〜七世紀ごろ）、マヤ文明（メキシコ南東部、ユカタン半島、グアテマラなど：紀元前三〜紀元一六世紀ごろ）、トルテカ文明（メキシコ中央高原：七世紀ごろ〜一二世紀ごろ）やサポテカ文明（メキシコ・オアハカ地方：紀元前一〇〜紀元一六世紀）やアステカ文明（メキシコ中央高原：一五世紀前半〜一五二一年）などである。

アステカ文明においては、ケツァルコアトル（Quetzalcoatl）と称される神が神話に登場する。ケツァルコアトルは「羽毛のある蛇」の意味で、天界から人間に聖なるカカオをもたらした。ケツァルコアトルは平和の神であるだけでなく、知恵と力を具現する神でもあった。アステカの人びとはカカオ豆を石臼と杵やメタテとマノですりつぶし、ハチミツ、トウガラシ、水を混ぜたショコラトール（xocolatl）を作った。ショコラトールにはケツァルコアトルの知恵がたっぷりとふくまれると考えられていた。とくに、神官らは聖なる儀式のさい、カカオを神がみへの捧げものとして供え、神官や王などだけが飲む聖なる飲み物とされていた。

カカオ豆は非常に価値があり、アステカ王国では貨幣として使われていた。たとえば、カカオ豆一〇〇個で七面鳥を一羽買うことができたという。一六世紀、スペインの征服王コルテスがカカオ豆をヨーロッパにもち帰って以降、スペインだけでなくヨーロッパに広まり、チョコレートの語源となった。なお、カカオ豆を発酵、乾燥、焙煎、磨砕して、カカオマス（cocoa mass）と呼ばれる固体にしたものがチョコレートやココアの元となる。(21) メソアメリカでは後述するメタテとマノが数千年間、トウモロコシだけでなくショコラトール用に使われてきた伝統をもつことを覚えておきたい。

(2) コーヒー

コーヒーはアカネ科コーヒーノキ属の種子から精製される嗜好飲料で、現在、世界でたいへん広く飲用されている。コーヒーノキ属にはアラビカコーヒーノキ、ロブスタコーヒーノキ、リベリカコーヒーノキを三原種として、世界中で六六種が存在する。コーヒーの豆は熟した果実の種子で、「手摘み」ないしは果実を棒切れや機械などでたたき落として収穫する「落果」法が使われる。

収穫された生豆《なままめ》は加熱処理をほどこして焙煎される。焙煎されたコーヒー豆は、抽出されるまえに粉状に細かく挽く必要があり、グラインディングがおこなわれる。これにはコーヒーミル（coffee mill）、つまり臼で挽くか、グラインダーと呼ばれる機械を用いる。機械化とミルによる粉砕以外には、石臼や乳鉢を使う。場合によってはすり鉢でもできないこともない。コーヒーミルはまだしも手を使うが、機械となると営業用で、豆を挽く楽しみもない。先述したアステカのショコラトール同様、嗜好品の楽しみの原点はたたき技術であることを忘れたくない。

〈註〉

（1）盛口満『西表島の巨大なマメと不思議な歌』（どうぶつ社　二〇〇四）

（2）岡輝樹、三浦慎悟、正木隆、鈴木和次郎、大住克博、齊藤正「ブナの実がならない年はツキノワグマが里に出てくる？」（『森林総合研究所　平成15年度研究成果選集』16〜17ページ　二〇〇三）

（3）塚本師也「食料貯蔵」（『季刊考古学』44：62〜66ページ　一九九三）

（4）松山利夫「トチノミとドングリ　堅果類の加工方法に関する事例研究」（『季刊人類学』3（2）：69〜98ページ　一九七二）。松山利夫「野生堅果類、とくにトチノミとドングリ類のアク抜き技術とその分布」（『国立民族学博物館研究報告』2（3）：498〜540ページ　一九七七）。辻稜三「韓国におけるドングリの加工と貯蔵に関する研究〔含 コメント〕」（『季刊人類学』16（4）：117〜156ページ　一九八五）。渡辺誠「韓国におけるドングリ食　韓国における考古民俗学的研究Ⅰ」（『名古屋大文学部研究論集（史学）』32：111〜129ページ　一九八六）

（5）山田悟郎「八千代A遺跡から出土した堅果と果実」（『帯広・八千代A遺跡　帯広市埋蔵文化財調査報告』第8冊　49〜57ページ　一九九〇）。山田悟郎「北海道の遺跡から出土した植物遺体について：堅果類を中心として」（『古代文化』45：13〜22ページ　一九九三）。山田悟郎、柴内佐知子「八千代A遺跡から出土した植物遺体について」（『帯広百年記念館紀要』26：1〜10ページ　二〇〇八）。キハダはミカン科キハダ属で、アイヌは完熟果実を香辛料に使う。ミズキはアイヌがイナウ（木幣）とし、サケをたたく棒に利用した。

（6）Lucquin, A., Gibbs, K., Uchiyama, J., Saul, H., Ajimoto, M., Eleya, Y., Radinia, A., Herone, C. P., Shoda, S., Nishida, Y., Lundy, J., Jordan, P., Isaksson, S., and Craig, O. E.: Ancient lipids document continuity in the use of early hunter-gatherer pottery through 9,000 years of Japanese prehistory (*PNAS* 113(15): 3991–3996, 2016). Craig, O. E., Saul, H., Lucqin, A., Nishida, Y., Taché, K., Clarke, L., Thompson, A., Altoft, D. T., Uchiyama, J., Ajimoto, M., Gibbs, K., Isaksson, S., Hheron, C. P., and Jordan, P.: Earliest evidence for the use of pottery (*Nature* 496: 351–354, 2013).

（7）都城市教育委員会編「王子山遺跡：都城市立山之口小学校校舎新増改築工事に伴う埋蔵文化財発掘調査報告書」（『都城市文化調査報告書』107　二〇一二）。桒畑光博「宮崎県王子山遺跡の発掘調査」（『考古学ジャーナル』614：30〜31ページ　二〇一一）

(8) 工藤雄一郎「縄文時代草創期土器の煮炊きの内容物と植物利用　王子山遺跡および三角山Ⅰ遺跡の事例から」(『国立歴史民俗博物館研究報告』187：73～93ページ　二〇一四)

(9) 知里真志保『分類アイヌ語辞典』(第1巻　植物篇)(日本常民文化研究所　一九五三)。萩中美枝ほか『聞き書　アイヌの食事』(日本の食生活全集48　農山漁村文化協会　一九九二)

(10) 前掲(4)の渡辺誠におなじ

(11) 前掲(4)の辻稜三におなじ

(12) 和田稜三『日韓における堅果食文化』(第一書房　二〇〇七)。三本漆岳人、岩田和馬、橋本勇太「保存食・救荒食の再現 トチノミの食用利用について」(北海道森林管理局平成22年度北の国・森林づくり技術交流発表会　北海道岩見沢農業高等学校森林科学科2年研究発表　二〇一〇)

(13) 辻稜三「堅果食の地域的な類似性に関する文化地理学的研究」(『立命館地理学』22：9～23ページ　二〇一〇)

(14) 久保田正寿「縄文時代のクルミ核破砕用石器の一類型」(『万吉だより』(立正大学博物館館報)19：2ページ　二〇一四)

(15) Kuhnlein, H. V. and Turner, N. J.: *Traditional Plants Foods, Canadian Indigenous People-Nutrition, Botany and Use* (Food and Nutrition in History and Anthropology vol.8, Gordon and Breach Publishers, pp.199–203, 1991).

(16) Casey, H. J.: *Southwest Cooking Oil: Acorn Oil from Native Oak Species Q. macrocarpa, Q. shumardii and Q. polymorpha Acorns as a Potential High-End Cooking Oil* (San Marcos, 2015).

(17) Glassow, M. A.: The Significance to California prehistory of the earliest mortars and pestles. (*Pacific Coast Archaeology Quarterly* 32(4): 14–26, 2012).

(18) Barrow, J.: *Subsistence Agriculture in Melanesia* (Bernice P. Bishop Museum Bulletin 219, 1958). Barrow, J.: *Subsistence Agriculture in Micronesia and Polynesia* (Bernice P. Bishop Museum Bulletin 223, 1961). Hather, J. G.: The Archaeobotany of Subsistence in the Pacific (*World Archaeology* 24(1): 70–81, 1992).

(19) Atchley, J. and Cox, P. A.: Breadfruit fermentation in Micronesia (*Economic Botany* 39: 326–335, 1985).

(20) Grimble, A.: The Migrations of a Pandanus People. As traced from a preliminary study of Food, Food-traditions, and Food-rituals in the Gilbert Islands (*The Journal of the Polynesian Society* 42(4): 51–84, 1933).

(21) http://mexihkayotl.blogspot.com/2010/01/xocolatl-azteca.html. 武田尚子『チョコレートの世界史』(中央公論社　二〇一〇)

三　デンプン食とたたき技術

ナッツ以外のデンプン利用の例をとりあげよう。アフリカのエチオピア、ソマリア、エジプトなどでは、穀類を脱穀するのにウシ、ロバ、ラクダなどの家畜にひもをつけ、円の中心部に立てた棒にロープの他端を固定する。家畜に周囲を歩かせ、地面においた穀類を踏ませる。

このほか、収穫した穀類を長い棒でたたいて種子とその他の部分を選別する唐棹や臼に入れた穀物を竪杵で搗く方法がある。いずれも労力のかかる方法で、おもに女性が従事する。一人で竪杵を搗く場合や数人で搗くことがある。穀物を一面に広げて大勢が竪杵をもち、歌声をかけながら搗く事例もある。植物の種類や加工技術も多様であるので、ここでは代表的な例として樹木作物のサゴヤシ、イモ類のタロイモとキャッサバ、穀類のコメ、トウモロコシについて検討する。なお、ダイズは四節の日本食の部分でとりあげる。

1　サゴヤシのデンプン採取

サゴヤシは熱帯・亜熱帯の低湿地に生育するヤシ科植物で、一〇年程度の生育期間を経て開花直前に髄のデンプンが最大量に蓄積される。サゴヤシのデンプン（以下、サゴ・デンプンと称する）には鉄分やミネラルなどはほとんどふくまれないがカロリー価は高く、一〇〇グラムあたり三〇〇キロカロリーに達する。デンプン量からすると、一〇〇グラム中の炭水化物はほぼ八四グラムで、かなりの量になる。サゴ・デンプンの採集は食料源として熱帯低地における重要な生業となっている(1)。

サゴヤシのデンプンを利用するのは、東南アジアの島嶼部からニューギニアに至る地域である。これらの内陸低湿地では、野生ないし半栽培のサゴヤシ利用がさかんである。デンプンを採集するさいには、立木を切り倒し、外皮を剥ぎとり、髄の部分を木製サゴ・ビーターでたたいて髄を打ち、掻きとる。木屑のようになった髄は、ココヤシの葉柄をトレイとして斜めに立てかけ、そこにデンプンを多くふくむ髄を入れ、水を流しながら手で揉んでデンプンをふくんだ液を下部に流す。下部にはココヤシ繊維製のフィルター（葉鞘《ようしょう》）があり、デンプンをふくむ水溶液だけがフィルターを通過し、残渣はトレイにのこる。こうしてデンプンをふくむ液はその先におかれた容器にためられる。この容器は野生のヤシの外皮を長方形に整形したもので、サゴ・デンプン採集に使われるろ過装置をふくめ、すべて現地で調達される。容器にたまった溶液中の白いデンプンが沈殿するのを待ち、上澄みの水は捨てる。こうして、効率よく粗デンプンを採集することができる（図3）。

図3　サゴ・デンプンの採集
1. 髄をたたく（左上）
2. 水と混ぜてデンプンを分離する（右上）
3. ろ過したサゴ・デンプン（左下）
（パプアニューギニア西部州・ギデラ族）

一本のサゴヤシからは一五〇～三〇〇キロの粗デンプンを得ることができる。また、デンプン採集には男女四名で一～二日かかる。木を切るのは男性の役割で、髄をたたいて掻きだす作業は男女でおこない、髄を揉んでデンプンを抽出するのは女性の役割である。デンプンをとるサゴヤシにはホンサゴ以外に、メトロキシロン・サロモエンスやメトロキシロン・アミカヌムがある。

サゴ・ビーターは両手で支持して振りおろして髄をたたくのに適した形態をしており、髄にあたる部分には現在では金属の輪がとりつけられている。ニューギニア西部州におけるサゴ・ビーターは「への字」型で、いくつものヴァリエーションがある。一方、ニューギニアの北部にあるマヌス島では弓状に湾曲したかたい木の

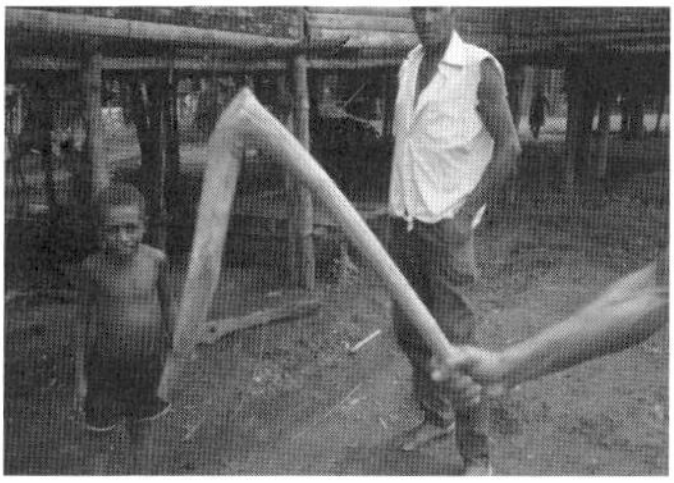

図５　パプアニューギニア西部州のレークマレー（Lake Murray）におけるサゴ・ビーター

図４　マヌス島におけるサゴ・ビーター。湾曲した木の棒を使う

棒が使われる（図４）。インドネシア東部に位置するニューギニア島の西半分はイリアンジャヤである。ニューギニア島自体は頭を西に向けた鳥の形に似ている。この鳥の頭部にあたるのがフォーゲルコップ（鳥の頭の意味）である。この地域にあるビアクで用いられるサゴ・ビーターは二本の木の棒を一方に穴を開けて接合したもので、髄をたたく部分の先端は少し細くなっている。ようするに木の棒でサゴ・デンプンを掻きとるわけだ。

おなじ鳥の形をしたニューギニア島の腹部にあたる地域にはアスマット（Asmat）族が居住している。ここでは、髄をたたく部分に磨製石器を二つ装着し、籐製のロープで固定したものが使われる。あるいは類似のやや大型の磨製石器を籐製ロープで木に固定したものがニューギニア北部のセピック川中流域に住むイアトゥムル（Iatuml）族の社会で用いられる。民族名は不明であるが、一本の棒の一端が太く、他端は細長く、しかも入念な彫刻をほどこしたものや、髄をたたく部分が扁平な長方形をしているものがある。サゴ・ビーターだけでも、たたきの道具としてたいへん多様な種類のあることがわかる（図5）。

2　タロイモとポイ

世界の温帯から熱帯地域にはサトイモ科植物が広く分布する。このなかには重要な食用作物となる種類がふくまれる。アジア・オセアニア地域では、サトイモ属のサトイモが広く利用されてきた。サトイモは日本では里芋、小芋にあたる。キルトスペルマ属は背丈が高くなり湿地に生育するミズズイキであり、ミクロネシアで栽培される。サトイモ亜科のヤバネサトイモ属は中米から南米産のイモで、アメリカサトイモとかココヤムと呼ばれる。また、おなじサトイモ亜科クワズイモ属のイモは茎や根の部分にシュウ酸カルシウムがふくまれており、そのまま食べるとえぐい味がする。タロイモはヤムイモやサツマイモなどと同様に、人類の移動とともに運ばれた重要な栽培作物である。

オセアニア地域ではタロイモを鍋で煮炊きして食べることもあるが、伝統的には石蒸し料理（ウム：umu）として調理された。地面に穴を掘るか、地炉に石を十数個おいて薪木を燃やし、石を熱する。焼けた石の余熱を利用して、タロイモ、バナナ、ヤムイモを、タロイモやバナナなどの大きな葉で包んで石蒸し焼きにする。上から砂をかぶせることもある。ウムの規模にもよるが、蒸し焼きには半日くらいをかけるのがふつうだ。なお、焼いた石を容器（バスケットや土器）に入れて熱湯を作る技術が北米でも知られている。ここまでが、タロイモのたたき料理の前段階となる。

ハワイでは、いったん水煮や石蒸し焼きにしたタロイモを石杵で搗いてやわらかくする。水を加えながら粘り気が出るまで搗いて加工したタロイモは、ハワイでポイ（poi）と呼ばれる。ポイはヒョウタン製の容器に入れられた。この石杵は一般にポイ・パウンダー（poi pounder）と呼ばれる。ハワイではポイはとても大切で神聖な食物と考えられており、家族の食事においてもポイを入れた器のおおいをはずすさいに、人びとは自分たちの祖先であるハーロア（Hāloa）の霊がそこにいると信じている。ハワイではタロイモが人びとの祖先であったと信じられているためである。そのため、家族のあいだでのいさかいごともただちにやめなければならない。ポイ・パウンダーは食物をたたき砕き、ペースト状にするためだけでなく、染料や薬を調整するためにも重要なハワイのたたき道具である。

ポイ・パウンダーはハワイではポハク・クイ・ポイ（pohaku ku'i poi）と呼ばれ、安山岩やサンゴ石灰岩を加工して作られる。ポイ・パウンダーの形態について、P・バックの記載のほか、ハワイ大学のW・K・マックエルロイが計測をもとにした研究をおこなっている(2)。研究はハワイ諸島でもっとも多様な種類のポイ・パウンダーのこされているカウアイ島でおこなわれた。この

図6　ハワイ諸島におけるポイ・パウンダー。①あぶみ型のものが年代的にもっとも古く、③リング型のものがそれにつぐ。②ノブつきのものはもっとも新しい
（国立民族学博物館蔵）

図7　タヒチの玄武岩製石杵

なかには、（1）握り部分にノブがついたもの、（2）孔の開いたリング型のもの、（3）あぶみ型のものに大きく三分類された。石杵の形態と標本のあった場所に依拠した詳細な分析によると、リング型とあぶみ型のものはカウアイ島でのみ使用された。さらに、あぶみ型のものが年代的にもっとも古く、リング型のものがそれにつぐ。ノブつきのものはもっとも新しい（図6）。

しかし、対象がタロイモだけであったのかなどの点では考察が不十分であった。私はリング型とあぶみ型のものが、垂直にたたくのではなく、前後にすりつぶすためのものではなかったかと推察している。民族誌に関する資料のないのが惜しまれ、まだまだ不明点がある。

国立民族学博物館（民博）（吹田市）には、一八七〇年代に使用されていたタヒチの石杵が収蔵されている。さらに、一八世紀、J・クックがタヒチに立ち寄ったさいにもち帰った石杵が大英博物館にある。タヒチの石杵は

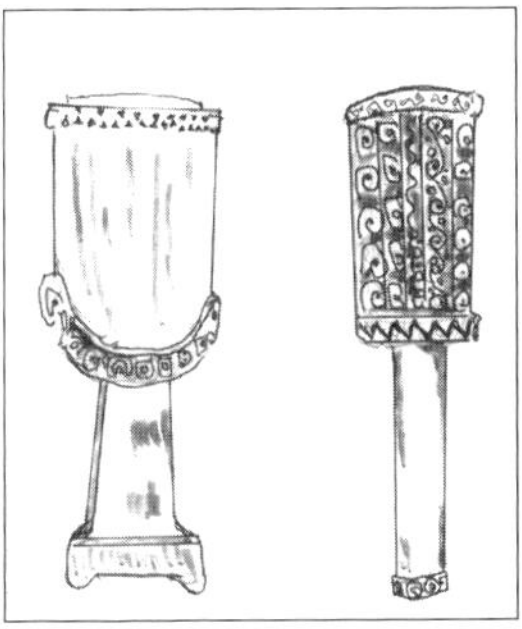

図9　タロイモのたたき具（トロブリアンド諸島・パプアニューギニア）

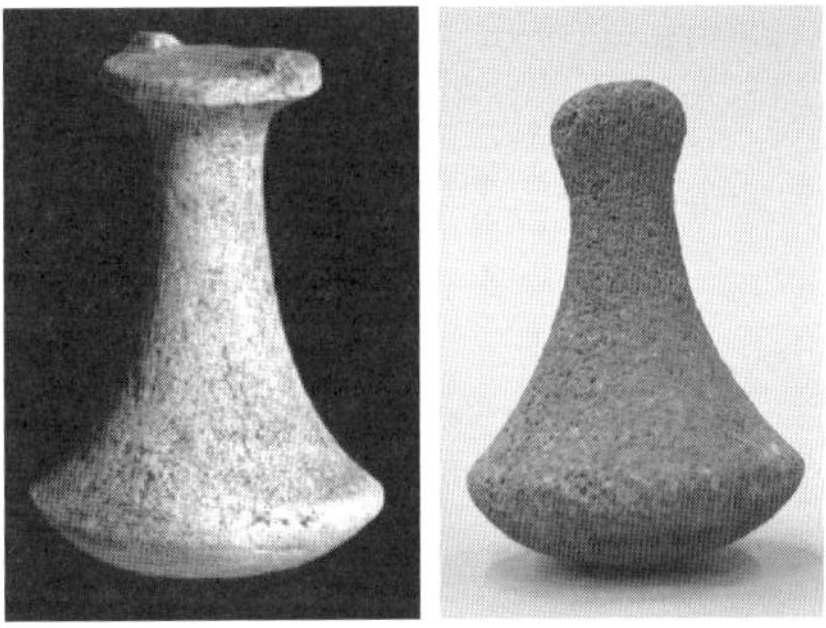

図8　中央カロリン諸島サタワル島のサンゴ石灰岩製石杵（左）とハワイ諸島の玄武岩製石杵（右）（国立民族学博物館蔵）

玄武岩製で、把手の部分が直立した精巧なもので、民博の資料とほぼおなじ形態をしている（図7）。

ミクロネシアの中央カロリン諸島でも、サンゴ石灰岩製の石杵はファイニポ（fayinippwo）と呼ばれ、ハワイ諸島におけるノブつきのものと類似している（図8）。たたく台は石製ないし木製のものでヤニッフ（yaennif）と呼ばれる。中央カロリン諸島では調理したタロイモ以外にパンノキの実、植物性の薬の調整などのほか、生のタコの身をたたいてやわらかくするために用いられる。また、ハワイ以外のタロイモたたき具として、メラネシアのトロブリアンド諸島では木製杵が用いられる（図9）。

3　キャッサバとウガリ・フーフー

キャッサバは南米原産であり、カリブ海、アノリカ、東南アジア、オセアニアへと拡散した。キャッサバの栄養体の皮や芯、葉などの細胞内には青酸配糖体（リナマリン）がふくまれている。この青酸配糖体は本来無毒であるが、水の存在下で分解酵素の働きにより青酸ケトン体に分解され、この青酸が毒となる。

キャッサバの食用化には青酸毒を除去する技術が不可欠であった。キャッサバのなかで毒性の低いスイート・キャッサバはそのまま茹でる、焼くなどして食用とされた。しかし、毒性の強いものは水さらしや加熱により毒性を軽減して食用とされてきた。キャッサバの毒抜き技術はさまざまあり、原産地のブラジルや南米各地では生のイモをすりおろして細胞を壊し、一晩おいてキャッサバのもつ分解酵素の働きで青酸配糖体が分解するのを待ち、液を絞って粉状にし、これを焼く。しかし、この方法はキャッサバの伝播したアフリカ大陸ではほとんど報告例がない。アフリカのザイールやタンザニアなどで調査をした安渓貴子によると、アフリカに導入されたキャッサバは異なった方法で毒抜きされた。安渓はこれを三つの嫌気発酵法として類別した(3)。

第一は、アフリカの熱帯雨林帯や河川沿いで、キャッサバのイモを水に浸けて嫌気発酵により除毒する。これを水切りしてたたいてつぶし、葉に包んだチマキ状にしたものや、籠に入れて蒸したものを食べる。

第二に、水の少ないサバンナ地帯では、壺や舟などの容器に水をためてイモを嫌気発酵して毒を抜き、棚の上で天日乾燥する。これを粉にして熱湯で練ったものが食用とされる。東アフリカではこの食品はスワヒリ語でウガリ（ugali）と呼ばれる。ソルガムやシコクビエなどの雑穀類を粉にして湯と混ぜた粉食の発達した地域の食文化がキャッサバに適用されたものである。

第三は、カビをつけて発酵させる方法で、タンザニアのインド洋沿岸地域やタンガニイカ湖西岸では、生のイモの皮をむいて草や葉でおおい、カビをつけて好気発酵させる。十分カビがついたら棚で乾燥保存し、粉にしてからウガリとして食べる。カビをつけたほうがデンプンに粘りがでて風味がよくなるとされている。ケニアのヴィクトリア湖畔では、無毒のキャッサバ品種にもわざわざカビをつけてウガリとすることがある。大湖地帯ではキャッサバを茹でてから水を入れた舟で嫌気発酵する。舟からとりだしてイモを水洗い後、さらに発酵させる。そのあと、つぶして葉に包んで茹でて食される。[4]なお、ウガリに類する食品はアフリカ各地で異なった名前で呼ばれる。たたきの技術は除毒したキャッサバを臼と竪杵を使って粉にするさいに用いられることになる。

アフリカでは火を通したキャッサバをつぶしてウガリやフーフー（fufu）が作られる。フーフーは、粉にした雑穀やトウモロコシ、キャッサバ、ヤムイモ、料理バナナなどを湯で練って食べるもので、東アフリカ以外のアフリカ各地、カリブ海地域における食品の通称である。複数のデンプンを混ぜて使うこともある。カメルーンのフランス語圏ではクスクス（cuscus）と称される。カリブ海地域では、搗くさいにオリーブ油を混ぜながら処理する。

ブラジルでは、キャッサバの粉を炒めたものはファリーニャ（farinha）（製粉の意味）と称される。また、キャッサバの粉にバターや刻んだベーコンを加えて炒めたファロファ（farofa）を肉料理のつけあわせに使う。キャッサバの粉を用いたパンを焼くことがあり、ブラジルのポン・デ・ケイジョ（pão de queijo）、ボリビアのクニャペ（cuñapé）やパラグアイのチパ（chipa）として知られている。ウガリとフーフーは主食として食される。アフリカの西部および中部で、フーフーはトマト、オクラ、干し魚、タロイモの葉のスープに肉や魚を具として用いる。なお、食べるさい、フーフーを少量手でつまみ、さじの形にしてそれでスープをすくいとって食べる。

4　トウモロコシとメタテ・マノ

中南米原産のトウモロコシは、先史時代から食料としてたいへん重要な役割を果たしてきた。現在では、人間の食料だけでなく、家畜の飼料としても利用されており、米国が世界でもっとも多くの生産量をあげている。トウモロコシの穂から種子を脱粒する作業はいまでは機械化されている国や地域が多いが、先史時代からの手仕事による小規模な脱粒作業は依然として広くおこなわれている。脱粒したトウモロコシを茹でるか、焼いて食べるほかは、製粉したものに湯を加えて薄くのばして焼いたものが食用とされてきた。このため、穂から粒を分離し、さらにそれを製粉するさいにたたきの技術が用いられた。

メソアメリカの墳墓をふくむ先史遺跡で発見される磨り石（すり棒）はマノ（mano）、石製の台ないし皿はメタテ（metate）と称される。メタテは、中米で広く話されてきたナワトル語（Nahuatl）でメタトゥル（métatl）、ないしメトラトゥル（metlatl）と呼ばれた。マノはスペイン語で「手」を意味する。マノとメタテの道具の形状はいろいろとあるが、メタテは平たくて大きな石で円形ないし長方形がふつうである。表面は凹面に湾曲しており、三脚ないし四脚がつけられ、鳥、ジャガー、ワニ、サルなどのモチーフが形象化されている。同時にメタテとマノは重要な副葬品ともされた。[5] マノは長い棒状のものから、球形、楕円形、石鹸状、方形のものまで多様である（図10）。

これまで述べた石皿と石杵では、石杵を垂直に動かしてたたくが、メタテとマノの場合、メタテの上に素材をおいて、マノを前後に動かして砕く、する点が大きくちがう。マノを片手で使うこともあるが、長い棒状のものは両手を使う。メタテはする面が平たく、すり鉢のように深くはない。

アステカ文明ではこれらの道具により中米原産のトウモロコシを搗いて粉にし、水と混ぜて薄くのばしてテラコッタ製のコマル（円形・長円形の平たい調理器具）で焼いたものがアステカのナワトル語でトラシュカリ（tlaxcalli）と呼ばれていた。より広くはトルティーヤ（tortillas）として

図10　メタテ（石製台）とマノ（磨り石）。米国のプエブロ・インディアンのもの（左）と、メキシコのオアハカ州・サポテック族のもの（右）。メタテのうち、左は脚なし、右は3本脚（国立民族学博物館蔵）

知られている。トルティーヤには多くの種類や味のものがあり、それだけメソアメリカの人びとにとり重要な食物と見なされてきた。

トウモロコシの粒を製粉するさいに重要な工程がある。トウモロコシの粒をアルカリ水溶液処理（ニシュタマリゼーション：nixtamalization）したものをすりつぶして生地（マサ）を作る。アルカリ処理には消石灰の水溶液を使うことが多いけれども、木灰の水溶液の上澄みを使う地域もある。アルカリ処理によってトウモロコシの粒の果皮をとりのぞき、粒がやわらかくなるだけでなく、含有タンパク質の利用度が増し、薄くのばして焼くのに適した粘り気が出てくる。アルカリ処理はトルティーヤを作るうえで不可欠の工程である。メタテとマノは北米南西部（現在のニューメキシコ州・アリゾナ州）などでもおなじような名称が分布しており、紀元前から重要な調理道具でありつづけた。

〈註〉

（1）秋道智彌『コモンズの人類学　文化・歴史・生態』（人文書院　二〇〇四）。大塚柳太郎「沿岸低地　サゴヤシ採集民ギデラの生態史」（大塚柳太郎編『ニューギニア　交錯する伝統と現代』京都大学学術出版会　51〜86ページ　二〇〇二）。サゴヤシ学会編『サゴヤシ　二一世紀の資源植物』（京都大学学術出版会　二〇一〇）

（2）Buck, P.: Arts and Crafts of Hawaii. (*Bishop Museum Special Publication* 45: 27–30, 1957). McElroy, W. K.: Rethinking the Traditional classification of Hawaiian Poi Pounders (*Rapa Nui Journal* 17(2): 85–93, 2003).

（3）安渓貴子「キャッサバの来た道　毒抜き法の比較によるアフリカ文化史の試み」（吉田集而、堀田満、印東道了編『イモとヒト　人類の生存を支えた根栽農耕』平凡社　二〇〇三）

（4）安渓貴子「アフリカ大陸におけるキャッサバの毒抜き法　技術誌と生活誌からの再検討」（『熱帯農業』49（5）：333〜337ページ　二〇〇五）。安渓貴子「アフリカでのキャッサバの食べ方　毒抜き 法の体系的理解のために」（『生態人類学会ニュースレター』12：26〜27ページ　二〇〇六）

（5）多々良穣「副葬品・埋納品としてのメタテとマノ―マヤ地域の副葬品・キャッシュ分析から」（『古代アメリカ』4：77〜94ページ　二〇〇一）

四　日本食とたたき技術

日本の伝統的な食生活にとり、モチと団子、味噌・豆腐・醤油などは主要な要素であり、いずれもコメとダイズをたたいて加工した食品である。ここで、日本食にとって重要なコメとダイズとともに、ワラビ、クズ、オオウバユリ、ソテツ、カタクリ、ヒガンバナ、マムシグサなどの野生植物の加工技術をとりあげよう。

1　コメと臼・杵

蒸したコメを臼に入れ、横杵で搗いてモチを作る光景は日本の各家庭で見られた。都市部ではモチ搗きの場は家庭から姿を消し、農山漁村でのこるだけとなった。本来、臼と杵は農耕用具として穀物の脱穀だけでなく、精白、モチ搗きに使われてきた。

コメだけでなく、雑穀類やマメ類についても臼と杵はなくてはならない道具であった。搗き臼に入れた穀物やイモ、マメ類を杵でたたいてやわらかくするか、粉状・ペースト状にする。挽き臼は、ほぼおなじ厚みをもつ円筒形の下臼（雄臼）の上で上臼（雌臼）を水平方向に回転させ、上臼の孔から穀類やダイズなどを入れて砕く。上臼の下面と下臼の上面には溝が刻まれており、通常、「目」と呼ばれ、多様な様式のものがある。

杵には竪杵と横杵があり、臼に対して杵を垂直に上下して搗くのが竪杵である。一方、杵に対して直角に杵の柄をとりつけ、柄を両手で固定して搗くのが横杵である。歴史的に見ると、竪杵が圧倒的に長いあいだ、利用されてきた。また、脚力を利用して搗く唐臼（踏み臼）は横木を足で踏んで杵を上下させる。

杵や上石は腕力によって動かすのがふつうだが、脚を使う唐臼（踏み臼）や、水流で水車を回して杵の役割を果たす場合、風力で回る風車の力を利用する技術も使用されてきた。

⑴竪杵と横杵

竪杵は全国の弥生遺跡から出土している。福岡県拾六町《じゅうろくちょう》ツイジ遺跡・奈良県唐古遺跡・静岡県有《う》東《とう》第二遺跡からは、竪杵とともに竪臼が出土している。このほか、佐賀県菜畑遺跡・福岡県辻田《つじばたけ》遺跡・大阪府瓜《う》生堂《りゅうどう》遺跡・静岡県登呂遺跡・千葉県国《こ》府《う》関《せき》遺跡などから竪杵の出土があり、発掘例の数からすると、西日本のなかでも九州のものが多い。稲作技術が西日本で発達していたことを物語っている。

竪杵搗きは弥生時代の銅鐸に描かれている（図11）。兵庫県桜ケ丘遺跡（神戸市）と、袈《け》裟《さ》襷《たすき》文《もん》

図11　桜ケ丘５号銅鐸（B面部分。脱穀のみ）に描かれた竪杵を搗く人物像（神戸市立博物館蔵）（Photo:Kobe City Museum／DNPartcom）

銅鐸《どうたく》伝讃岐国（香川県）出土の銅鐸には、二人の人物が竪杵と竪臼を使って作業をしている図像が描かれている。時代は弥生中期（紀元前二〜紀元前一世紀）である。これらの銅鐸は国宝にも指定されている。

では、竪杵で臼を搗いている銅鐸の図像は何を指しているのか。現代における竪杵と臼の利用からすると、脱穀、精白ないしはモチ搗きが考えられる。山梨県南アルプス市の油《あぶら》田《だ》遺跡（田島字油田地内）から発見された竪杵は、山梨県内で最古のものとされる（最大長七八・五センチ、最大幅七・二センチ）。材質はアカガシ亜属で、表面には鉄製の工具の使用痕がある。同時代のものとされる弥生時代中期の土器から、土器の圧痕が玄米や籾であることが判明した。しかも現生標本と比較することで、弥生時代に脱穀・精白がおこなわれた可能性が示唆されている。モチを搗く作業が銅鐸に描かれた場合、モチが日常の食であったかどうかについては検討しておくべきだろう。

中国浙江省河姆渡《かぼと》遺跡の第四層（紀元前五〇〇〇〜紀元前四六〇〇年）から出土した一本の木杵は長さ九二センチ、下端に直径八・三センチの木槌がついている。のちの漢代、中国各地では人びとが農耕や漁撈・狩猟・騎馬などをいとなむ活動を表す画像石が出土する。画像石は石材にレリーフ（浮彫り）をほどこしたもので、前漢（紀元前二〇六〜紀元八年）晩期から後漢（二五〜二二〇年）終期にかけて隆盛した。山東省嘉祥県宋山村の宋山四号祠堂東壁　東王父、庖厨書像には、二人の人が長い棒で真ん中におかれた容器を搗いている画像がある。これは竪杵と竪臼による穀物の加工を示すものだろう（図12）。なお、嘉祥県の漢代画像石の分析から食文化全般を考察した研究がある(1)。

図12　漢代の画像石に描かれた竪杵を搗く像。この人物はウサギのような耳をもち、臼を支えるのはカメである（宋山四号祠堂東壁　東王父、庖厨。京都大学人文科学研究所所蔵　石刻拓本資料より）

　ところが、四川省の画像石のなかに脚で踏む農具（＝碓）を使用する人の例がある。これはいわゆる「踏み臼」である。後漢の画像石にあるような人びとが米を臼で搗く（うすづく＝舂く）様子を示したものは「舂米画」と呼ばれている。漢以前の時代には、竪杵と竪臼が穀物の脱穀、籾すり用に使われていたと思われるが、四川省の画像石に見られる踏み臼は穀物の脱穀から精白、さらには籾の状態で穀類を保存した可能性を示唆している。(2) 後漢時代でも竪杵・竪臼と踏み臼が併用して使われていたと考えられる。のちの明代末、宋應星による『天工開物』には穀物を踏み臼で操作する人の図がある。(3) また、水力を利用して杵を搗く「水碓」も描かれている。日本へは竪杵・竪臼とともに、中国から碓、つまり搗き臼が伝わった。

古代中国における竪杵・竪臼やのちの碓(搗き臼)や磨り臼の形態や利用法を現代の諸民族が利用する農具と比較する歴史民族学的な研究がある。とくに、中国雲南省のワ(佤)族、チンポー(景頗)族、タイ(傣)族、ミャンマーのポー・カレン族、台湾のルカイ族などが使うものとの比較は興味深い。古代の中華世界で起こった農業技術が周辺に伝播し、現代においても古い形式の技術が周辺世界に残存している可能性がある。

竪杵と臼に対して、横杵は稲作のはじまった弥生時代にほとんど見られない。臼には円筒形の胴臼、真ん中のくびれたくびれ臼がある。横臼は木材を長く切って内部を長軸に沿ってくりぬいたもので、ふつう複数の人がならんで杵を用いて搗く。中国貴州省のミャオ(苗)族は、横杵・横臼でモチを搗いている。横杵を使ってモチを搗く習慣は、北部タイ・長江流域・日本と、かぎられた地域に分布している。

唐臼(踏み臼)は、山口県の萩で台唐《だいがら》という。台唐には、「台枠のある唐臼」の意味がある。台唐は年末にモチを大量に搗くさいに用いられてきた。蒸したコメをこの台上において、長い軸の端を踏むと横木を通して他端にある杵の部分が上がる。脚の力を抜くと、テコの原理で杵がコメを搗く。この動作をくり返して労力を少なくしてモチを搗くことができる。台唐は江戸初期以降のものとされている。萩の土地柄を考えれば、大陸から伝来したものと想定できる。現在、モチ搗きで利用する横杵は江戸中期以降に利用されており、この台唐にヒントを得て作られたとされている。なお、横杵の先端部は、モチ搗きの場合は平らであるが、コメを精白するさいには凹面になっている。モチ搗き用の杵にはかたくて重量のある材質の木としてツバキが適している。萩市内の笠山にはヤブツバキの群生林があり、毛利藩時代から保護されてきた。

　竪杵から横杵に変化したなかで、竪杵を使う場合をアンケート調査で調べた民俗学者の八幡一郎によると、ダイズからの味噌作りに使われる場合が圧倒的に多かった。このほか、コンニャク、かまぼこ（蒲鉾）など、コメ以外の食品を作るさいに搗く場合があった[4]。

(2) モチ搗きと神事

　モチ搗きはケ（日常）ではなくハレ（儀礼などの非日常）のいとなみである。かつて人びとは毎日、モチを搗いて食べたのであろうか。銅鐸は稲の収穫期の秋におこなわれた収穫祭で打ち鳴らされた可能性がある。とすれば、収穫のハレの時期にモチを搗いて人びとが共食した情景が銅鐸に表現された可能性がある。モチは一般に蒸したモチ米を使う。そのためには湯沸かし用の土器の上にコメを入れた甑《こしき》をのせて蒸す。甑は鉢ないし甕型の土器で、底部に下からの蒸気を通す穴が開けられている。

古代日本における蒸し器の分布には地域差があった。つまり、六世紀時点で西日本では甑が少なく、煮炊き用の土器が多い。東日本では逆に甑が普及していた[5]。西日本で蒸す調理はハレの機会に用いられたと考えられている。日本では稲作信仰が発達し、とくに平安時代以降は朝廷において稲作を国家の存続と結びつける思想が広まった。大嘗《だいじょう》祭や新嘗《にいなめ》祭がその例であり、イネの豊饒と死、そして再生のイメージが国家的な儀礼と結びついた。

全国の神社でも大祭にはモチを搗く行事がおこなわれる。その意義はさまざまに変容しているが、イネの豊穣に感謝し、その持続とみずからの安寧と発展を願う意味がこめられていたことはまちがいない。モチを搗いて丸く成形したものは太陽への信仰を表出する呪物であった。モチの食感は炊いたコメとはずいぶんとちがう。モチ米は粘着性があり、腹もちもよい。あとでもふれるが、モチに甘味を加えたモチ菓子がいまでも広く食されている。モチは保存食としてもたいへん有用な食物であった。

かたくなったモチは加熱なしにそのまま食べることはできない。しかし、古代からモチ米を蒸して調理したものはかたいごはんをあらわす強飯（「こわめし」ないし「こはいひ」）と称された。それに対して、ウルチ米を炊いたものは弱飯《ひめ》とか姫飯《ひめいい》と称された。モチ米を使った料理は儀礼などの重要な場面で供されることが多かった。その名残りが赤飯であり、モチ米をアズキ（小豆）と蒸す、ないし炊いたものが結婚式、成人式、出産などの慶祝事にふるまわれる食習慣は現代も息づいている。モチはこの点で儀礼食の代表といえる。

モチ搗きを神事としておこなう神社が全国にある。神事としてのモチ搗きは横杵と臼による場合が多く、江戸時代中期以降に横杵が隆盛することになった。ただし、いまなお竪杵を使ってモチを搗く神事が各地に残存している。

福岡県大野城《おおのじょう》市の平野神社における「宮座餅ツキ」では、その年の宮座当番の自宅で氏子らがモチ搗きをおこなう。そのさい、氏子は手を清め、口にサカキ（榊）の葉をくわえる。蒸したモチ米で、サカキの木の両端の外皮を削ったものを竪杵として集団でモチを搗く。こうして二段重ねの鏡餅を三組作る。これらは儀礼的に宮座で供えるためのものである。このあと、ボタ餅を搗いて参加者の土産とする。ただし、この時には竪杵でなく横杵でモチを搗く。そののち、本膳が出て無事にお開きとなる。

福井県若狭町上野木《かみのぎ》にある河原《かわはら》神社の神事は毎年三月最初の酉の日にちかい日曜日に挙行される。この神社の御神事では、集落内の若い男性一名が勤講者として指名され、禰宜とともに祭礼行事をとりしきる。勤講者の家が宿元（当家）となり、竪杵によるモチ搗きや神饌料理の準備を担当する。御神事は福井県の指定無形民俗文化財となっている。

大阪府貝塚市にある水間寺《みずまでら》では、毎年一月二日、三日に「千本搗餅つき」がおこなわれる。七四三（天平一五）年に僧行基が一六人の童子の導きにより水間に至った。そのさい、ご本尊に供えるため、行基が一六人の童子とともに木の棒で歌にあわせてモチを搗いたのが厄除けモチのはじまりである。現在も搗きたてのモチは水間寺の裏手の公園で厄除餅として参拝者にまかれる。

広島県尾道市にある山波《さんば》艮《うしとら》神社の秋の例祭でも、サスリと呼ばれる竪杵を用いたモチ搗き神事がおこなわれる。下関市豊浦町の川棚温泉でおこなわれる「せぎもち行事」は一六六〇年以来の神事で、使われる竪杵を「サス」と呼んでいる。

兵庫県神戸市の多井畑厄除八幡宮《たいのはたやくよけはちまんぐう》では、一月一八日からはじまる厄除大祭に供えるためのモチ搗きの神事がおこなわれ、現在では氏子から選ばれた八名が一・八メートルほどの長いカシの竪杵で臼の東西に四名ずつが並んでモチを搗く。

(3)モチとは何か

コメを搗いて作られるモチについて整理しておこう。モチを作るために、ふつうモチ米を使うが、ウルチ米や、モチ米とウルチ米を混ぜたものが使われることもある。コメとともにほかの食材を混ぜて搗くモチもある。サツマイモが導入されてからは、輪切りにしたサツマイモを茹でて

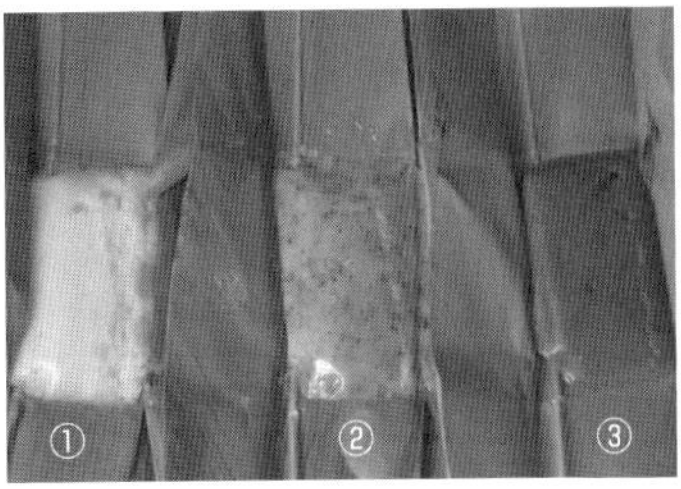

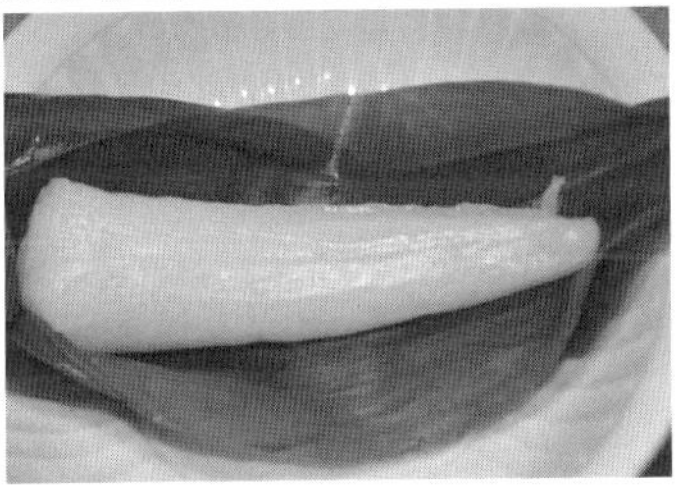

図13　沖縄のカーサームーチー（モチ粉をゲットウの葉で包んで蒸したモチ）（右上）①モチ粉だけのもの、②ヨモギを混ぜたもの、③紅イモを混ぜたもの。京都のチマキ（粽）（左上下）

から天日で干し、モチ米といっしょに臼で搗いて作ったモチを「かんころ餅」と呼ぶ。「安倍川餅」は、砂糖を少し加えたきな粉をまぶして食べるモチを指す。ここで使われるきな粉は、ダイズを臼で挽いて粉にしたものである。東北の仙台で知られる「ずんだ餅」は、枝豆を搗いてすりおろし、モチにからめて食べるものである。「クルミ餅」はクルミの仁をすりおろして作る。「椿餅」はモチ米を蒸してから乾燥し、軽く砕いた道明寺粉（蒸したモチ米を乾燥して軽く砕いたもの）で作る餡入りのモチで、ツバキ（椿）の葉ではさむ。「桜餅（道明寺餅）」も同様で、軽く砕いた道明寺粉で作る餡入りのモチで、塩漬けしたサクラ（桜）の葉で包んだものである。「カーサームーチー（鬼餅）」はモチ粉を香りのよいゲットウ（月桃）の葉で包んで蒸した沖縄のモチであり、モチ粉だけの白いもの、ヨモギを混ぜた緑色っぽいもの、紅イモを混ぜた紫色のものがある（図13）。本土では搗いたモチ米をクマザサ（熊笹）、マコモ、チガヤなどの葉に包み、蒸すか茹でたモチがチマキ（粽）である。チマキは九世紀以来、五月の節句に食用とされてきた伝統食品である。現在ではモチ粉の代わりにクズを使うことも多い。トックは韓国のモチの一種で、モチ粉を練って押し出して作ったものである。

ウルチ米を使うモチは、搗いたモチを板につけて火であぶって味噌を塗った「五平餅」、モチと黒砂糖、白砂糖を混ぜ、ケシの実をまぶした平戸市名物の「牛蒡餅《ごぼうもち》」などがある。このほか、ウルチ米から製造される上新粉を練って平たくし、アズキのこし餡や味噌餡を入れて二つ折りにしてカシワ（柏）の葉で包んで五月に食されるのが「柏餅」である。上新粉を砂糖と混ぜて搗き、縁起のよい鶴の卵に成型したのが「鶴の子餅」であり、モチ米から同様な製法で作ったモチは「鳥の子餅」と称される。ウルチ米の粉を練って丸めたものが団子で、このなかには秋の十五夜に一五個供える丸い「月見団子」、「みたらし団子」、海苔を使った「磯辺団子」、一口大の団子を串に刺した「串団子」などがある。

モチ米とウルチ米を混ぜて搗いて作ったモチには、「うる餅・あらかね餅」や、搗いても米粒をのこした状態のモチとする「小米餅《こごめもち》」などがある。奈良県田原本町では小米餅のことを「ねこもち」と称する。「やしょうま」は長野県北部を中心に作られるモチ菓子で、いろいろな色をつけた生地を巻いて模様のある断面を作る。この色素も材料を砕いた粉を使ったものである。

2　ダイズ

ダイズ（大豆）はマメ類のなかでも生産量が多い。日本ではダイズからは、豆腐、味噌、醤油、きな粉、納豆、湯葉、豆乳、煮豆、油揚げ、もやしなど多様な食品が作られる。このうち、豆腐、味噌、醤油など日本食でもなじみ深い食品は、ダイズを搗いてペースト状にする工程が不可欠である。機械化された製法前の段階では、あらかじめ煮たダイズを石臼で挽くなり、杵で搗く方法が用いられた。挽いたものは生呉《なまご》、火を入れたものは煮呉《にご》と呼ばれる。きな粉もダイズを炒って皮をむき、製粉するさいに杵と臼や水車の動力によるたたき作業がおこなわれた。

ダイズはほかの豆類と異なり有毒成分をふくんでいないので、水さらしや加熱処理を必要としない。ただし、発酵をともなう味噌作りや納豆作りでは、塩（味噌・醤油の場合）、にがり（豆腐の場合）などを添加して加工する。湯葉、豆乳、おからなどは豆腐を作る過程の副産物であり、さらに油揚げやがんもどき、厚揚げのような食品も生みだされた。なお、豆腐を包丁でたたくか、すり鉢ですり、味噌・小麦粉と和えたものを油で揚げる「たたき豆腐」はダイズからたたき技術を二度介して調理される食品である。

3　穀類・マメ類の脱穀

穀粒やマメの莢《さや》を穂から脱粒するさい、さまざまな脱穀道具が用いられる。イネ、ヒエ、アワ、オオムギ、コムギなどや、アズキ、ダイズ、ゴマなどの脱穀には、穂や莢に物理的な力を加えて脱粒する。これにはいくつもの技法がある。まず、たたき棒で穂や莢をたたいて脱粒する方法がある。たたき棒は木製で、二叉のものは効率がよい。長い竿の先に回転する棒をとりつけ、竿を上下に動かして穂に打ちつけるのが唐竿《からさお》である。

図14　唐竿によるオオムギの脱穀作業（中国雲南省デチェン・チベット（迪庆蔵）族自治州の維西傈僳族自治県）

日本ではないが、中国雲南省西北部のデチェン・チベット（迪庆蔵）族自治州の維西傈僳《リス》族自治県にあるリス族の村で調査をおこなったさい、収穫したムギを村の広場に広げ、多くの村人が唐竿で打ちたたく作業を見た（図14）。

唐竿のほか、穂の束を広げてウシに踏ませたり，台・桶・ざるなどにたたきつけたりして脱穀する。千歯扱《せんばこ》きは江戸期に発明されたコメやムギの脱穀道具で、櫛状の歯のあいだに穂を通すことで脱粒する。大正時代には千歯扱きを改良し、脚で踏んで歯を回転させるようになった。さらに、脱穀作業が機械化されてコンバインやハーベスターが生まれ、現在に至る。

4　米粉以外のデンプンと水さらし

日本には栽培作物以外に、野生植物の根茎・茎などをたたいてデンプンを採取して利用する技法がある。以下、八種類の例をとりあげよう。

(1)クズ

葛餅は、マメ科のつる性植物であるクズの塊根にふくまれるデンプンを採り、「クズ粉」として利用する。秋から冬にかけて掘りおこした根を水で洗浄し、たたいて繊維状にする。これを石の上におき、金鎚でたたき、真水に入れて揉み洗いする。つぎにザルで漉し、砕いたクズの根をとりのぞき、水溶液をそのまま一晩放置する。濁った水を捨て、新たに真水を加え、よく攪拌してクズ粉を沈殿させる。この作業をくり返して不純物を除去してデンプンを精製する。できたクズ粉を湯で溶かしたものが葛湯である。これが固まると半透明の状態になる。これを葛餅や葛切り、もしくは料理のとろみつけに使う。クズは、大和国（現、奈良県）吉野川（紀の川）上流の国栖《くず》がクズ粉の産地であったことに由来する。創業以来四〇〇年以上の歴史をもつ黒川本店の吉野本葛のほか、石川県の宝達《ほうだつ》葛、宮城県の白石《しろいし》葛、静岡県の掛川葛、三重県の伊勢葛、福井県の若狭葛、福岡県の廣久《ひろきゅう》（秋月）葛などがある。なお、吉野の本葛は一〇〇％クズを使う。クズ粉は一一〇グラムあたり三八二キロカロリーのエネルギー価があり、二・二ミリグラムの鉄分をふくむ。

⑵ワラビ

ワラビはシダ植物であり、この根からデンプンとなるワラビ粉を精製する。冬季に採集したワラビの地下茎を洗浄し、たたいてデンプンと繊維を分離する。ワラビにはチアミナーゼやビタミンB1を壊す酵素がふくまれているので、重曹や木灰でアク抜きをする。沸騰した熱湯をその上からかけ、新聞紙や大きめのポリ袋で落とし蓋をして一晩おく。翌日、水で洗浄してアクを流す。水でろ過する作業をくり返して、不純物やアクを抜く。沈殿したデンプンを乾燥したものがワラビ粉となる。原料の採取や製造に手間がかかり、手作業の場合、一〇キロのワラビ根からわずか七〇グラムほどのワラビ粉しか精製できない。しかも厳冬期に根を掘りだして冷水でろ過・沈殿させる作業は十数日以上かかる。ワラビ粉だけから作られるワラビ餅は黒褐色がかった色をしている。手間がかかるので、本ワラビ粉は一〇〇グラムで一五〇〇円もする高級品である。

⑶ソテツ

ソテツはソテツ科の裸子植物である。日本では奄美諸島以南に生育する。奄美でソテツはスティチと呼ばれる。ソテツは有毒で発癌性のサイカシンを種子、幹などにふくんでおり、そのままでは食用とならない。ただし、幹にデンプンが多くふくまれており、皮を剥いで幹の芯の部分を適当な大きさに切り、天日で数日乾燥する。つぎに水に何度もさらしてアクを抜き、布でくるんで冷暗所で保存する。この間、黄麹菌《きこうじ》でソテツを発酵させる。これを水洗いし、杵と臼で搗く。さらに搗いたデンプンを水で何度もさらす。こうしてできたデンプンを団子にして乾燥して保存食とする。奄美ではこの食品を「シン」と呼ぶ。シンをもとに湯でもどしたカユ状のものは「シンガイ」（芯粥）と呼ばれる。

図15　ソテツの実（©photolibrary）

ソテツの実（ナリ）もアク抜きする必要がある（図15）。ソテツの雌花にある赤い色の外皮を木槌でたたき割り、中の仁を使う。幹の芯の場合と同様、ソテツの種子を天日干ししてたたき砕く。これをコウジカビの発酵作用と水さらしを通じ、有毒成分のサイカシンを分解してアク抜きする。種子のデンプンは乾燥して粉末として保存する。乾燥したソテツのデンプンに水を加えて搗いてモチにしたものがソテツ餅である。ソテツのデンプンと玄米を混ぜて、甑で半日ちかく蒸す。冷却後、ムシロに広げ、黄麹菌を主とするコウジカビを繁殖させて発酵させて麹を作る。他方で、ダイズ、蒸したサツマイモを鍋で煮たものにソテツの麹と塩を加えて、臼と杵で搗きつぶす。手で丸めたものに塩をふって味噌甕に入れ、バナナの葉で蓋をして数カ月発酵、熟成させる。こうしてソテツ味噌のナリミスができあがる。ナリミスは沖縄・奄美において、ブタの脂肪と混ぜて炒めるアンダンスー料理に使われる。

(4) オオウバユリ

アイヌにとり、ドングリとともにオオウバユリ（トゥレプ）の鱗茎は重要な野生食料であった。採集されたオオウバユリの球根の鱗片を水洗いして臼に入れ、斧身の「みね」を使って、ユリネを粘りが出るまでたたいてつぶす。これに水を加えて数日放置し、桶の底にたまったデンプンや中間層にある半液体状の部分を分離し、乾燥したものを保存して再利用する。のこりの繊維カスを発酵させてから円盤状の団子をつくり、乾燥させた後、屋内につるして保存した。

(5) カタクリ

春に採集したカタクリの鱗茎を搗いて得られたものを布袋に入れて水に浸し、搾りとって得られるのがカタクリ・デンプンである。ふつう、片栗粉として市販されているが、原材料から二割程度しか精製できないので効率はあまりよくない。片栗粉に湯を注いで練ると無色に変わる。現在ではジャガイモのデンプンを使うことが多い。かつては、大和の宇陀《うだ》（奈良県北東部の宇陀市）産の片栗粉が幕府に献上された。

(6)マムシグサ

マムシグサはサトイモ科テンナンショウ属の植物で、別名コウライテンナンショウと称される。球茎や葉にはシュウ酸カルシウムの針状結晶が大量にふくまれている。そのため、通常は食用とはされない。アイヌ語でマムシグサの仲間はシノウラウラ、ないしラウラウと呼ばれ、水さらし、炉の灰の中で蒸し焼きにするなどして食用とされた。ただし、球茎の上部や真ん中の黄色い部分は毒性が強いとして除外された。逆に、その毒性を利用してトリカブトとともに混ぜて矢毒として利用された。本州でも伊豆諸島の三宅島で利用されたシマテンナンショウも蒸し煮にして団子にしてえぐい刺激をのぞいて食された(6)。

(7)ヒガンバナ

ヒガンバナはヒガンバナ科ヒガンバナ属の多年草で、鱗茎はデンプンに富むが、有毒成分のリコリンをふくんでいる。リコリンは水溶性であり、長時間水でさらすことで無毒化することができる。ヒガンバナは救荒食として利用されてきた。球根をたたいて、水さらしする技法はほかの有毒植物と類似している。また、鱗茎は石蒜《せきさん》と呼ばれる生薬となった。

(8) タシロイモ

タシロイモは、ヤマノイモ科タシロイモ属の仲間で、地下には球状の根塊をもち、デンプンが多くふくまれている(図16)。アフリカから東南アジア、オーストラリア北部にかけて分布し、オセアニアへの人類の拡散とともにミクロネシア、ポリネシアへともたらされた。とくにサンゴ礁の低平な島じまや低地で食用とされる。

塊茎をすりつぶし、水に何度もさらして苦味成分を除去し、沈殿したデンプンを乾燥して保存する。これを加熱するとデンプンがアルファ化(糊化)するので、ココナツ・ミルクやタロイモ・パンノキをたたいたものを混ぜて食用とする。

以上の野生・栽培植物の根をたたき、蓄積されたデンプンを水にさらして精製する方法が共通した特徴であるクズ、ワラビ、タシロイモなどは一〇〇グラムあたり三二〇〜三四七キロカロリーのエネルギー量があり、サゴヤシ(三四九キロカロ

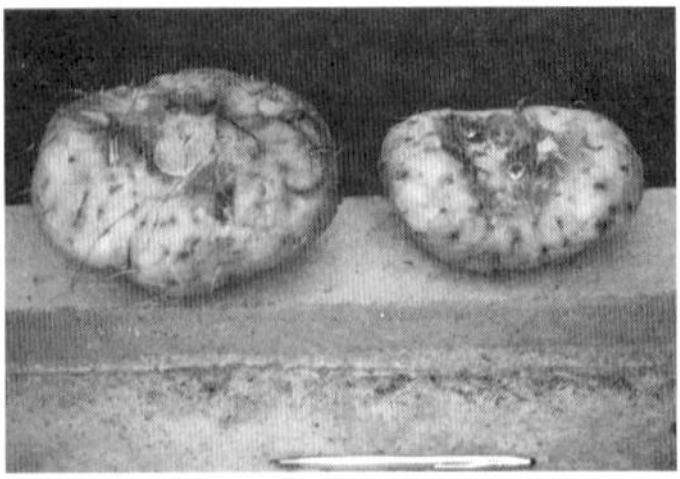

図16　タシロイモ(パプアニューギニア西部州低地)。現地のギデラ語でグウェブ(gweb)と称される

リー）、キャッサバ（三五五キロカロリー）と遜色がない。ただし、単位重量あたりのエネルギーを得るために「たたき」と「水さらし」の労働量がどれだけ必要かは種類ごとに異なっている可能性がある。詳細は今後の研究に期待したい。

5　山菜と海藻のたたき

(1)山菜のたたき

図17　ミズ（ウワバミソウ）
（©photolibrary）

山菜をたたいて食用とする例はほとんどないが、日本ではミズの利用が知られている。ミズは東北地方で利用されるイラクサ科ウワバミソウ属の草本である（図17）。ミズには赤ミズと青ミズがあり、雌雄異株である。たたくと独特の粘りが出る。これとよく似たヤマトキホコリはおなじウワバミソウ属の草本で雌雄同株であり、たたいても粘りがでない。ややこしいことに標準和名のミズはイラクサ科ミズ属の草本で、近縁のアオミズがある[7]。

赤ミズの葉をとってさっと熱湯を通し、ビニール袋に入れ、その上からすりこぎでたたいてつぶす。さらにまな板の上で粘りが出るまで包丁でたたく。これに味噌を入れて混ぜながら軽くたたいて、最後に細かく刻んだサンショウの葉（またはニンニク）を入れる。小鉢に盛り、サンショウの葉を添える。毎年九月ごろになると、茎と葉のつけ根に小さな丸いムカゴ状の実がつく。秋田ではミズのコブコと呼んでいる。カモシカはミズのコブコだけを選り分けて食べるほどだと聞いたが、人間にとってもたいへん美味い。これを味噌漬けにすると、粘りのある漬物「ミズのコブコ漬け」ができる。

山菜ではないが、キュウリやゴボウをすりこぎや麺棒、あるいは包丁の「みね」でたたいてやわらかくすることがある。繊維が壊れて味がしみこみやすく、食べやすくなる。ゴボウは湯がいたものを、キュウリは生のままたたく。この場合、キュウリには酢や醤油系の調味料を使う。ゴボウはすりゴマと和えることが多い。これらを「たたき」と呼ぶ。

(2) 海藻のたたき―日本

日本では日常的に海藻を食べる。生から乾燥品、つくだ煮、煮物など多様な食品があり、海藻利用については多くの知恵が蓄積されている[8]。韓国でも海藻食はさかんである。世界で海藻をよく食べる地域は、日本、韓国のほかオセアニアなどだけにかぎられない。私は世界の海藻食について、全世界を見すえて北米、南米、東南アジア、オセアニア、ヨーロッパなどにおける事例を中心に紹介したことがある[9]。

ここでたたき技法を用いた海藻利用の例をあげよう。褐藻類（モズク、メカブ、コンブ、アカモク・ウミトラノオなどのホンダワラの仲間）のなかには、たたくとネバネバの成分が出てくる種類がある。これらにはフコイダン（fucoidan）と呼ばれる硫酸化多糖類やアルギン酸が多くふくまれており、粘性をもつ。メカブはワカメの根元の上にある生殖細胞でひだ状になっている。この部分を茹でて細かく切り刻むとネバネバ成分が出てくる。コンブでは茎のつけ根の部分にあたる根コンブを水とともにコップに入れて一晩おいておくと、翌朝、液体がドロドロの薄い黄緑色になる。これはフコイダンやアルギン酸が溶けだしたものである。

図18　アカモク（島根県・隠岐諸島・島後）

アカモクは沿岸に生育する褐藻で地方により、ギバサ（秋田県）、ギンバソウ（山形県）、ナガモ（新潟県・佐渡）、ガラモ（富山県・氷見）、ハナタレ（島根県・隠岐）、ガラム、ナガラモク、マメダワラ、モクなどの方言がある。山陰ではアカモクと近縁のホンダワラを神馬草と称する（図18）。アカモクは採集後、よく水洗いし、ゴミなどをとる。茎（軸）はかたいのでふつうはとってしまう。熱湯でさっと湯がくときれいな緑色になる。これを包丁で粘りが出るまでたたく。たたいたアカモクにはいくつものレシピがある。日本では、海藻をたたいて利用する例がワカメのメカブとアカモクにあることがわかる。

(3)海藻のたたき―ハワイ

ハワイでも、海藻を石杵でたたいて利用する。ポリネシアで海藻は広くリム(limu, rimu)と呼ばれ、ハワイ諸島では約三〇種の食用海藻が知られている。ハワイ諸島における食事は、先述したように石杵でタロイモをたたいてつぶしたポイ(poi)、魚、海藻が主要な構成要素とされている。タロイモのデンプン、魚のタンパク質とともに、海藻の繊維、ミネラル、ビタミン(とくに、A、B_{12}、C、リボフラビン)を効率よく摂取できるので、食生活のバランスはよい。

ハワイ諸島では、海藻は繊維質が多いので刻むか石杵で搗き、塩味をベースとして生魚やエビなどと混ぜて食される。また、生魚をレモン汁でマリネにしたものに海藻を混ぜたポケ(poke)、あるいは煮こみにする。

アオサは、ハワイではリム・パラハラハ(limu palahalaha)と呼ばれる細長い緑藻である。このアオサは、シチューにするか、細かく石杵で搗き、塩とともに生魚の切り身に指でマッサージするように練りこむ。この方法はロミ(lomi)と呼ばれ、こうして調理された生魚をイア・ロミ(i'a lomi)と称する。ムカデノリはリム・フルフルワエナ(limu huluhuluwaena)と呼ばれる紅藻で、ムカデのような形状をしている。これを細かく刻むか石杵で搗き、塩味をつけ、生レバー、生魚、調理した肉に和えるか、乾しダコや煮ダコといっしょに食される。

リム・コフ（limu kohu）はリーフの波打ち際周辺に生育する紅藻のカギケノリで、海中で直立した上部のみを採集し、十分に水洗いして一晩水にさらし、軽く塩を加えてから石杵でたたき、クルミ大の大きさに手で丸めておく。マリネした生魚（ポケ）、生魚、ビーフシチューなどといっしょに食べる。ハワイ人の好む海藻である。

リム・リポア（limu lipoa）はヤハズグサ属のスジヤハズという褐藻で潮間帯一～五メートルに生育する。塩漬けにして保存するとともに、採集した若いものは石杵で搗くか切り刻む。軽く塩をして冷蔵しておく。香りがあり、肉のシチューや魚に合う。

リム・ワワエ・イオレ（limu wawae'iole）はミル属の緑藻で、潮間帯から潮下帯の二～三メートルに生育する。表面はフェルト状でサンゴ礫などが付着しているので丁寧にとりのぞく。切り刻むか石杵で搗いて塩をふる。一〇日ほど冷蔵しておき、魚と和えて食べるかシチューに入れる。ほかの海藻と混ぜて食べることもある。

(4) 水草のたたき

東南アジア大陸部のメコン川流域では、シオグサ属の水草であるカイ（gai）を加工して板海苔を作る。そのさい、直前に作った調味液（化学調味料、塩、タマリンドの汁などの混合液）をシオグサの上にふりかけ、ヤシの葉の軸の部分を束ねて作った棒でシオグサの表面をたたきながら、味をしみこませる。調味液をふりかけたことでシオグサ全体がしっとりとなり、きれいに整形でき、さらにノリは枠にしっかりと付着する。つまり、棒でたたくことは、味付けと同時に枠への付着を補助し、整形する機能をもつ[10]（図19）。

図19　シオグサ（カイ）製の板海苔（ラオス北部）

〈註〉

（1）于亜「漢代画像石からみた古代中国食文化　山東省を中心に」（『兵庫地理』55：1〜14ページ　二〇一〇）
（2）佐々木正治「四川出土の舂米図について」（『愛媛大学法文学部論集　人文学科編』27：109〜132ページ　二〇〇九）
（3）宋應星（藪内清訳注）『天工開物』（東洋文庫130　平凡社　一九六九）
（4）八幡一郎「竪杵分布図の作製について」（『民族學研究』15（1）：82ページ　一九五〇）。八幡一郎「日本古代の竪杵」（『民族學研究』12（2）：102〜106ページ　一九四七）
（5）佐原真『考古学つれづれ草』（小学館　二〇〇二）
（6）福島誠一『食べられる野草と料理法』（ふこく出版　一九九八）
（7）菅原善子「地域の和食　生き物を活かす知　ミズ」（『Biostory』27：66〜68ページ　二〇一七）
（8）宮下章『海藻』（ものと人間の文化史11、法政大学出版局　一九七四）。今田節子『海藻の食文化』（成山堂書店　二〇〇三）。今田節子「海藻の利用」（『Vesta』107：10〜19ページ　二〇一七）
（9）秋道智彌「海藻食の多様性と人類」（『Vesta』107：46〜57ページ　二〇一七）

（10）鯵坂哲朗、若菜勇「ラオス・メコン川産シオグサ類の調査　カイペーン（ラオス産シオグサの海苔様製品）の加工工程」（河野泰之編『生業の生態史』弘文堂、232～233ページ　二〇〇八）

II　動物のたたき技術

一　肉と骨—たたきの人類史

動物には細胞壁がない。しかし、骨格筋肉を構成する筋肉繊維をやわらかくし、粉砕するためにたたきの技法が用いられてきた。動物の肉をたたく技術の延長に、まな板や臼を使ってすりつぶす、練る、すりおろす所作が組み合わされて調理や食品加工がおこなわれた。人類史初期のたたき文化から機械化の段階に至り、たたきの技術は大きく変容してきた。その一例が魚肉のすり身製造である。日本では魚のすり身は大正末期まですり鉢とすりこぎを使い、人力で作られていた。一九二七（昭和二）年、ヤナギヤ創業者の柳屋元助（宇部かまぼこ合同組合初代組合長）が機械化を考案し、改良を重ねた攪拌擂潰機《らいかい》を実用化し、今日に至る。擂潰機は電動乳鉢装置のことであり、英語でモルタル・マシン（mortar machine）と呼ばれる。現代においては肉の伝統的なたたき技術は、家庭におけるフードプロセッサーやミキサーの普及によって格段に効率のよい食物加工技術へと進歩したが、動物のたたき技術が消滅したわけではない。

たたきの技法は食物だけでなく、動物の骨をたたき砕くさいにも用いられた。たたきの技術は先史時代から有用とされ、石などで骨をたたき、骨髄や脳髄が利用された。さらに、皮なめしのさいに何度も皮に打撃を加えて皮をやわらかくする技法も健在である。

卑近な例であるが、ハエたたきはハエやゴキブリをたたいて殺す道具で、近世期にはシュロの葉が用いられた。腕にとまったカなどは平手でたたくのがふつうだ。

1　先史時代のたたき文化

人類の進化史上、肉食の問題には多くの議論がある。人類ともっともちかい現世の類人猿であるピグミーチンパンジーにおける肉食の問題[1]との比較や、初期人類の肉食の萌芽形態について、動物を殺す道具などの存在などから、当初は死肉漁り（スキャベンジング：scavenging）が想定されており、頻繁な肉食はホモ属の出現以降のこととされている[2]。

中国北京の西南部五〇キロにある房山区竜骨山の周口店遺跡から約四〇万〜二五万年前の人骨が発見された。一九二一〜一九二七年のことである。人骨は北京原人として知られる原人（ホモ・エレクトゥス）段階のものである。北京原人が火を使ったことや食人の習慣のあったことがわかっている。すべての頭骸骨の後頭部に人工的な孔があったことや、破砕された大腿骨が見つかった。原人は骨をたたいて脳髄や骨髄をとりだしたとされている。

さらに時代をさかのぼった猿人（アウストラロピテクス）段階の小児の人骨が南アフリカのタウングで一九二四年に発見された。R・ダートは猿人段階で洞窟内から多くの獣骨が見つかったことから、猿人が動物の骨（オステオ）・歯（ドント）・角（ケラティック）を狩猟道具とし、動物の髄をとりだすために使ったとするオステオドントケラティック（骨歯角）文化を提唱した。とくに動物の長骨は打撃を加えるために使われたと想定された。[3] ダートの骨歯角文化仮説は、その後支持されずにいる。動物骨の集積はハイエナなどの獣が洞窟内に運びこんだとする反証が出されている。[4]

もちろん、骨歯角以外に猿人段階における石器もあるわけで、最近では二〇一一年にケニア北部のトゥルカナ地方のロムェクイ3遺跡で発見された打製石器はエチオピアのゴナ遺跡で発見された二六〇万年前のものより古い三三〇万年前のものとわかった。[5] 猿人による石器製作の最初の発見はタンザニアのオルドヴァイ渓谷であったことから、礫石器や剥片石器はオルドワン石器と称されるが、猿人の人骨とともに下層からホモ・ハビリスの人骨が出土しており、猿人が製作したものかは断定できない面がある。ロムェクイ3遺跡の石器はオルドワン石器よりも技術的に粗雑なもので猿人の製作したものと断定された。

後期旧石器時代の新人（ホモ・サピエンス）段階になると、さまざまな種類の石器が生み出され、遺物として発掘されている。オーリニャック文化は地中海のイベリア半島からレバノンに至る地中海沿岸やヨーロッパ内陸部に広く分布した。このなかで、細長い石刃を製作する技法が発展した。石刃はナイフ、スクレーパー（削り具）、彫刻刀などの細かい作業が可能な道具として利用された。

　フランスからスペインでは、クロマニヨン人の文化として知られるマグダレニアン文化（マドレーヌ文化）が発達した。オーリニャック文化とおなじくナイフ、刀剣、槍先などが骨角器として製作された。おとし穴やわな猟により、マンモス、トナカイ、野牛、馬、山羊、羊などの大型獣が捕獲された。その様子はスペイン北部のアルタミラ洞穴（一八七九年に発見）やフランス西南部のラスコー洞穴（一九四〇年に発見）にのこされた彩色壁画と線刻（ペトログリフ）に描かれている。たたき具としての石器がどのように使用されたかについては不明であるが、最終的に剥片石器やナイフ型石器を製作するさいにたたき技法が使われたことはまちがいない。

2　殺しと食用のたたき具

(1)魚のしめ方とたたき具

　北太平洋の東西をはさんだ中緯度地帯では、魚や海獣を殺戮するためにこん棒が使われた。サケやオヒョウ、アザラシ、オットセイなどがその対象であり、こん棒には精巧な彫刻がほどこされることもある。現代では魚を撲殺するのではなく、活けじめの方法がふつう用いられる。マダイやヒラメの場合、目の後ろ側に手鉤を打ちこんで気絶させ、延髄や魚の尾のつけ根に切れ目を入れて血抜きをする。ただし、「必殺の技」はこれだけでなく、生きたコイはまず濡れたふきんで目の部分をおおうとおとなしくなる。そこで出刃包丁の背の部分でコイの眉間をたたいて失神させる。それから延髄を切り、即死させる。マダイの場合も、コイとおなじような方法で眉間の部分をたたいてから鰓蓋から包丁を入れて延髄を切る。こうすることで、魚の死後、乳酸が増加して味が落ちることを防止し、死後硬直を遅らせ、鮮度を保つことができる。また、血抜きによって血中の微生物の繁殖を抑制することができる。

⑵獣肉・魚肉のたたき食

畜肉や野生獣の肉を食べる場合、生食、焼く、煮る、蒸す、燻《いぶ》すなどの調理法があるだろう。肉は生の状態ではかみ切ることが容易ではない。この点は鋭い歯（とくに犬歯）をもつ肉食獣と人間とをくらべると顕著なちがいであろう。人類は鋭い歯が退化し、火を使うことによって肉をやわらかい状態で食べることができるようになった。さらに、加熱処理の前段階で獣肉や魚肉を食べやすいようにする技法を人類は生み出した。それが、生肉をやわらかい状態にするたたきの技術であった。おそらく咀嚼しにくい生肉を食べやすくするために、人類は肉片を細かくして食べることを思いついた。鋭利な利器で肉を裁断して食べる工夫は現代においても広く見ることができる。動物食におけるたたき技術については、民族誌例と世界における魚肉・獣肉・畜肉の調理加工方法を検討するなかで明らかにしてみよう。

〈註〉

（1）五百部裕「肉食行動の進化　ヒト以外の霊長類の肉食と比較して」（野林厚志編『肉食行為の研究』129～154ページ　平凡社　二〇一八）

（2）鵜澤和宏「ヒト化と肉食　初期人類の採食行動と進化」（野林厚志編『肉食行為の研究』155～186ページ　平凡社　二〇一八）

（3）Dart, R. A.: The Osteodontokeratic culture of *Australopithecus promethеus*. (*Transvaal Museum Memoir* 10, 1957). Dart R. A.: The predatory transition from ape to man. (*International Anthropological and Linguistic Review* 1(4): 201–219, 1953).

（4）Kuhn, B. F., Berger, L. R., and Skinner, J. D.: Examining criteria for identifying and differentiating fossil faunal assemblages accumulated by hyenas and hominins using extant hyenid accumulations. (*International Journal of Osteoarchaeology* 20(1): 15–35, 2010). Kuhn, B. Hyaenids: *Taphonomy and Implications for the Palaeoenvironment*. (Cambridge Scholars Publishing, 2011).

（5）Harmand, S., Lewis, J. E., Feibel, C. S., Lepre, C. J., Prat, S., Lenoble, A., Boës, X., Quinn, R.L., Brenet, M., Arroyo, A., Taylor, N., Clément, S., Daver, G., Brugal, J. P., Leakey, L., Mortlock, R. A., Wright, J. D., Lokorodi S., Kirwa, C., Kent, D. V., and Roche, H.: 3.3-million-year-old stone tools from Lomekwi 3, West Turkana, Kenya. (*Nature* 521(7552): 310–315, 2015).

二　魚肉とたたき技術

1　魚のすり身

動物や魚の肉をたたいてやわらかくし、あるいは食べやすくする技法がある。たとえば、魚のすり身は生の魚肉を搗きくずし、さらに細かくペースト状にするとできあがる。先史時代の日本では、魚のすり身を作るのに石皿の上で魚の身をたたき、土器で煮炊きしたと想定されている。というのは、縄文時代、ドングリやクリの実を石皿でたたいてクッキー状にしたものがあり、魚の生身を煮炊きするか、煮炊きした後でたたきつぶして食された可能性が考えられるからである。

奈良時代や平安時代の木簡によると、魚の貢納品は乾燥、塩漬け、発酵したものなどが主流であり、魚をたたいて加工して調理したものは見あたらない。後代になると、すり鉢が有効な道具になった。

魚のすり身にはさまざまな調理法がある。古代から現代までをふくめて考えると、生で食用とする場合から加熱する方法までがある。生で利用するのが「なめろう」である。加熱する調理法として、「焼く」「蒸す」「茹でる」「揚げる」などがある。焼いたすり身には、ちくわ、かまぼこ（宮城の笹かまぼこや大阪の焼きかまぼこ）、伊達巻などがある。蒸したものには、関東のかまぼこ（カニカマ、すじかまぼこ、簀巻き）や魚肉ソーセージがある。茹でたものとしては、関東のはんぺん、大阪のあんぺい、つみれ、鳴門巻きがある。揚げ物としては、揚げかまぼこ（鹿児島の薩摩揚げ、沖縄のてんぷら、瀬戸内のえび天・じゃこ天、広島のがんす）、山口・佐賀・長崎・大分・熊本における魚ロッケ（ギョロッケ）、ミンチ天などがある。魚の身のたたき食品は西日本中心に広がっている。

蒸し物のすじかまぼこは関東に固有のもので、すり身にサメの皮や骨（軟骨）と、つなぎのデンプンを混ぜて成型したもので、関東のおでん料理で「すじ」と呼ばれる。関西の「すじ」は牛肉のすじ肉を指し、両者で「すじ」の意味が異なっている。

2　なます・たたき・なめろう

日本にはもともと「なます」（膾、鱠）があった。なますは生の魚介類や野菜、果物などを細くあるいは薄く切り、酢などの調味料で和えた料理である。魚の場合は細かく切るか、たたくことでなますを作る。とれたての小魚をたたいて船中で食する場合、「沖膾《おきなます》」と呼ぶ漁師料理を指す。

図１　マアジのなめろう（静岡県三島市の鮨屋にて）

沖膾は「たたきなます」とも称される。「沖膾」は夏の季語であり、正岡子規の俳句に一七句が詠まれている。たとえば、「腸の塵を洗はん沖膾」「はね鯛を取て押えて沖膾」「夕立のたまるも清し沖膾」などがその例である。[1] 山国である信州出身の子規がなぜ沖膾を多く詠んだのだろうか。「沖膾信州の僕を召し具せん」。子規は、船上で新鮮な魚をたたいて食する習慣に魅了されたにちがいない。「アジのたたき」はふつうマアジを使い、生のアジを包丁でたたいたものであるが、たたきすぎないように六〜七センチ角程度になるまでにおさえ、これに青ネギ、ショウガ、オオバ（大葉）を刻んだものを和える。

沖膾とたたきはおなじものを指すといってよい。アジ、サンマ、イワシ、トビウオなどの青魚の細切りを脂分が出るまでたたいた「なめろう」がある。「なめろう」は包丁で生の魚肉をたたき、刻んだ長ネギ、ミョウガ、青ジソとおろしショウガ、ニンニクなどを和え、これに味噌、醤油、オリーブ油などで味付けしたものである（図１）。

以上の魚以外にも、大型のマグロ、カツオ、カンパチ、ブリ、サケ、タチウオ、ソイ、イナダ、カワハギなどさまざまな魚種がなめろうに使われた。なめろうは応用範囲の広いレシピといえる。なめろうは千葉県房総地方の方言であり、アジの身を包丁でたたいて刻み、味噌やネギを加えた料理とされている。なめろうの名前の由来として、魚をたたくことで粘り気が出ることや、魚をたたいた料理の皿をなめるほど美味であったとする説があるが、確証はない。漁師が沖の漁船上で作っていた料理であることから、前述したように「沖膾」とも呼ばれる。

なお、房総ではアジをたたいたミンチを焼いた料理を「山家《さんが》」と呼ぶ。さらに、なめろうに生酢を加えたものは「水なます」、なめろうをごはんの上にのせ、味噌を混ぜた氷水で茶漬け風にした夏料理は「まご茶漬け」、なめろうの油揚げは「房総揚げ」と称される。南房総地方には「南房総なめろう研究会」があり、なめろう食の普及・啓発活動を推進している。

3　たたきとかまぼこ

⑴カツオのたたき

カツオのたたきは、なめろうやアジのたたきとはまったくちがう。四国の高知では、五枚におろしたカツオの「ふし」(節)を串ざしにして表面を藁焼きにする。これを氷水で冷やし、小切りしたのち、厚めに切って盛りつけると香りのよいカツオのたたきが完成する。薬味にはネギ、オオバ、ショウガ、ニンニクのスライスなどを、タレには土佐酢、三杯酢、生姜醤油、かんきつ類の酢など多様なものを使う。

なぜ、「たたき」という名前がついているのだろうか。江戸時代中期に土佐国で生のカツオを食べた庶民のあいだで大規模な食中毒が発生した。藩主の山内一豊はカツオの生食を禁じたが、庶民はカツオの表面だけをあぶり、毒消しのニンニクやネギを添えて食べたことを起源とする説がある。また、土佐清水市(高知県幡多郡)の西海岸の漁師による郷土食がもとになったとする説もある。カツオ漁のさかんな鹿児島の薩摩・枕崎、紀伊半島南部、伊豆半島、房総半島などの地域では、高知と同様にカツオの表面をあぶり、刺身にして醤油で食べる「焼き切り」がある。しかし、土佐清水におけるようにカツオの「ふし」に塩やタレをかけて包丁の腹や手でたたいて魚になじませたのが「たたき」であり、この手法は他地域にはない。しかも「焼き切り」とたたきが区別されている。このほか、火にあぶってからタレや塩を魚につけて包丁の腹や手の平でたたいてなじませたとする説もある。

本格的なカツオのたたきは、血合い肉を使った場合である。カツオの血合い肉は可食部筋肉の一三～一六%にも達しており、けっこう多い。血合い肉は鉄分やタウリン、EPA、DHAなどをふくんでいるが、脂肪含量が多く劣化しやすいことや、缶詰・刺身に不向きとして除外されがちである。しかし、カツオ漁のさかんな鹿児島や千葉、静岡では鮮度のよいカツオやソウダガツオの血合い肉を包丁でたたいて、ショウガ、タマネギ、ニンニク、味噌などと和えて食べる料理がある。これはカツオのなめろう料理といえるものである。静岡の御前崎で漁民はカツオの血合い肉に、ネギと醤油を混ぜてどんぶり飯にのせ、上から蓋をして押したものを船上食とした。また、たたいた魚肉を味噌と混ぜて団子状にして煮たった湯に入れたものは「カツ団子」と呼ばれた(2)。

伊豆諸島の式根島、新島ではカツオの血合いに卵と重曹を混ぜ、みそ汁の具とするか、油で揚げて「たたき揚げ」として食される。「葛たたき」ないし「葛打ち」、「吉野打ち」は材料の魚にクズ粉（片栗粉を代用とすることもある）をからませ、茹でて材料の触感となめらかさを演出する料理法で、この場合もたたきとは異なり、物理的な打撃を加えるものではない。吉野打ちはクズの産地であることに由来する。

(2) たたきとかまぼこ

かまぼこ（蒲鉾）の利用は日本では古代にさかのぼる。神功皇后が三韓征伐の遠征（二〇〇年）のさい、味方の士気を高めるために現在の神戸市にある生田神社において、すりつぶした魚の身を敵の鉾に見立て塗りつけて焼いて食べたのがはじまりとする説がある。一二世紀になるが、平安時代の『類聚雑要抄《るいじゅうぞうようしょう》』には、関白右大臣の藤原忠実《ふじわらのただざね》が一一一五（永久三）年に転居祝いの宴会膳で、串に刺したかまぼこを供用したとある(3)。

魚のすり身を細い竹の棒に巻きつけて焼きあげた食物がかまぼこの最初とされている。そのわけは、すり身を竹の棒に巻きつけた形がガマ（蒲）の穂に似ていることや、ガマの穂が鉾に似ているのでかまぼことなったとする説がある。室町時代の『宗五大双紙《そうごおおぞうし》』（一五二八（享禄元）年）には、「かまぼこは、なまず本也。蒲の穂を似せるもの也。」とある。すり身の材料は海産魚ではなく、白身の淡水産ナマズであったことは特筆すべきだろう。

焼きかまぼこの芯となる竹を抜きさると、中空のちくわ（竹輪）になる。一方、室町時代の小笠原流の食事作法本である『食物服用之巻』（一五〇四（文亀四・永正元）年）には、「粥の事　かまぼこは右にてとりあげ、左へとりかえ、上ははし、中はゆび。下はいたともにきこしめす也。きそく（亀足）かけとて、板の置やうに口伝あり。」とあり、板かまぼこは室町時代中期のものと思われる。竹にすり身を巻きつけたかまぼこは現代のちくわで、板かまぼこがのちにかまぼこになった。

かまぼこ用の魚のすり身は石臼ですりおろされた。魚肉を丹念にすりながら味付けしていく工程が擂潰であり、使う道具が「石臼」で、白身魚の身だけを使用し、赤身や血合い肉は用いなかった。さばいた魚の身を水にさらし、身の血液や脂肪をとりのぞく。この身を石臼などですりつぶし、砂糖、塩、みりん、卵白を加えて練りあわせる。このさい、空擂《からす》りでは魚肉をそのまま擂りする。つぎに塩擂りでは、天然塩を加えるので魚肉に粘りが増す。最後の本擂りでは、みりんや砂糖を加えて魚身のかたさや食感を味見しながら確認した。

(3) つみれとつくね

魚のすり身を成形したものは日本で「つみれ」や「つくね」と称される。「つみれ」と「つくね」はちがう。匙を使ってあらかじめたたいたペースト状の生地を煮汁などに入れるのが「つみれ」であり、生地を丸めて成形したものが「つくね」である。フィッシュ・ボール（魚蛋、ないし魚旦）は魚肉をたたいてペースト状にしたもの（中国では魚漿）を団子状にして、揚げ物やスープの具とする。福州料理に魚肉のフィッシュ・ボールがあり、香港やマカオ、南中国、東南アジア在住の華人社会でも一般的な料理である。北欧でもタラやスケトウダラを原料として作られるフィスケ・ボーラー（fiskeboller）をスープやカレーの具とするほか、タラのすり身をバター焼きにするフィスカ・カーケ（fiskekake）がある。アイスランドのタラのすり身を使ったフィッシュ・ボールはフィスキボール（fiskbollur）、スウェーデンではフィスクブッラ（fiskbullar）と呼ばれる。フィスキボールはスープの具ではなく、揚げて食される。

4　コーイとラープ

魚のたたき料理は日本だけにかぎらない。東南アジアの大陸部では、淡水魚を生ないし半生の状態でたたいてすりつぶし、香味料を用いて食する食文化が知られている。[4] タイやラオスでコーイ（koi）と呼ばれる。ただし、かんきつ類の汁を加えて魚を「しめる」ので純粋の生というわけではなく、オセアニア地域でもかんきつ類の使用はごくふつうに見られる料理法である。魚だけでなくエビを使ったのがコーイ・クン（クンはエビを指す）、魚を使った生魚のたたき料理がコーイ・プラー（タイ）、ないしコーイ・パー（ラオス）である（プラー、パーは魚を指す）。なお、ラープは生魚を短時間、さっと湯がいて半生にした状態で食べる料理を一般に指すが、かならずしも魚肉をたたいて調理するのではない。

5　乾燥サケとサケ粉、ポルシャ

シベリアや北方先住民はサケを天日干しした乾燥品を重要な食料とする。エベン（Evens）族は天日干しのサケの身を搗き砕いて粉末状にしたポルシャを作る。これにお湯をかけてコメといっしょに食べるか、神に捧げる特別な料理トルクッシャに用いる。イテリメン（Itelmens）社会では、ポルシャの粉末にアザラシの脂肪を加えて食べるか、スープとして利用された。ポルシャは軽くて便利なため、とくに狩猟者の携行食として利用された。コリヤーク（Koryak）族はイヌ橇による旅行のさいに携行した。ウハラは乾燥したサケをたたいて切り、沸騰した湯に入れ、アザラシの脂肪を加えて茹でたものである。トルクッシャは神に捧げるための料理で、干したサケや筋子、乾燥したヤナギランやベリー類をいっしょに搗きつぶして、アザラシ油を加えた料理である。乾燥したサケの粉は日本の鮭茶漬けの商品を想起させる。

新鮮なサケはたたいてミンチ状にされ、揚げパンや餃子の具として利用される。また、イテリメンの伝統的調理キルキルではサケを茹でて大皿に入れてくずし、ベリー類とアザラシ油を入れてかき混ぜて食された(5)。

6　ノルウェーのタラたたき

ルーテフィスク（lutefisk）は北欧のタラ料理として有名である。ルーテは灰汁《あく》のことである。天日干しにした干ダラは非常にかたいので筋肉をたたいてやわらかくして、何時間もかけて灰汁でもどす。これで肉成分は強アルカリ性になる。これをフライパンで蒸し焼く、アルミフォイルで包み焼く、電子レンジで加熱するなどして食される。

〈註〉

(1) 正岡子規の沖膾を踏まえた俳句は多い。「さゝ波をきりそろへけり沖膾」、「大名の御手料理なり沖膾」、「沖膾したゝる海の雫かな」、「沖膾小皿の如き舟の中」、「沖膾溌刺として口の中」、「沖膾都の鯛のくさり時」、「涼しさや酢にもよごれぬ沖膾」、「温泉上りに三津の肴のなます哉」、「腰蓑の雫も涼し沖膾」、「船頭は此名もしらず沖膾」、「若殿の庖刀取て沖膾」、「苫に来て烏啼也おき膾」。井原西鶴にも「しほざかいもるやちくらが沖膾」がある。

(2) 川島秀一『カツオ漁』(ものと人間の文化史127 法政大学出版局 二〇〇五)
(3) 清水亘『かまぼこの歴史』(日本食糧新聞社 一九七五)
(4) 友川幸「吸虫と食品」(秋道智彌編『くらしと身体の生態史』弘文堂 69~75ページ 二〇〇八)
(5) 渡部裕「北東アジア沿岸におけるサケ漁(I) 資源と捕獲・利用とその意義」(『北海道立北方民族博物館研究紀要』5:85~102ページ 一九九六)。渡部裕「網走とサケ漁」(『第14回特別展図録 神の魚・サケ 北方民族と日本』5~12ページ 北海道立北方民族博物館 一九九九)。渡部裕「コリヤークの歴史と文化」(『第21回特別展図録 環北太平洋の文化1 コリヤーク ツンドラの開拓者たち』5~11ページ 北海道立北方民族博物館 二〇〇六)

三　鳥と肉のたたき

1　つみれとつくね

日本では鳥類の肉をたたいて「つみれ」や「つくね」として料理する食文化が古代以来、発達してきた。現代ではニワトリのすり身をおもに使うが、かつては野鳥が多く利用された。日本の近世期に、幕府、朝廷などから寺社、庶民に至るまでの幅広い社会階層で多様な食文化が江戸、京都、大坂を中心に発達した。料理本も数多く出版されている。ここでは、そのなかから一八〇六（文化三）年刊の『会席料理　細工包丁』の記載事項をふまえて、当時、料理法や季節に応じてあった「つみれ」・「つくね」料理について検討しよう[1]。

『会席料理　細工包丁』には、春夏秋冬に応じて提供される会席料理の献立が、「鱠《なます》之部、猪口《ちょく》物之部、焼物之部、煮物之部、汁之部、取肴《とりさかな》之部」に分けて記載されている。なお、春夏秋冬は、春（正月〜三月）、夏（四月〜六月）、秋（七月〜九月）、冬（一〇月〜一二月）である[2]。

このなかで、「汁之部」にふくまれる貝類、魚類、鳥類のうち、明らかに材料をたたいて調理したことのわかるのは鳥類である。このなかには、「小鳥たたき（たゝき）、小鳥雉肉（くずし）、五位鷺、青さぎ、鳥、鳥摺身、かしわ、鳥しんぜう、鳥あんべい、塩鴨、鴨すり肉、鴨、塩鳥、雁」などとの記載がある。これらから、汁物の具として鳥類の身をたたいてすり身としたものが使われたことがわかる。ただし、「取肴之部」にある「雲雀、うづら小鳥、やきとり、源氏鳩、鴫《しぎ》、焼鳥」などは、たたきの技術を使ったものではないと考えられる。

調理された季節性を見ると、春では「小鳥たゝき、塩鴨、塩鳥、鴨、雁」が、夏には「小鳥たゝき、五位鷺、青さぎ、もろこ、鳥、鳥摺身、かしわ」が、秋には「小鳥難肉（くずし）」が、冬には「小鳥たゝき、鳥しんぜう、鳥あんべい、鴨すり肉、鴨」が記載されている。小鳥は周年型であるが、鴨が冬から春に利用されており、季節性がある。現代とくらべても、野鳥の多様な利用が京都でなされたこと、鳥肉をたたいてミンチ状にした鳥団子、鳥しんぜう、鳥あんべいなどが汁物とされたことがわかる。

江戸時代の料理本を丁寧に分析して、獣鳥類の利用について研究した江間三恵子によると[3]、鳥類については当時、丁寧に細かくたたいて処理することが重視されていた。しかも、雁、鶴、鴨、青さぎなどの大型・中型鳥類だけではなく、小鳥としてうづら、雲雀、鴫などが利用された。

2　肉のたたき

肉のたたきには、カツオのたたきと類似した調理法として表面をあぶる場合と、たたき具で生肉をやわらかくして、より薄くのばす場合がある。前者の典型例がローストビーフや日本の「肉のたたき」である。ローストビーフでは、牛肉のブロックをオーブンや直火、フライパンで表面にこんがりと焼きめをつけ、蒸し焼きにする。肉の内部温度が五二度程度となることを確認して氷水で三〇秒ほど冷やしてとりだす。水気をぬぐい、キッチンペーパーとラップフィルムに包んで冷蔵庫で冷やす。これで肉のうまみを閉じこめた肉料理に仕上がる。「肉のたたき」を作るさいは蒸し焼きにしない簡便な方法が用いられる。

これに対して、肉の下ごしらえの段階でたたき具を使うのが後者の例である。加熱すると肉のタンパク質が固まるうえ、コラーゲンが収縮するので、たたくことで肉の繊維を切断してやわらかくし、これをふせぐ。たたいた肉は生のままや焼く、蒸す、揚げるなどして食される。また、たたくことで肉の厚さをそろえて火が均等に通る役割も果たす。

たたき具としては、包丁の背を使う場合、ミートハンマー（meat hammer）やミートマレット（meat mallet）でたたく場合、ポテトマッシャーに似た大判の円形面をもつ道具を用いる場合、刃や釘のならんだ道具で肉の繊維を切断する場合などがある。ミートハンマーの打面は表と裏で平

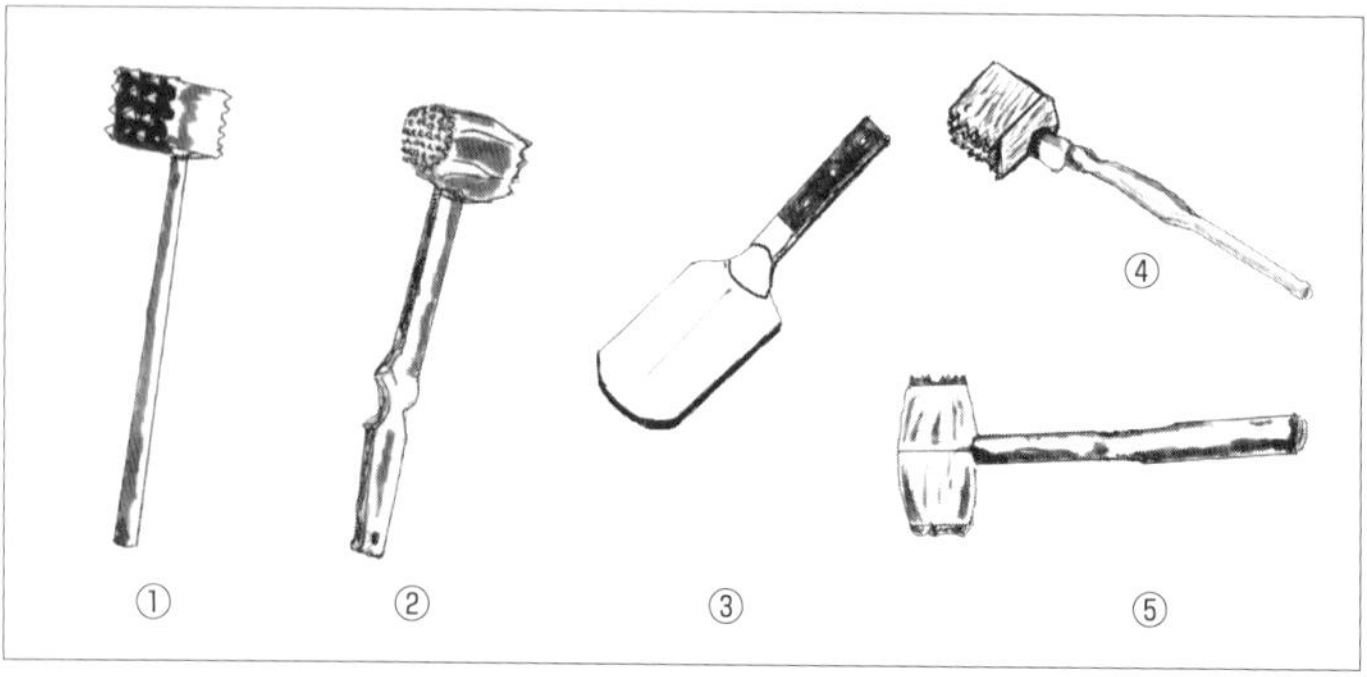

図2　ミートハンマー（Meat Hammer/Fleischhammer）①凹凸あり（スクエア）、②小さい凹凸あり（サークル）、③平らな面。①～③はステンレス製。④、⑤は木製。⑤はウィーンのフィグルミューラー店で使われるもの

らなものと凹凸の突起のあるものに分かれる。牛肉や豚肉には凹凸のある面を、鶏肉には平らな面を使ってたたく（図2）。細かい凹凸のある面を使ってたたくのは、肉全体をやわらかくしてのばすためである。一般に肉たたき具はミート・テンダライザー（meat tenderizer）と呼ばれる。牛肉のテンダーロイン（tenderloin）は「やわらかい腰肉」のことで、なかでもシャトー・ブリアンと呼ばれる部位は最高級の肉質をもつ。テンダーは「やわらかい」の意味である。

肉をたたいて薄くのばし、塩・コショウをして、小麦粉・卵・パン粉の順に衣をつけて肉が浸る程度の油で揚げる著名な料理がオーストリアにある。それが仔牛のモモ肉のウインナー・シュニッツェル（Wiener Schnitzel）で、別名カルプスシュニッツェル（Kalbsschnitzel）と呼ばれる。カルプスは「仔牛」を指し、豚肉を使うシュニッツェルと区別するために使わ

れる。ふつう一〇〇グラム程度の仔牛肉を約六ミリの厚さに切り、包丁でスジを入れて筋肉繊維を切断し、これをミートハンマーでさらに薄くのばす。ウィーンのフィグルミューラー店では直径三〇センチのものを揚げるさい、三種類のフライパンを使う。なお、用いるパン粉はきめの細かいセンメル・ブレーゼル（カイザー・センメルというパンを粉にしたもの）を用いる。大判のシュニッツェルをレモン汁で和え、豪快かつ繊細な肉料理を味わうことができる。

このほか、キューバ料理で牛肉をたたいて平たくのばしてチョウチョウの二枚の羽根のようにしてフライパンで焼くビステック・デ・パロミラ（bistec de palomilla）がある。鶏肉をたたいてのばした鶏のから揚げもなじみの料理である。なお、肉をたたくことは、ふつう英語でミンス（mince）と称する。

3　タルタル・ステーキ―起源と伝播

現在、世界中で広く知られるタルタル・ステーキ（tartare steak）は、生の牛肉または馬肉を包丁でたたいてみじん切りにし、オリーブ油、塩、コショウで味付けし、タマネギ、ニンニク、ピクルスのみじん切りなどの薬味を添え、卵黄をトッピングした料理である。タルタルは、ヨーロッパに侵攻したモンゴル軍をタルタル（あるいはタタール）人と称したことに由来するとするのは俗説である。初代のモンゴル帝国皇帝であったチンギス・ハーンらのモンゴル遊牧民は一二〜一三世紀、馬乳酒（クムイス：kumis）と馬肉・羊肉の食物をたずさえ、移動性にすぐれた騎馬軍による軍事力を背景に広大な版図を領有した。モンゴル軍は馬に騎乗して草原を全速力で移動する高速性と軽騎兵による破壊力が特徴であり、重装備をした一部の士官と大多数の歩兵による戦闘体制をもつ東欧諸国軍とは機動力でも勝っていた。

騎馬軍の食料としてヒツジの生肉を乾燥し、木槌でたたいてほぐし、脂肪分などを除去した。この工程をくり返すことで、フレークないし粉状に圧縮された羊肉が携行食として利用された。細長く短冊状に裁断した乾燥生肉を袋に入れて鞍の下におさめて携行したともされている。乾燥肉は乗り手の重さで押しつぶされ、さらに馬の体温の相乗効果でやわらかくなったという。食事のさいには肉を切り、ケッパー（フウチョウボク）の実や香辛料で味付けして食された。フレークや粉末にした乾燥肉に、沸かした湯や乳、ヨーグルトを加えると水分を吸ってお椀いっぱいの肉になった。

モンゴル帝国二代目のオゴデエ・ハーンの命を受けたバトゥは西方遠征をくわだてた。バトゥ軍は一二三七年、カフカス北方のキプチャク草原を征服した。同年末、ルーシ（ロシア）に進出し、モスクワ、ウラディミール公国に侵攻し、首都ウラディミールやキエフを攻略した。一二四一年にはポーランドへ侵攻し、ヨーロッパ連合軍とのワールシュタットの戦いを制し、カルパティア山脈を越えてハンガリー盆地に侵攻した。このとき、オゴデエ・ハーンの訃報がもたらされ、これを契機としてモンゴル軍は踵を返して撤退した。

ロシアからハンガリーへと版図を拡大したモンゴル軍がタルタル・ステーキを西方のヨーロッパに伝えたとする証拠はほとんどない。タルタル人がとくに馬の生肉を食べるとする記載の初出は一七世紀前半である。しかし実際は、生肉を乾燥したものが利用されたので、今日のタルタル・ステーキをモンゴル人が食べていたわけではない。タルタル人は「蛮族」であるとヨーロッパ人に認識されており、肉の生食にそのイメージが結びつけられた可能性がある。

モンゴル族の侵攻を受けたポーランドではポーランド王国（一〇二五〜一五六九年）が中世期、大きな版図をもっていた。そのポーランドにはタルタル・ステーキ（befsztyk tatarski）の伝統がある。また、ドイツにはタルタル・ステーキと似た料理がある。ラブスカウス（labskaus）は、塩漬けのウシ・ブタの挽き肉とビート（フダンソウの根菜）、ジャガイモ、タマネギを混ぜあわせ、たたいてペースト状にする。この上に目玉焼きをトッピングとするものでドイツ北部のブレーメン料理である。メット（mett）は脂身を抜いたブタの生肉の挽き肉料理で、パンに塗り、タマネギとパセリのみじん切りをトッピングとし、塩・黒コショウをふりかけて食される。ベルリンや東ドイツではハッケペーター（hackepeter）として知られている。また、みじん切りのタマネギを加えたツヴィーベルメット（zwiebelmett）、ブタのモモ肉を使ったシェンケンメット

(schenkenmett)がある。イタリアのカルパッチョ(carpaccio)は生の牛ヒレ肉の薄切り料理を指すが、日本のシェフ、落合務がマグロ、サケ、タイなどの魚に応用して生魚の薄切りカルパッチョを創作したともされている。ただし、カルパッチョでは魚肉をたたく工程はない。

今日のタルタル・ステーキは、SF作家として知られるフランスのジューヌ・ヴェルヌの小説『ミハイル・ストロゴフ』(Michel Strogoff)(一八七六年刊)に登場する。パリのエッフェル塔二階にあるジューヌ・ヴェルヌ・レストランには「ステーキ・タルタル」(steak tartare)の特別料理がある。

4 韓国のフェとユッケ

韓国では、文禄・慶長の役(中断を入れて一五九二〜一五九八年)時代に明軍は朝鮮に駐屯した。そのさい、中国人は朝鮮人が生魚を食べることを実見した。生食は韓国ではフェ(膾)と称され、現在もさかんである。しかし、明代の中国人は魚のなます・生魚を食べなかった。

何度か韓国でフェを食べたが、ヒラメ、タイなどの白身魚か、サバとタコが多かったように記憶する。しかも、釜山や済州島の魚市場では刺身にワサビではなく、コチュジャン(トウガラシ味噌のタレ)が添えられていた。明代はいざ知らず、昨今のフェ・ブームは狂牛病の発生による牛肉回避の傾向も関係しているのだろう。

　では牛肉はどうか。韓国のユッケ（肉膾）はユク（肉）のフェであり、生肉をたたき、ネギ、ニンニク、トウガラシ、ハチミツ、油、松の実、ゴマ、塩などで和え、コチュジャンをつけて食される生肉料理である。狂牛病の一件もあり、韓国料理屋でもユッケをほとんど食べることができないのが現状である。日本でも肉のタタキを食するが、生の牛肉を包丁でたたいたものではなく、生肉の表面を焼いて氷水に入れて冷やしたローストビーフを薄くスライスしたものを指し、韓国のユッケとは異なる。

5　中国雲南省・タイ・ラオスにおける生肉食

(1)西双版納のタイ（傣）族

　中国西南部の雲南省南部には、東南アジアのベトナム、ミャンマー、ラオスに国境を接する西双版納傣族自治州がある。山がちの州であるが、海抜五〇〇メートルの盆地にはタイ・ルー（水傣）族が居住し、水田農耕をいとなんでいる。山地にいくと、チベット・ビルマ語族系のハニ（哈尼）族、チノー（基諾）族、プーラン（布朗）族、ラフ（拉祜）族などが居住し、焼畑農耕をおこなっている。

西双版納の水田農耕民であるタイ・ルー族の村むらでは四月に「水かけ祭り」が盛大におこなわれ、稲作の開始時期となる雨季の到来と豊作を祈願する。闘鶏やニワトリの骨占い、飼育状況についての調査をするため、村むらをまわった。ちょうど、台所では女性たちが祭り用の料理の準備をしているところであった。昼前であったのでいきなり料理と酒が出た。屋外のベランダでは木の株をまな板として包丁で何やらたたいている音がしてきた。近づいてみると、生の肉をたたいているところであった。赤い色の肉であり、どうやら豚肉ではない。ウシかスイギュウであろう。薬味を混ぜながら丁寧にたたいていると、肉がミンチ状になっていく。そのうち、その生肉が皿に盛られてふるまわれた。日本や韓国ではウシの生肉を食べたことはあったが、中国でははじめてで若干、躊躇してしまった。熱帯気候下にある西双版納での生肉食はやはり怖い。タイ・ルー族は旧正月の時期に、スイギュウの生肉をたたいてつぶし、これにスイギュウの胆汁を香辛料やトウガラシと和えて食べるという話を聞いたことがある。

⑵大理のペー（白）族

中国の雲南省西部の大理白族自治州には、チベット・ビルマ語族系のペー（白）族が居住している。この地域には洱海《じかい》と呼ばれる湖（海抜は約一九六〇メートル）がある。ペー族はコメ、野菜、淡水魚を食べるとともに、生の豚肉を食べる習慣をもつ。ブタの肉や脳髄をたたいたものをトウガラシと醤油を和えたタレにつけて食べる。旧正月にはスイギュウの生肉に苦い胆汁をまぶした宴会料理が提供される。生のスイギュウの肉をペースト状になるまでたたき、トウガラシや香草類を和える点はタイ・ルー族の場合と共通している。また、とりだした苦い胆汁を煮たのちに肉のタタキに混ぜる。さらに胆嚢からとりだした胆汁をそのまま肉の上にかけて食される。

(3)タイ語族系民族の生肉食、ラープ

中国雲南省のタイ・ルー族とおなじタイ語系民族について、タイ北部・東北タイ（コンケーン地方）・ラオスでウシ・スイギュウの生肉食について高井康弘（大谷大学）が調査をおこなっている。それによると、これらの地域では新鮮なウシやスイギュウの肉を細かく切り、たたくか刻むなどする。これを湯通しし、内臓や脂身、皮などに調味料を加えて和えたものはふつうラープ（lap）と称される。調味料として、レモングラス、シャーロット、ショウガ、ニンニク、ネギ、トウガラシなどを混ぜたものはナム・プリック・ラープ（nam phrik lap）と呼ばれる。さらに、苦味を増す胆汁、酸味を増すための果実マナオ（ミカン科ミカン属）、塩、塩辛、魚醤を適宜加えて味が調整される。

ラープには生のラープ（lap dip）と火を通したラープ（lap suk）がある。また、肉のラープはラープ・チン（lap cin）と血のラープであるラープ・ルアット（lap luat）に区分される。血のラー

プは半分凝固した豆腐状のもので、北ラオスのルアンパバーンでは両者を混ぜないが、タイ北部では肉のラープに赤い血を混ぜて和えることがあり、ラープ・ダエン（lap daeng）と呼ばれる。ダエン（daeng）は「赤い」の意味である。(4)

なお、タイ北部ではラープ用の調味料に黒コショウ、コリアンダーの実、ニクヅクの外皮などを使うが、調味料を作るさいに、石製ないし木製、陶器製の臼（クロック）と搗き棒（サーク）が必需品となる。この道具で食材を「割る」「たたく」「砕く」「すりつぶす」などの作業をこなす。家庭で使う臼は外径が一二〜一五センチ程度、内径は一〇〜一一センチ程度で、石臼の重さは二〜三キロ、石杵の長さは一八〜二二センチである。クロックとサークは肉だけでなく、調味料の調整、野菜の和えもの、ソーセージやつみれ作りなどに汎用される。

(4) インドネシアの臼と杵の準備

インドネシアで使われる杵と臼は、それぞれウレカン（ulekan）、チョベック（cobek）と呼ばれ、安山岩から作られる。新規に使う臼と杵には前段階での準備が必要だ。無臭の洗剤と温水で洗浄するか、古くなったパン片やおろしたココヤシの胚乳で時間をかけて臼を丁寧に拭き、表面のもろい石粒をぬぐいさる。あるいは、三、四個の生ニンニクと清浄塩を臼に入れて搗き砕き、一晩おき、温水で中のペーストを洗浄した後、天日で乾燥する。石臼の表面はなめらかだが、調味料として欠かせないサンバル（sambal）は、この石臼でチリ・トウガラシ、ニンニク、落花豆、ココヤシの胚乳、レモングラスなどを入れてつぶしてペースト状にしたものである。なお、バリ島では臼はペニャン・トカン（penyan tokan）、杵はアナック（anak）と呼ばれる。臼は幅のある底の浅い形態のもので、表面は粗く、素材をペースト状にしやすいようになっている。場合によっては、ヤシの木を使った杵と臼か、石臼と木杵が使われる。

〈註〉

（1）浅野高造『会席料理　細工庖丁』（吉井始子編『江戸時代料理本集成』第八巻　臨川書店　145～195ページ　一九八〇）
（2）原田信男『江戸の料理史　料理本と料理文化』（中央公論社　一九八九）
（3）江間三恵子「江戸時代における獣鳥肉類および卵類における食文化」（『日本食生活学会誌』23（4）：247～258ページ　二〇一三）
（4）高井康弘「牛・水牛と儀礼慣行　タイ北部・東北部およびラオスの肉食文化に関するノート」（『真宗総合研究所研究紀要』19：77～101ページ　二〇〇二）

四　挽き肉料理

挽き肉は、鳥類や獣類の肉を細断ないしたたいてつぶしたもので、現在ではミートチョッパーなどの専用の道具を使うが、長いあいだ、手を使った挽き肉作りがおこなわれてきた。挽き肉は筋肉線維があらかじめ切断されているため、加熱してもやわらかい肉を食べることができる。材料は一種類の肉だけを使うか、複数種類の肉を混ぜる合い挽き肉がある。

挽き肉料理には多様なものが世界中にある。牛肉をミンチ状にたたいた肉料理のうち、生のものがタルタル・ステーキであり、焼いたものがハンバーグである。豚肉をたたいたものを腸詰めにしたものがソーセージである。このほか、洋食のミートボール、ミートローフ、ロールキャベツ、メンチコロッケ、メンチカツ、スコッチ・エッグ、インド料理のキーマカレー、中華料理の麻婆豆腐、肉丸（ロウワン）、餃子、和食のそぼろ、つくねなどがある。以下、おもな挽き肉料理についてとりあげよう。

1　ハンバーグ・ステーキ

アピキウスの料理本によると、ハンバーグ・ステーキに類した牛肉料理はすでに四世紀の古代ローマ時代にあった。このなかには、イシシア・オメンタータ（isicia omentata）と呼ばれる牛肉料理が記載されている。挽き肉に松の実、黒コショウ・緑コショウ、白ワインなどを混ぜて薄い円形にしたパティを焼いたものを指す。これはハンバーグの古代版といってよいものだ。

ハンバーグの起源は一八世紀、ドイツのハンブルクで労働者向けの食事として流行した「タルタル・ステーキ」とされている。なぜハンブルグなのか。当時、ハンブルグは中世以来のハンザ同盟の中核都市であり、ヨーロッパの経済的な中心地の一つとして多くの労働者が製造業・交易業のために集結していた。ハンバーグ・ステーキは一八〇二年版の『オックスフォード英語辞典』に「塩肉」（salt beef）として紹介されている。当時のハンバーグは、牛肉をたたいて塩蔵し、タマネギやパン粉と和えた肉のかたまりでしかなかった。

ロシアからバルト海経由で帰国したハンブルグの船乗りたちはロシアで覚えたタルタル・ステーキの味をドイツの主婦たちに伝え、彼女らがタルタル・ステーキを火で加熱し、ハンブルグ・ソーセージを考案した。たたいた牛肉とナツメグ、チョウジ、黒コショウ、ニンニクなどの香辛料をあわせて作ったハンバーグ・ソーセージはこうして一七四七年に英国のH・グラッセによる料理本 ***The Art of Cookery, Made Plain and Easy*** で紹介されることとなった。(1)

セルビアのプレスカヴィツァ（pljeskavica）は、ブタ、ウシ、ラムなどの合い挽き肉を混ぜてミンチにし、調味料で味付けて調理した肉料理で、ミルク・クリーム、タマネギ、チーズ、サラダなどと和えるか、パンといっしょにハンバーガーとして食べられる。なかでも、タマネギの辛さを加えたレスコヴァツ・プレスカヴィツァ（leskovac pljeskavica）はブランド品となっている。セルビアだけでなく、ボスニア、クロアチア、ヘルツェゴヴィナでも食されているほか、ドイツ、スウェーデン、オーストリアなどでは手軽な食として人気がある。

現代では韓国でも豆腐入りのハンバーグがある。それがトッカルビで、包丁で牛肉をたたいてつぶし、水気を切った豆腐に醤油、砂糖、刻んだネギ、おろしたニンニク、ゴマ、コショウ、ゴマ油などを混ぜてオーブンで焼く。これに松の実の粉を上からふりかけて完成する。

2 ミートローフ

ミートローフはハンバーグと類似した食品で、もともとはパンのかたまりを表すローフ（loaf）と称するように、形状が長方形でありハンバーグのように円形ないし楕円形のものではない。古代ローマのアピキウスの料理本にもミートローフが登場する。現代では、ドイツ、ベルギー、オランダなどで伝統料理ハックブラーテン（hackbraten）となっている。アメリカのミートローフは、植民地時代のペンシルベニア州で、ドイツ系移民が食べていたスクラップル（scrapple）に起源があるとされている。ミートローフに類似したものとしてイタリアのポルペットーネ（polpettone）やスペインのアルボンディゴン（albondigon）がある。これは「大きなミートボール」を意味している。

ミートローフはブタの挽き肉が主であるが、ウシやラムも用いられる。挽き肉にタマネギのみじん切りを炒めたものを混ぜて、卵やパン粉をつなぎとして加え、塩、コショウ・ナツメグなどの香辛料で味付けしてよく練り混ぜ、長方形をした専用の型につめてオーブンで焼きあげる。タマネギのほかにピーマンやニンジン、マメ類、マッシュルームなどを挽き肉と混ぜて使うこともある。スコッチ・エッグのように、固ゆでした卵をなかに入れて挽き肉で包む場合がある。食べるさいには、端からスライスしてソースやケチャップをつけて食べる。

3　ミートボール

挽き肉を団子状にし、油で揚げる、煮るなどする料理が世界に数多くあり、英語ではミートボール（meat ball）と呼ばれる。中国の肉団子は現代では肉丸（ロウワン）と称される。古くは秦の時代（紀元前二二一〜紀元前二〇六年）、山東料理の四喜丸子（スーシーワンツゥ）に相当する。ブタの挽き肉に生シイタケ、ヤマノイモ、タケノコ、ニンジン、ネギをみじん切りにしたものと和えて団子にして焼きあげ、これをスープで煮こんだもので、縁起のよい四つ（福禄寿喜）の肉団子を皿に盛りつけて提供される。江蘇省揚州の獅子頭はテニスボール大の大きな肉団子で、スープとともに蒸して調理する。おなじ江蘇省の南京や鎮江では甘辛いタレで煮こんだ劗肉（チャンロウ）が名物となっている。安徽省では、肉団子にモチ米をまぶしたものを蒸して作る徽州丸子（フイゾウワンツィゥ）がある。

香港では、ミートボールの中にスープの入った爆漿牛丸（バオジャンニュウワン）がある。また、ミカンの皮で香りづけした陳皮蒸牛丸（チェンピージョンニュウワン）は、点心として飲茶のさいに食べられる。台湾の新竹県で貢丸（コンワン）と呼ばれる肉団子は麺棒でつぶして作るもので、汁物の具とされる。おなじく彰化県には、肉団子を米粉やサツマイモ、ジャガイモなどのデンプン粉で包んで煮る、蒸す、炒めるなどした肉圓（ロウユェン）がある。形は球形だが、三角形をした北斗肉圓（ペーロウ）もある。台北県の淡水には肉球を魚のすり身で包んでスープの具とする魚丸湯（ユーワンタン）がある。バクソは中国で牛肉や豚肉の繊維をほぐしてやわらかくした肉鬆（ロウソン）を福建語でバクソ（肉酥：bak-so）と呼ぶことに由来する。台湾でも、肉酥をバッソーと呼ぶ。

東南アジアの肉団子はインドネシア料理でバクソ（bakso）と称されるように、中国南部に由来する。牛肉に少量のタピオカを混ぜることで、食べると歯ごたえがある。東南アジアではスープないしはスープ麺の具とされることが多い。たとえば、ベトナムではミートボールの入った麺とスープの料理はフォーボービエン（phở bò viên）と呼ばれる。フォー（phở）は米粉麺で、ボービエン（bò viên）はミートボールを指す。フィリピンでミートボールはスペイン語に由来するアルモンディガス（almondigas）と呼ばれ、焼きニンニク、カボチャ、豚脂を揚げたものが麺スープ料理として食される。インドネシアではいろいろなバクソがある。素材からバクソ・アヤム（鶏肉）、バクソ・イカン（魚肉）、バクソ・ウダン（エビのすり身）、バクソ・ウラット（腱）が区別される。スコッチ・エッグのように鶏卵を挽き肉で包んで調理したものはバクソ・トゥルル（トゥルルは卵：telur）、球形でなく四角形のバクソ・コタッ（コタッは箱の意味：kotak）、バクソ グプン（グプンは平らな：gepung）などをはじめ地方色豊かなバクソがある。なお、インドネシアではイスラーム教の関係からバクソは牛肉や鶏肉から作られる。

西洋社会でもいろいろなミートボール料理が知られている。スペインやメキシコではアルボンディガ（albondiga）と呼ばれるミートボール料理があり、キャベツといっしょにトマトソースで煮こむ。イタリアにはポルペッティーネ（polpettine）がある。いずれも、ミートローフと名称が似ている。つまり、スペインのアルボンディゴン、イタリアのポルペットーネはミートローフを指す。スウェーデンのミートボールはショットブッラール（köttbullar）と呼ばれ、ウシとブタの合い挽き肉に卵、パン粉、タマネギ、水を加え、塩とコショウで味付けしたものである。オランダではヘハックトバル（gehaktbal）と称され、合い挽き肉に牛乳を入れてこねて焼くか、揚げて作る。アルバニアでは、油で揚げたミートボール料理のチョフテ・タ・ファルグァラ（qofte të fërguara）がある。米国のミートボールは、イタリア風のトマトソースで煮こんだミートボールをスパゲッティにかけたスパゲッティ・ミートボールと、小さめのミートボールを甘酸っぱいソースで煮こんだスウェーデン風ミートボールが有名である。ロシア料理やモンゴル料理の肉団子、テフテリ（тефтели）はウシとヒツジの合い挽き肉を使うが、中に炊いたコメを入れる点が特徴の大きい肉団子である。

中東から北アフリカ、南アジアでもキョフテ（köfte）と、あるいはそれに類似した名称の肉団子料理が知られており、分布も広い。キョフテはウシやラムの肉をたたいてミンチにしたものにタマネギや調味料を加えて団子状ないし平たく成形したものに熱を加えて調理される。キョフテはもともとペルシャ語でクーフテ（kūfteh）と呼ばれ、「たたく、挽く」ことを表すクーフタン（kūftan）の過去分詞形である。さらに、アゼルバイジャンにおけるミートボールはクフテ・タブリズィ（kufteh Tabrizi）と呼ばれ、大きさが直径二〇センチくらいの巨大なミートボールが作られた。日本でミートボールの料理は甘酸っぱい料理を思い起こすが、伝統的にはウシ、ブタ、ニワトリなどの挽き肉を使った「つくね」がむしろ定番で、竹串に刺して焼いたつくね焼きや、ちゃんこ鍋、煮物の具として使う。

4　ソーセージ

⑴ブラッド・ソーセージ

ソーセージの歴史は古く、紀元前八世紀ころの古代ギリシャにおけるホメロスの『オデュッセイア』に、ヤギの胃袋に血と脂身を詰めた食物が記載されている。ソーセージや肉団子は古代ローマ時代にも知られていた。古代ローマではブタやウシの肉をミンチにして腸詰めにしたソーセージはファルシメン（farcimen）と一般に呼ばれ、多様な調理がほどこされた。とくにブタの血液を茹で、卵の黄身や松の実を混ぜてブタの小腸に詰めたブラッド・ソーセージ（blood sausage）のボトゥルス（botulus）は広く食された。ボトゥルスは、ワインと魚醤とともに煮て食べられた。血は肉のようにたたいてミンチにする必要がなかったが、ブラッド・ソーセージは現代までも西欧で継承されてきた祝祭料理である。ブタの血と脂を使い、タマネギ、ニンニク、かんきつ類を混ぜこんだフランスのソーセージのブーダン（bourdin）もブラッド・ソーセージの一種で、ブーダン・ノアール（boudin noir）、つまり黒ブーダンと呼ばれる。さらに、パン粉、卵、牛乳などを加えたものはブーダン・ブラン（boudin blanc）、白ブーダンである。モンゴルでもヒツジの血をみじん切りしたタマネギやニンニク、小麦粉、岩塩などとともにヒツジの小腸に詰め、煮こんだブラッド・ソーセージのザイダス（зайдас）を食べる。家畜の血液を利用するさい、動脈を切って血液を胸腔や腹腔にため、体外に流れないようにする。ヒツジ一頭から六、七人の家族で二日ぶんくらいのソーセージができるという。

(2) イルカ・魚から家畜まで

古代ローマで食された一般的なソーセージのルカニカ（lucanica）は、短く太い豚肉ソーセージで、その製法は現在でもイタリアや世界各地で継承されている。ポルトガルのリングィーサ（linguiça）は、豚肉のすり身にトウガラシを混ぜたもので、古代ローマの製法に由来する。ポルトガル以外ではブラジル、米国のハワイやカリフォルニア、ロードアイランド、日本の沖縄で人気がある。沖縄ではポチギと呼ばれ、英語名のポーチュギース・ソーセージ（Portugese sausage）にならったものである。ドイツではブタの挽き肉を生で食べるメット料理のあることはすでにふれたが、これを生のソーセージとして食べるさい、メットヴルスト（mettwurst）と称される。

古代ローマでは、イルカの肉から肉団子が作られた。バビロニア人はすでに紀元前一五〇〇年ころに魚肉ソーセージを作ったようで、その伝統はギリシャに引き継がれ、古代ローマでも賞味された。ローマで魚肉ソーセージはサルサス（salsus）と称され、これがソーセージの語源となった。また、腸詰めにされる皮は一般にケーシング（casing）と呼ばれ、ウシの腸を使ったソーセージはボローニャ、ブタの腸を使用したソーセージはフランクフルト、ヒツジの腸を使ったソーセージはウインナと呼ばれる。人工のケーシング（セルロース、コラーゲンなど）は厚さにより、三六ミリ以上、二〇～三六ミリ、二〇ミリ以下に区分し、それをもとにそれぞれボローニャ、フランクフルト、ウインナが区別された。

日本では魚肉を使ったソーセージが作られる。魚肉ソーセージは戦後、一九五〇年代に商品化された。北洋産のスケトウダラのすり身が使われた。魚肉だけでなく、ミンククジラの鯨肉を一五％程度混ぜた合い挽きのソーセージが西日本を中心にレトロ・ソーセージとして販売されている。また、魚肉ソーセージに小麦粉、牛乳、ベーキングパウダーなどで調整し、衣をつけて油で揚げたアメリカンドッグやフレンチドッグが縁日などの屋台で提供される手軽な食品となっている。クジラ、イルカ、魚などの野生種からウシ、ブタ、ヒツジなどの家畜まで、血液や肉をふくむ多様なソーセージが生み出されてきたことがわかる。

たたき具を使わず、化学的に肉をやわらかくする方法も知られている。パパイアやパイナップルの果実片を肉に漬けおくと、パパイアやパイナップルから抽出されたタンパク質であるブロメライン（bromelain）などにふくまれるタンパク質分解酵素のはたらきで肉がやわらかくなる。中華料理の酢豚にパイナップルを使うのもその例である。また、アルカリ性の重曹を加えても肉がやわらかくなる。

5 ファルス

ファルス（farce）はフランス語で、広くは「詰めもの料理」を指す。丸のままの肉や魚、あるいは野菜の中に、刻んだ食材やムギ、コメなどの詰めものをして調理するものである。古代ローマのアピキウスの料理書にもファルス料理が記載されており、内臓をとったニワトリ、ウサギ、ブタ、ヤマネなどが用いられた。中に詰める具材には、野菜、ハーブ、香辛料、ナッツ類やムギなどがあった。さらに、ミンチ状にしたレバーや脳髄、内臓も詰めものとされた。ソーセージは動物の腸に挽き肉を詰めたものとすれば、ソーセージもファルスの一種といえる。母体に野菜を使うものとしては、ピーマン、ナス、ズッキーニ、ジャガイモなどの果肉をとりさったものや、キャベツ、ブドウの葉を湯がいたものが使われる。たとえば、トルコのドルマ（dolma）は「詰められた」の意味で、挽き肉や野菜、コメなどの具材を湯がいたブドウの葉に包んで調理したもので、トルコ以外に北アフリカから中東で類似の料理が広く分布している。

日本では、ピーマンに挽き肉を詰めものとして炒めるか、煮物にした肉入りピーマンやロールキャベツがよく知られている。また、おでん屋ではブタの挽き肉を湯がいたキャベツで巻いたものを爪楊枝やかんぴょうでとめ、出汁で煮こんだ和風の料理がある。内臓をとりさった動物の腹腔に詰めものをする例として、ローストチキンがある。たいていは野菜やマメ類、コメ、ムギなどが使われる。韓国のサムゲタン（蔘鶏湯）は、若鶏の腹にコメ、ナツメ、朝鮮人参などを加えたものを煮こんだ料理でファルス料理の一種である（図3）。また、スコットランドのハギス（haggis）はヒツジの内臓（肝臓や心臓）をミンチ状にして、タマネギやハーブのみじん切り、オート麦などを加えて、牛脂とともにヒツジの胃袋に詰めて茹でるか蒸した料理である。この場合も、ヒツジの胃袋にヒツジの内臓のミンチを詰めたファルス料理といえる。

図3　ファルス料理（肉の詰めもの）である韓国のサムゲタン（蔘鶏湯）（木浦市）

6　クジラの挽き肉料理

古代ローマではイルカのミートボールが食されていたことは前述したが、近世以降に発達した日本の捕鯨業でとれたクジラ・イルカは多様な料理で食された。近世期に北九州で捕鯨に従事した益富家の当主が表した『鯨肉調味方』には七〇種類以上のクジラの料理法が記載されている。[2] 現代でも和歌山県太地町の〆谷商店がクジラ料理をネットで紹介している。これを見ると、鯨肉をたたいてミンチ状にしたものを調理するレシピがいくつもある。

⑴クジラのワカメ汁

ミンチにしたクジラの赤身を沸騰した湯に少しずつ入れ、塩、醤油、コショウで味付けし、薬味のネギや塩抜きしたワカメを加えたもの。

⑵クジラ・ハンバーグ

クジラのミンチ肉にみじん切りにしたタマネギやささがきゴボウに卵、パン粉、塩を加えてよく練り、油で焼いたもの。鯨肉と鶏肉を合い挽きにして作った「和風ハンバーグ」もある。

⑶クジラのホットカナッペ

クジラのミンチ肉に茹でたエビ、ジャガイモ、セロリ、リンゴなどを加えて炒め、卵白と塩で作ったメレンゲと混ぜあわせたものをパンの上に塗って食べるもの。

⑷詰めもの料理とファルス

カブの根をくりぬき、中にクジラのミンチとおろしショウガ汁を加えておく。くりぬいた部分のカブはみじん切りにする。ミンチに塩、酒、片栗粉、コショウ、白ゴマをあわせたものをくりぬいたカブに詰める。表面に片栗粉をまぶして空気が入らないようにする。これを出汁で煮こんで作ったのが「クジラのカブの詰めもの」である。

ファルスとして、パプリカを縦に切り、種をとってクジラのミンチに塩、スパイスを入れたものに、卵、パン粉、オリーブ油を加えて練りこむ。最後にパセリとタマネギのみじん切りを加えて、パプリカに詰める。詰めものをした面を下にしてオリーブ油をひいたフライパンで焼く。トマトソースでいただくのが「クジラのファルス」である。

(5)クジラとサツマイモのコロッケ

サツマイモとクジラのミンチを混ぜて油で揚げたもの。

(6)クジラ団子の中華スープ

クジラのミンチ肉と千切りにしたクジラの本皮を混ぜ、これを酒・醤油・コショウ・七味トウガラシ・ショウガの絞り汁を入れて練り、そこに白ゴマ・片栗粉・みじん切りの長ネギを加えて混ぜ、団子を作る。ゴマ油でシイタケ、チンゲンサイ、干しエビを炒め、水と干しエビのもどし汁を加え、沸騰したさいに肉団子を入れたもの。

⑺クジラのユッケ・「山家」など

クジラの赤身をたたき、みじん切りのショウガと松の実を加えてさらにたたく。これに塩、コショウを入れてよく練る。オオバの上にミンチをおき、その中央部にくぼみを作って卵黄を落とす。これが「クジラのユッケ」である。ごはんを加えれば「ユッケ丼」になる。クジラのミンチに青トウガラシと酒、ショウガの絞り汁を加えてたたき、これをかまぼこ板に塗りつけ、オーブンで焼くと「クジラの山家《さんが》」ができあがる。「山家」は魚のたたきであるなめろうを山仕事に持参して焼いた料理である。

最後に、クジラのミンチ肉とみじん切りにした本皮に水切りした豆腐やみじん切りにしたショウガやオオバを加えたものを、餃子の皮で包んで作る水餃子を冷製で食べる「クジラと豆腐の冷製餃子」がある。また、クジラのミンチとみじん切りにした本皮を混ぜて、春巻きにしたものやワンタンにして揚げたものなどがある。

7　餃子

餃子は中国でチャオズと呼ばれ、ブタやヒツジの挽き肉にハクサイのみじん切りを混ぜて小麦粉の皮で包み、茹であげた水餃子が作られる。ただし、皮に包む具材は多種多様で、水餃子以外に蒸し餃子、焼き餃子がある。世界には中国以外の地域で多様な種類の餃子料理がある。アジアでは、韓国のマンドゥ、日本の焼き餃子、チベットの蒸し餃子モモ、モンゴルの蒸し餃子ボーズ、揚げ餃子のホーシェルやシャルサン・バンシュ、水餃子のバンシ、ミルクティーで煮たスープの具とするバンシタイ・ツァイ、インドのサモサなどがその例である。これら以外にイタリアのラビオリ、ドイツのマウルタッシュ、トルコから中東にかけての地域におけるマンティ、ロシアではペリメニ、ポーランドのピエロギ、ウクライナには半月形のヴァレーニキと呼ばれる茹で餃子がある。東欧では、ピエロギに類する餃子として、ハンガリー料理のデレイェ、スロバキアのブリンゾヴェ・プローギ、リトアニアのコルデゥナイなどがある。また南米のブラジルではパモーニャが知られている[3]。

8　伝統社会の肉たたき

(1) 北方民のたたき料理

アジアの河川・沿岸域に居住する北方民にとり、新鮮なサケは生食されるほか、スープあるいは鮭肉をたたいてミンチにし、揚げパンや餃子の具として食用とされる。しかし、サケがとれない季節や冬季のため、サケは保存食として利用される。

図4　カムチャツカ半島のコリヤーク族によるホロロ祭り用の儀礼食、トルクッシャ作り

ヤクート地方、チュクチ半島の一部および北東部のオホーツク海沿岸に居住する先住民エベン（Evens）族（旧称ラムート族）は半定住生活をおこなう漁撈・海獣狩猟民であり、人びとは天日干しのサケの身を搗き砕いて粉末状にして保存食とした。二節でふれたように、これはポルシャと呼ばれ、旅にいくさいの携行食ともされた。また、トルクッシャと呼ばれる、「神に捧げる特別の料理」の素材としても用いられた。トルクッシャは、干したサケや筋子、ヤナギランの茎の内髄を乾燥したもの、ベリー類をいっしょに搗きつぶしてアザラシ油を加えた料理である。

カムチャツカ半島に居住するイテリメンはかつてカムチャダール（Kamchadal）と呼ばれた漁撈・狩猟民族であり、先述したサケ粉末のポルシャにアザラシの脂肪を加えて食べるか、スープとして利用した。ポルシャは軽くて便利なため、とくに狩猟者の携行食として利用された。また、イテリメンの伝統的調理キルキルではボイルしたサケを大皿に入れてほぐし、新鮮なベリー類を加えてつぶし、アザラシ油を入れてかき混ぜる。ウハラは干したサケをたたいて切り、沸騰した湯でアザラシの脂肪とともに茹でた料理である。

イテリメンと同系でカムチャツカ半島に住むコリヤーク族はポルシャをイヌ橇の旅行用に不可欠のものとして利用した。コリヤーク族の女性はアザラシの魂送りのためのホロロ祭りのため、夜中から練りものであるトルクッシャ作りをはじめる。夏の漁場で準備したヤナギランの内皮の果汁を乾燥したものを石で搗く。それに夏に準備したサケの乾燥した魚卵の粉末とアザラシの油を加えながら搗く。白くなったらできあがりで、夏に用意した三種類のベリー類（黒いホロムイイチゴ、赤いコケモモ、橙色のキイチゴの類）を一種類ずつべつべつに加え（粒をのこすために搗かない）、三種類のトルクッシャができあがる（図4）。

⑵アイヌにおける獣魚肉のたたき

アイヌ社会でも、野生動物や魚の肉を「たたき」として食する。アイヌの人びとは肉のたたきをチタタプ（citatap）と称する。この語は「チ・タタ・プ」（ci-tata-p）、つまり「われわれが・沢山たたいた・もの」の意味である。たとえば、サケ（チェップ）の氷頭《ひず》（頭の軟骨）やエラ、白子、内臓などを、輪切りにした丸太のまな板（イタタニ）の上でナタを用いてたたきつぶす。肉がペースト状になると、ネギ、ギョウジャニンニク（プクサ）、ノビル（メンピロ）などのみじん切りを和え、塩、焼きコンブなどで味付けをして食べる。これがチェップ・チタタプである。

サケ以外の魚として、ウグイ（スプン）、マス（イチャニウ）、エイの仲間のカスベ（ウッタプ）、カジカ（チマカニ）が使われた。獣肉としては、ヒグマ（キムンカムイ）、エゾジカ（ユク）、エゾタヌキ（モユク）、エゾユキウサギ（イソポカムイ）、シマリスないしエゾリス（ルオプ）なども同様にしてその肉をたたき、薬味や調味料を加えて食された。老いた獣の肉はかたいが、たたくことでやわらかい肉を食べることができた。チタタプの鮮度が落ちた場合は、つみれ汁にして食された。なお、カスベは日本全国では煮物、刺身、汁物として食されるが、アイヌはカスベの軟骨、肝などをたたいた料理を作る点で独創的だ。[4]

ヒグマは特別な食べ物であり、イオマンテ（Iomante）のさいはその肉や脳をたたきとした。これはアイヌ語で「チノイペコタタプ」と称される。材料はヒグマのほほ肉、脳味噌とネギや塩である。イオマンテの儀式で祭壇におかれたヒグマの頭骨から脳味噌（ノイペフイベ）をとりだし、あらかじめ湯がいたほほ肉と混ぜ、調味料を加えたものが儀式を司るコタンの有力者から参加者に分配された。

9 死者の骨たたき

北京原人が死者の頭骨や長骨をたたいて脳髄や骨髄をとりだしたことはすでにふれたが、人肉食が目的ではなく、葬送儀礼の一環として人骨をたたいて破壊する場合がある。人類の葬法には、火葬、水葬、土葬などのほか、鳥葬（ないし風葬）、崖葬、樹上葬などがあり、民族文化や宗教、さらには時代によってその意味は異なっている。では、死者の肉体をどう扱うのかという点で、火葬のように暴力的に「破壊」する場合と土中に埋葬する場合とでは、死者に対する観念は決定的に異なる。

注目すべきは、葬式が一回きりでなく再度おこなわれる複葬が世界で広く見られることである。たとえば、いったん火葬した人骨をふたたびとりだして別の場所に埋葬し、定期的にその骨を洗骨する慣習が沖縄にある(5)。これは、死者の霊を弔うだけでなく、生者との関係性を再確認する儀礼でもある。死者の骨にはどういった意味が賦与されたのか。肉体は滅びてなくなるが骨はのこる。生者のいわば「形見」は生きつづけるので、その骨を大切に扱う思いはさして特別なことではない。

チベットでは死者をハゲワシ（チャ・ゴエ）に食べさせる風習がある。チベットでは、鳥葬がもっとも価値ある葬法である。僧侶の死にともなう鳥葬では、墓場に死体を運び、内臓を出して四肢を解体する。さらに、岩盤上にある孔に骨や脳髄を入れて細かく砕く。上からオオムギの粉を少し入れて肉と混ぜた団子を作る。ちょうど、ツアンパ（ハダカムギの種子を脱穀し、乾煎りして砕いた粉状の食品）のようなものとなる。これをハゲワシが索餌する。

インドネシア東部のマルク州にあるモロタイ島のアルマナラ洞窟（二三〇〇～二〇〇〇年前）の遺跡から出土した人骨は火葬後にたたいて砕かれ小片状態で見つかった。[6]これはいったん火葬した骨をおそらく石でたたいたものである。火葬後に安置された場所で破砕されたのか、発見された場所で破砕されたのかは不明であるが、二次葬（複葬）の時点で骨が破壊されていたことは注目される。他界観、死生観とからみ、死者の人骨をたたいて破壊する意味の解明は今後の研究課題であろう。

〈註〉

（1）Glasse, H.: *The Art of Cookery, Made Plain and Easy*. (Printed for the author 1747).
（2）『鯨肉調味方』（吉井始子編『江戸時代料理本集成』第一巻　臨川書店　275～292ページ　一九七八）
（3）秋道智彌『魚と人の文明論』（臨川書店　二〇一七）
（4）冨岡典子、太田暁子、志垣瞳、福本タミ子、藤田賞子、水谷令子「エイの魚食文化と地域性」（『日本調理科学会誌』43（2）：120～130ページ　二〇一〇）
（5）渡邊欣雄『世界のなかの沖縄文化』（沖縄タイムス社　一九九三）
（6）竹中正巳（口頭発表）「東インドネシアの埋葬文化と古人骨」（『公開研究会　東海大学&沖縄県立埋蔵文化財センターコラボ企画　南の島の埋葬文化と人類史　琉球・東南アジア・オセアニアの事例比較』沖縄県埋蔵文化財センター　二〇一八・三・二四）

Ⅲ

暮らしのなかのたたき技術

——衣服・製紙・土器・石鹸

一　布とたたき技術

世界各地には樹皮、木綿、絹、麻、羊毛、獣皮、魚皮、人造繊維などを使った多様な種類の衣服がある。植物性、動物性のものをふくめて、どのような素材が人類にとりもっとも古いかはにわかに断定できない。というのも、のこされている資料に限界があるからだ。細い繊維を使って編む技術や、経糸と緯糸を組み合わせた織物製作の技術は少なくとも新石器時代以降の発明であるが、それ以前の時代には動物の皮などとともに植物の樹皮・繊維を使った布が使われたと推定される。だが、樹皮・繊維がのこることは残念ながらほとんどない。仮に樹皮をたたいた素材が使われたとして、それを作るのに使われたと思われる利器が重要な手掛かりとなる。それがたたき具としてのビーター（beater）である。

人類は植物の繊維をたたいて樹皮布を作りだした。ふつう、樹皮布はバーク・クロース（bark cloth）と称される。樹皮には靭皮繊維がある。これをたたいて繊維を砕き、平たくのばすとともに、やわらかくして加工しやすくする。樹皮布は植物繊維製であるから紙とおなじように水には弱いと考えがちであるが、意外と耐水性がある。もちろん、樹皮布には厚みがあり、繊維が粗いのでゴワゴワするが丈夫である。

樹皮をたたくために使われた石製たたき具が新石器時代の遺跡から発見されている。かつては臼と杵を使って布をさらすことがあった。この問題もたたきの技術を示す重要な例である。本節では、布ざらしと樹皮布製作についてとりあげよう。

1　布ざらしと臼と杵

以前、テレビの映像でアフリカの女性が洗濯をするのに、水辺で布を岩盤に打ちつけて汚れを落とす場面を見た。凹凸のある洗濯板に衣服をこすりつけて汚れをとる方法はかつて日本でもおこなわれていたが、岩に布をたたきつける手法は豪快であった。洗濯板は英語でウォッシュボード（washboard）と呼ばれ、ヨーロッパで一八世紀末に発明された。洗濯板は長方形で長軸に対して垂直に溝を入れこんだもので、汚れた布を前後に動かして汚れをとる。木製、金属製、ガラス製のものがあり、日本へは明治以降に伝わった。それ以前は桶を使うか、川辺では手洗いや足踏みで洗濯された。石鹸や洗剤が一般に普及したのは明治時代以降のことであり、それ以前にはムクロジの実の皮、マメ科のサイカチの豆鞘《まめさや》のほか、灰汁、コメのとぎ汁、石灰などが利用された。洗剤の利用についてはのちにとりあげよう。

日本でさらしとは、布の漂白を意味する。布ざらしに水は不可欠であるが、同時にさらすための媒体として木灰や藁灰から作られる灰汁が用いられた。灰汁は布ざらしとともに、布の汚れを除去するためのものである。木灰・藁灰は炭酸カリウムをふくみ、水溶性で酸性・アルカリ性の程度を示すpHは一一・〇と高く、強アルカリ性である。焼いた藁や灰を水と混ぜた水溶液の上澄みが灰汁である。灰汁の原料には稲藁がもっともよいとされた。

現在でも奈良県の月ケ瀬村（現、奈良市）には麻織物の布ざらしの技術が「奈良晒」として伝承されている。中世以来の伝統をもつもので、生布に灰汁をかけて二週間程度天日でさらし、灰汁を入れた釜で布を煮る。これを天日にさらす。この工程ののちに、布を木臼と横杵で搗く。川で水洗いして張り干して仕上げる。木臼と横杵を布ざらしに使う方法は現代ではおこなわれなくなったが、戦国時代から江戸時代における絵画資料などから、布ざらしの重要な工程であり、布を搗いている様子がよくわかる。

臼と杵を布ざらしで使うのは、灰汁を布にまんべんなくしみこませるためである。『洛中洛外図』（一六～一七世紀）ではくびれ臼と竪杵が使われているが、『日本山海名物図会』（一七五四年刊行）では、横杵と胴臼が描かれている。[1] くびれ臼のほうが時代的に早く、戦国時代に見られる。杵についても竪杵は戦国時代の図像に描かれており、江戸初期に登場する横杵よりも早い。ただし、竪杵は江戸後期でも使われている。竪杵が横杵よりも先行することは、布ざらし以外の穀物の脱穀やモチ搗きなどでも指摘されており、横杵は江戸時代初期以降に用いられた。奈良市の月ケ瀬で現在のこっている布ざらし技術では、胴臼と横杵が使われている。

2　杵と砧

砧《きぬた》の語源は「衣板《きぬいた》」に由来し、衣を打つための台を意味する。草を打つための台石も砧である。砧に打ちつける杵は横杵ないし竪杵である。

朝鮮半島では脱穀、製粉のための臼はチョルグ（jeolgu）、杵はチョルグッゴンイ（jeolgus-gong-i）と称される。二〇〇五年に慶尚北道安東市西後面苧田里の青銅器時代の貯水池遺跡で約二七〇〇年前の竪杵が出土し、韓国最古のものとなった。一九二五年の朝鮮総督府の報告では、くびれ臼と竪杵が使われていた。その説明で、農作業以外に臼に洗濯物を入れて竪杵で搗いて洗ったとされている。洗濯用の木槌はパルレ・パンマンイで、片手でたたき洗いされた。パルレは「洗濯」、パンマンイは「棒」を指す(2)。

洗濯した布のしわをのばし、ツヤを出すためにもたたき技術が用いられた(2)。辻本武によると、これには大きく二つの方法がある。一つめは、細長い木の棒に布を巻きつけて二本の横杵を両手でもち、リズミカルに布にたたきつける場合であり（Ⅰ型）、「綾巻き」と呼ばれる。二つめは布を重ねて台上におき、上から杵でたたく技法であり、片手を使う（Ⅱ型）。図像資料からⅠ型は時

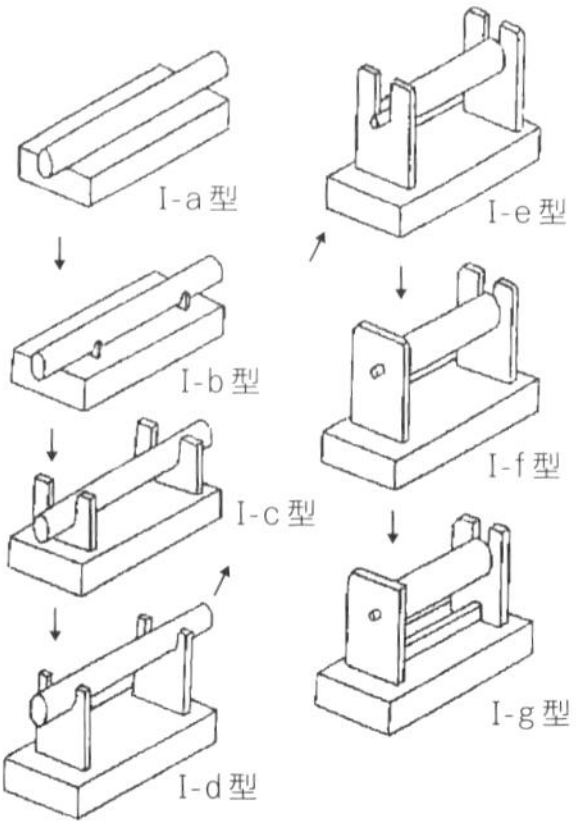

図1　Ⅰ型砧の変遷図（作図・辻本武）

代を経て形態が変化・発展する。一三世紀末には台上に直接、綾巻き棒をおいて杵でたたく方法があったが、この棒を左右の台で支えて浮かす技法に変化した[3]（図1）。杵はバット状のものである。Ⅱ型の図像資料はあまりないが、古いもので平泉・中尊寺にある「大般若波羅蜜多経」の経典に挿絵としてのこっている。日本では、古代末から中世以降にⅠ型とⅡ型の両方があったことになる。

朝鮮半島では、砧をタドゥミと称する。台上の綾巻き棒（ホンドゥケ）に巻いた布を両手にもった木製の横槌二本でたたくⅠ型のものは、ホンドゥケ・タドゥミと称される。布を台上にたたんでしわをのばすⅡ型はノッ・タドゥミと称され、杵の敲打部は円筒形をしている。台は平面でなくかまぼこ型になっている。砧打ちで用いられる杵はタドゥミ・パンマンイと呼ばれる（図2）。なお、前記のⅠ型とⅡ型とでは素

図2　韓国における砧打ち作業（1910年ころ）（米国議会図書館蔵）

材のちがいに応じて、Ⅰ型は絹、Ⅱ型は木綿のように使い分けられた[3]。Ⅰ型は仕上がりの布に折り目がつかず、Ⅱ型は折り目がつく。

民族衣装のツヤ出しに砧が使われる例は中国の少数民族やインドネシア、西アフリカに広く見られる。中国貴州省黔南《けんなん》プイ族ミャオ族自治州のミャオ族は藍染めの晴れ着の衣装を大きな杵で入念にたたいてツヤ出しをする。インドネシアではジャワ島中部や東部のマドゥラを中心にジャワ更紗のバティック（batik）が発達しており、ろうけつ染め（奈良時代の蝋纈）でチャンチン（手書きロウおき道具）を使い、ロウをおくまえの砧打ちが重要な工程となっている。白生地を熱湯にくぐらせ、灰汁、豆油汁、黒モチ米のとぎ汁などで処理したものをたたいて繊維をつぶし、なめらかな質感を出す[4]。

西アフリカのマリにおける綾織のバザン（basan）もたたいて光沢を出す高級生地である。たたくまえの段階でキャッサバの根茎をたたきつぶして作った粉の水溶液に生地を浸して天日乾燥すると、表面がゴワゴワの状態になる。これをシアーバターノキの丸太の台におき、おなじシアーバターノキの杵で滑らかになるまでたたく。たたく技法が間接・直接的に活用されていることがわかる。

日本でも砧の多様な使用法があった。岩手県宮古市にある北上山地民俗資料館の資料によると、砧は洗濯としわのばしに使われたが、農業面でも稲藁を細工物に加工するうえで重要な農具であった。つまり、藁をたたいてやわらかくし、細工しやすいようにする手作業が不可欠であった。藁打ちでは丸くて平たい形の藁打ち石の上に束ねた藁をおき、木槌でたたく作業がおこなわれた。藁打ち石は土間の隅に半分くらい埋めた状態で固定し、そのうえで藁打ち作業がおこなわれた。木槌は太めの円筒形の部分と細い柄の部分からなっている。ただし、最初は掛矢《かけや》と呼ばれる横杵をもち、立位の姿勢で稲藁をたたく。さらに座って、藁打ち杵でたたく作業がおこなわれた。掛矢は杭打ちにも使われるたたき道具である。

〈註〉

(1)『洛中洛外図』(山岡家本)一六〇七(慶長一二)年。平瀬徹斎(撰)・長谷川光信(画)『日本山海名物図会』一七五四(宝暦四)年

(2)朝鮮総督府勧業模範場編『朝鮮ノ在來農具』(朝鮮総督府勧業模範場　一九二五)。渡辺誠「ヨコヅチの考古・民具学的研究」(『考古学雑誌』70(3):348～389ページ　一九八五)

(3)辻本武「「砧(きぬた)」再論　日本と朝鮮の比較」(『大阪文化財論集』2:357～368ページ　二〇〇二)。辻本武「砧講演　日本の砧・朝鮮の砧」第106題(http://www.asahi-net.or.jp/~rq2h-tjmt/kinutahennen)

(4)吉本忍編『ジャワ更紗　その多様な伝統の世界』(平凡社　一九九三)

二　樹皮布とビーター

1　先史時代の樹皮布

樹皮布は英語でバーク・クロース（bark cloth）と称される。クワ科のカジノキやコウゾなどの植物の幹を裂いてとりだした内皮をたたいてやわらかくしてのばし、貼りあわせたもので、まさに樹皮製の布である。樹皮布と聞くだけで、何かゴワゴワしたものとの印象が強い。だが、意外と体になじみ、しかも軽いのでいまなら無印良品ともなる優良品だ。樹皮は衣服のほか、寝具、紙、装飾品、仮面、貴重品などとして利用されてきた。樹皮布の製作技術はオセアニア、東南アジア、中央・南アメリカ、アフリカなど低緯度から中緯度地帯で広く知られている[1]。のちにふれるが、採集狩猟民も樹皮布を使ってきた。

樹皮布はいつごろから利用されてきたのか。残念ながら、樹皮は条件がよくないと腐食してのこることはない。しかし、石製の樹皮布たたき棒（バーク・クロース・ビーター：bark cloth beater）は木製のものとは異なって残存し、先史時代から用いられたことの証拠となった。石製のビーターには細い切れ目が何本も入れられており、切れ目の凸面で樹皮の繊維を断ち切り、やわらかくする知恵が育まれてきた。最古の石製たたき具が中国の深圳や珠江流域で見つかっている。時代はおよそ七九〇〇年前のものとされている[2](図3)。これは広東省深圳の咸頭嶺(Xiantouling)出土のものよりも約一三〇〇年時代をさかのぼる。[2]二〇一一年八月には香港中文大学の美術博物館で「衣服の起源　樹皮布」と題する展示が催された。

台湾北部ではいまから七〇〇〇〜五〇〇〇年前のダーペンケン(大坌坑)文化が知られている。この文化はほどなく台湾海岸部をはじめ澎湖諸島に広まった。かれらの祖先は中国大陸の長江流域方面から台湾に至ったとされている。大坌坑文化の遺物のなかで、大型の甕型土器とともに樹皮布たたき棒(中国語では、有槽石器)や網のおもりと思われる小石、断面が方形の斧、三角錘の矢じり状のポイントなどが見つかっている。

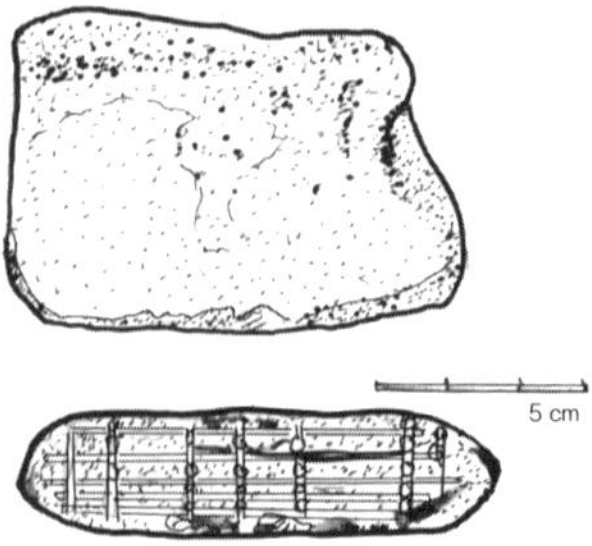

図3　最古のバーク・クロース・ビーター。広西チワン自治区布兵盆地・定模より出土(7898 ± 34 年前)

少し古い文献だが、台湾の民族学者である凌純声は、台湾出土のビーターを四形式に類別している。[3]表面に溝のある石器でも樹皮布ではなく土器を成形するさいの嗃《こう》打《だ》法の道具として使われたとする鹿野忠雄の説があるが[4]、凌はそれを否定している。

一方、海をはさんだアメリカでも樹皮たたき用と思われる石器が見つかっている。メキシコシティ周辺のクイクイルコ（Cuicuilco）遺跡から樹皮紙を製作するのに使われたとされるビーターが出土した。メキシコでは古代マヤ語でフ・ウン（hu'un）と呼ばれる樹皮紙が知られている。フ・ウンは「紙」の意味である。樹皮紙はメキシコ先住民のナフアトゥル（Nahuatl）族の言語でアマテ（amate）と呼ばれる。アマテはクワ科イチジク属の樹皮から作られる。巨大なイチジクの木は神聖なものとされていた。剥ぎとった内皮は水に一日中浸けておかれた。紙の原料の繊維は成形用の型に入れて、紙が貼りつかないように石鹸を上に塗り、濡れた石でたたいてのばされた。イチジクの細胞には接着剤となる成分がふくまれている。成型した紙はオレンジの皮の上で天日乾燥する。なぜオレンジを使うのかは不明である。メソアメリカの樹皮布たたき具は、マヤ文明以外にもグァテマラやエルサルバドルなどで見つかっており、時代からすると二五〇〇年前のものであり、こん棒タイプのものとラケット状のものがある。

2　世界の樹皮布（紙）たたき具

現代の例であるが、樹皮布は意外と採集狩猟民でも知られている。アフリカの採集狩猟民であるザイールのムブティ（Mbuti）族も樹皮布を製作する。樹皮布に使用されるのは、ムルンバ（mulumba）または、ポンガ（ponga）と呼ばれるイチジクの仲間の樹皮で、それを象牙や木槌を用いてたたいて薄くのばす。ピグミーの民俗植物学的調査をおこなった丹野正によると、樹皮のたたき具にはモアンジョ（moanjo）と呼ばれるアカネ科のニオイサンタンカか、象牙（コルヤ：kolya）製のたたき具を用いる[5]（図4）。

たたいたものを一週間程度乾燥し、のちに染料を使って装飾をほどこす。木製の杵は農耕民の生活道具であり、採集狩猟民は狩りの対象となるゾウや大型草食獣の骨を基本的に使うのだろうか。おなじくイトゥリの森でムブティ族の調査をおこなった市川光雄によると、樹皮布製作用のたたき具は、打ちつけるほうに格子状の切れ目を入れて使い、象牙製のたたき具は小型であり、メスか未成熟オスの牙ということだ[6]。また、旧ベルギー領コンゴ（現、コンゴ民主共和国）のスタンレー滝周辺で用いられていたとされるビーターも象牙製で、長軸と垂直に溝が彫りこまれたもので、おそらくピグミーの人びとが使ったものであろう。

世界にはいろいろな材質と形態の樹皮布製作のたたき具がある。図5を見ていただきたい。パプアニューギニア高地のヌマイ（Numai）族は細長い石に溝をつけたものを使う。ソロモン諸島西部のロビアナ（ニュージョージア諸島）

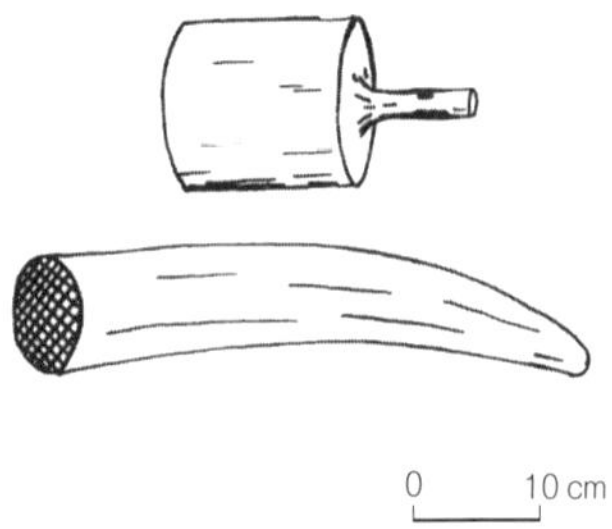

図4　アフリカの採集狩猟民、ムブティ族による樹皮布製作用の木槌（上）と象牙（下）（作図・丹野正）

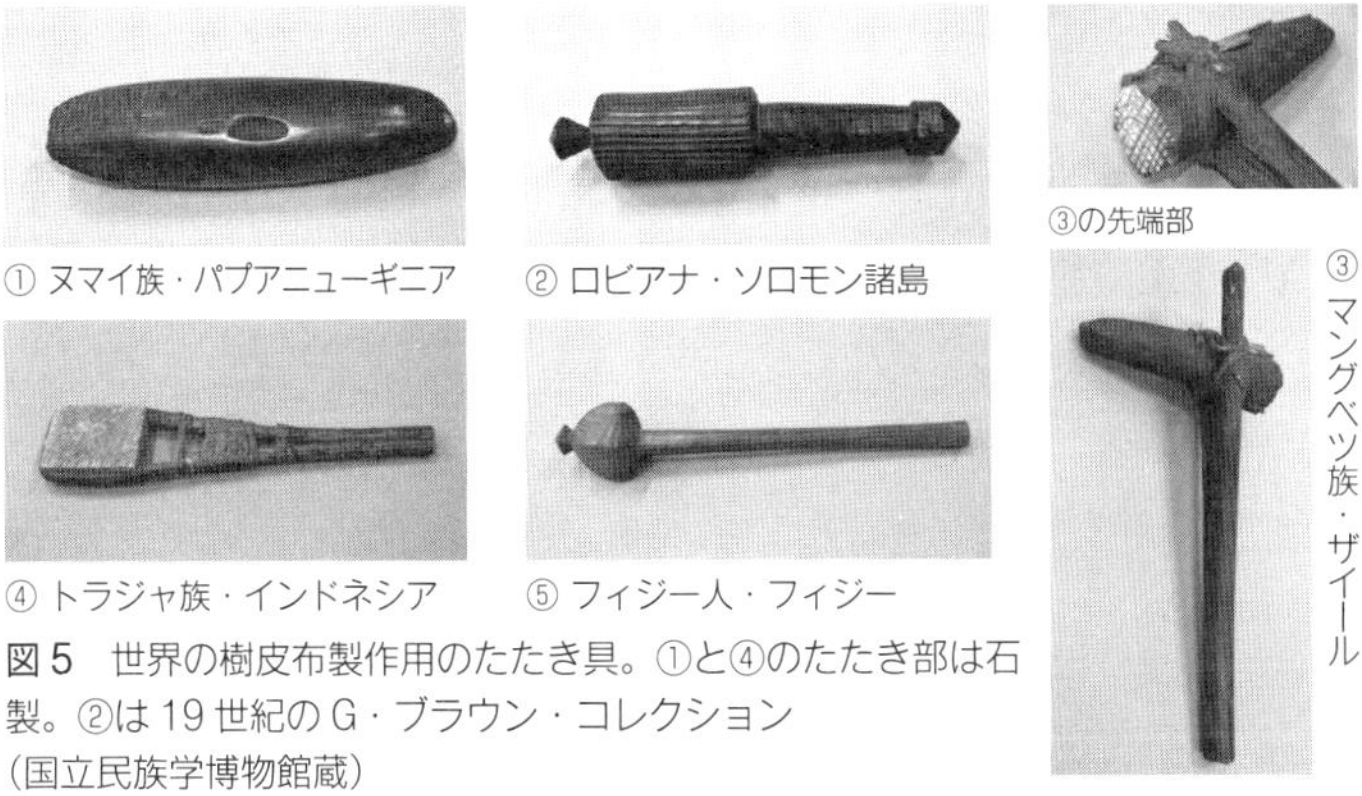

① ヌマイ族・パプアニューギニア
② ロビアナ・ソロモン諸島
③の先端部
③ マングベツ族・ザイール
④ トラジャ族・インドネシア
⑤ フィジー人・フィジー

図5　世界の樹皮布製作用のたたき具。①と④のたたき部は石製。②は19世紀のG・ブラウン・コレクション（国立民族学博物館蔵）

のものはたたき部が円筒形で縦に切れこみが入っている。これは一九世紀に当地を訪れた宣教師G・ブラウンの収集したもので、現在は国立民族学博物館（吹田市）に収蔵されている。[7] フィジー諸島のものはたたきの部分が球状である。インドネシア・スラウェシ島山地のトラジャ（Toraja）族のものは木製の柄に平たい石が使われている。アフリカ・ザイールのマングベツ（Mangbetu）族のものは一見、斧に見えるが、尖ったほうではなく、凹凸のある根もとの方をたたき用に使う。

ジャワ島では真鍮製（軸は竹製）のたたき具のデロクワン（delocwang）がある（図6）。デロクワンはジャワやマドゥラ島で用いられたイスラーム経典を写経する紙であるドゥルワン（dluwang）を製作するために用いられた。かつてはヤシ科のパルミラヤシ、タラバヤシの葉が仏典の写経に広く使われ、貝多羅葉《ばいたらよう》ないし貝葉《ばいよう》と称される。しかし、ジャワでは貝葉は破損しやすく、アラビア

図7　シャコガイ製のタパ・ビーター。格子状の溝が刻まれている。パプアニューギニア国首都ポートモレスビー近郊に位置するハヌアバタ村のモツ族のもの

図6　デロクワン。ジャワ島で紙（ドゥルワン）をたたいて製作するための真鍮製の道具

語の写経や巻き物として適さないこと、紙は輸入品として高価であったことから、コウゾの樹皮紙が用いられた。ドゥルワンの表面を滑らかにするため、真鍮や竹製のたたき具とともに、木の葉やタカラガイを使ってサンディング（sanding）、つまり「こすってなめらかにする」作業がおこなわれた。[8] このほか、台湾高山族、フィリピン山地民、マレー半島のサカイ（Sakai）族、スマトラ島沖のメンタウェイ島、ラオス、カンボジア、南中国、スラウェシ島中央部のトラジャ族などで樹皮布製作に石製のたたき具が使われた。

後述する分を入れて総じて見ると、樹皮布用のたたき具には、木、石、角、陶器、象牙、貝、鯨骨、金属、魚の顎骨など多様な材質のものが使われている。金属器や陶器の知られていなかったオセアニアでは、木製のたたき具が用いられたが、パプアニューギニア首都のポートモレスビー周辺で、モツ（Motu）族の住むハヌアバタ（Hanuabata）では大型のシャコガイの貝殻を加工してたたき具とした。よく見ると、打撃

面には格子状の切れこみが入れられている（図7）。樹皮布用のたたき具に溝をほどこして使用する技法が新石器時代の石器に端を発し、アフリカの象牙、オセアニアのシャコガイでも共通して見られることは興味深い。

3　オセアニアのタパ

熱帯・亜熱帯地域にあるオセアニアでは、樹皮布は広く利用されてきた(9)。樹皮布はポリネシアで一般にタパ（tapa）、ハワイでカパ（kapa）、トンガでガトゥ（ngatu）、サモアでシアポ（siapo）、ニウエでヒアポ（hiapo）、フィジーでマシ（masi）と称される。原料はカジノキで、日本、中国、台湾、マレー半島、インドシナ地域にも分布している。カジノキは海を越えて移植され、オセアニア地域に拡散したと思われる。ただし、温帯域にあるニュージーランドではカジノキ（ポリネシア語のアウテ：aute）は北島のみで栽培され、ふんどしや凧、飾りに使われたものの、栽培される量も少なく、気候条件も適さなかった。自生するアオイ属植物の樹皮が試されたが樹皮布としては不適切であり、代わりに亜麻を編んだものが衣服として利用された。

カジノキからもっともよい樹皮布がとれたが、それ以外におなじクワ科のパンノキ属パンノキ、イチジク属のバンヤンボダイジュなどの樹皮も使われた。後者のものは布面が粗いものの長もちする利点もある。タヒチでは王族や首長クラスの人びとはカジノキ製のタパを身に着け、平民クラスはパンノキ繊維製のタパを使った。カジノキやパンノキ、イチジク属の樹木は、土壌が悪く降水量の少ないサンゴ礁島では生育状況がよくない。

ポリネシアでも大きな火山島ではカジノキは広く栽培されている。ソロモン諸島東部にあるサンタクルーズ諸島やティコピア島ではウパス（upas）の樹皮が使われた。ウパスはクワ科ウパス属の高木で、強毒の樹液をもつことでも知られる。東南アジアのジャワでは矢毒に用いる。中国の海南島に住むリー（黎）族もかつてこの木を「箭毒木《せんどくぼく》」、つまり「矢毒」の木と呼んでいた。樹皮布と矢毒というまったく異なった目的に樹皮をたたく技術が用いられた点に注意しておきたい。

前述の樹種以外に、ハワイではオプヘ（ōpuhe）、マアロア（maʻaloa）、マーマキ（māmaki）、アカラ（ʻākala）、アカラカラ（ʻākalakala）やハウ（hau）などが樹皮布用に利用された。最後のハウは和名がオオハマボウで、樹皮布以外に魚網、ロープ、あるいは引き釣り用の毛ばりとして利用された。

樹皮布作りは手間のかかる工程をふくむ。カジノキの内皮を貝殻、鋭利な石器、サメの歯、あるいは自分の前歯を使って剥ぎとり、水に三日ほど浸してやわらかくする。これを木槌でたたいてのばしていく。用いられる木槌は一般にタパ・ビーター（tapa beater）と呼ばれる。その断面

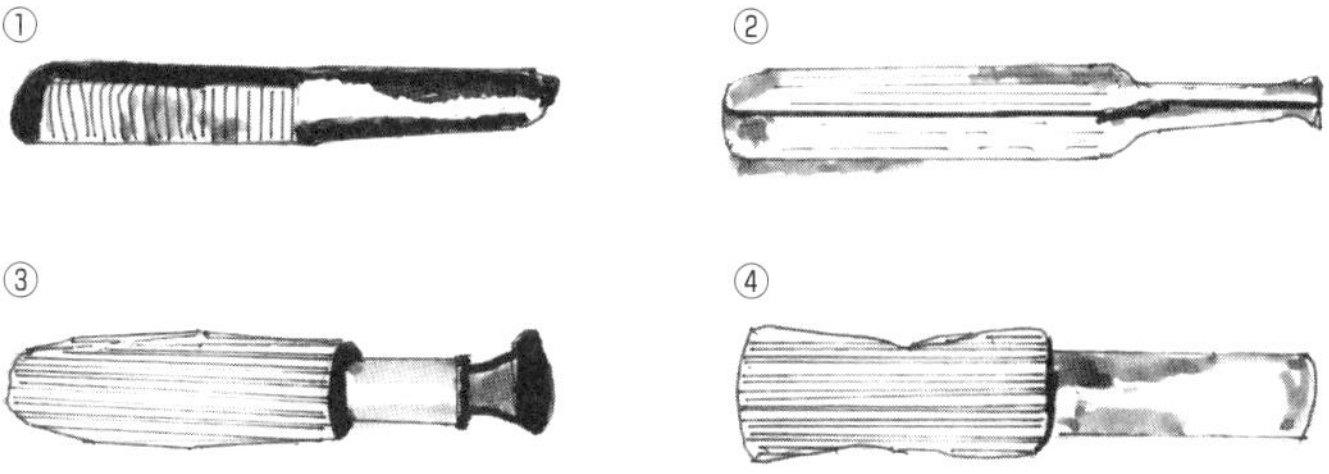

図8　オセアニアにおけるタパ・ビーター。① ニューギニア、② トンガ、③ フィジー、④ サンタイサベル島・ソロモン諸島

は直方形ないし円形で、表面には溝がつけられている。溝のない面もあり、タパのたたきの段階に応じて使い分けられる。タパ・ビーターは長さ三〇～三六センチ、断面の直径は五～一〇センチ程度である。断面が円形のものは全体がバット状で、直方形のものをふくめ、握り部分は細くなっている（図8）。

ポリネシアにおいて、タパのたたき棒は広くイレック（ʻlek）と呼ばれる。ハワイ、サモアやニウエではイ・エ（iʔe）、タヒチでもイエ（ie）である。ハワイにおける直方形のタパ・ビーターで、一面以上、溝をもつものはイ・エ・クク（iʻe kuku）と称される。溝の数は一インチあたり一八本、つまり一ミリ強というからその幅はかなり細かい。ハワイでは、最終的にたたきおわる段階で、透かし彫り技法も採用された。たたき台は木を半分に切ったものが使われたが、ハワイのたたき台は長方形で手前の幅がやや大きい。しかも、中がくりぬかれている。いずれの場合も、たたき台の下に石や木のブロックをおいて、たたく高さを調整した。一日中座ったままでタパをたたく作業を快

図9　トンガにおける樹皮布製作

適にするための工夫であろう。タパ・ビーターは地域ごとに異なった形態をしているが、おなじ地域でも変異が大きい[10]。

タパにはさまざまなデザインがほどこされる。染料は天然の樹皮から採取した褐色系のものが多く用いられる。前述したウパス属の樹皮にはタンニンが多くふくまれている。トンガでは伝統的にマングローブの樹皮を利用してきたが、近年の自然保護の動向から伐採が禁止される変化も起こっており、マングローブ地帯の泥を染料として使うこともある（図9）。タパの模様は手書きのほか、竹ひごや大型の木版などを組み合わせて製作された。手書きの絵筆は乾燥したパンダナスの実の繊維から作られた。

タパは衣服として利用されるとともに、敷物、寝具、バッグ、死者を包む布、旗、筆記用紙などの実用品や、結婚式のプレゼント、儀礼における交換財や威信財としても用いられた。ニューブリテン島北部のガゼル半島に住むバイニング（Baining）族はパプア語族であり、周辺のオーストロネシア語族であるトーライ（Tolai）族よりも古くからこの地に居住してきた。かれらは三つの集団に分かれて居住しており、異彩を放つ仮面舞踏をおこなうことで知られる[11]。バイニング族の仮面は、籐と竹を枠として樹皮布を貼りつけたものである（図10）。仮面は森に棲む生き物の霊（kavat）を表すものとされ、村人の男性は野ブタ、サイチョウ、ヒクイドリ、フクロウ、淡水魚、コウモリ、森の野鳥などの霊をかたどった造形物をかぶって儀礼のなかで登場する。この舞踏儀礼は狩猟や漁撈の成功を祈願するためのもので、夜間におこなわれる。ほぼ全裸で体に黒い墨を塗り、仮面をつけた踊り手たちは大きなかがり火の中に飛びこむなどの動きの激しい舞踏を演じる。

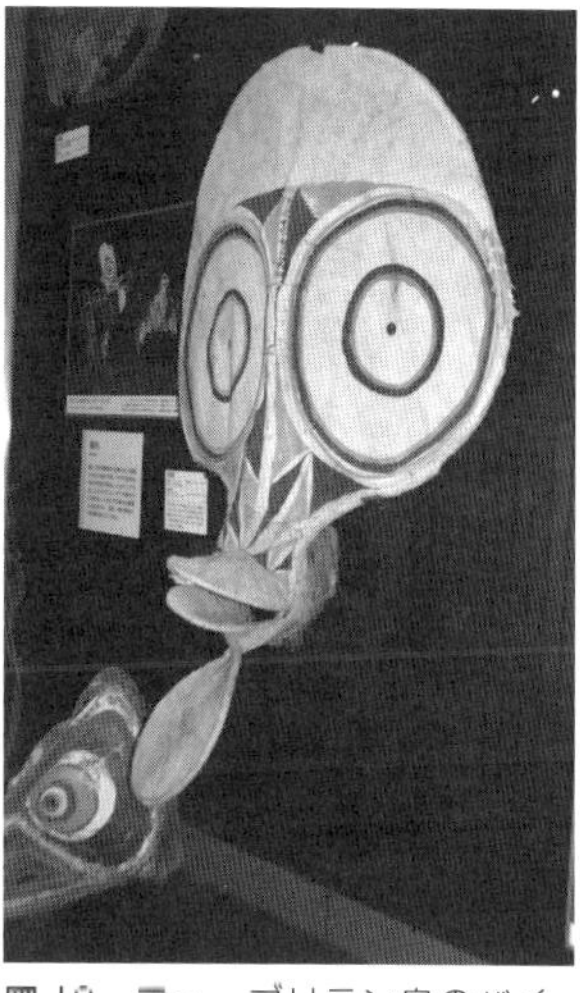

図10　ニューブリテン島のバイニング族における樹皮布製仮面（国立民族学博物館蔵）

4　製紙とたたき技法

(1)繊維をほぐす

紙は中国の四大発明（製紙・印刷術・火薬・羅針盤）の一つであり、西暦一〇五年の後漢時代に、蔡倫《さいりん》が製紙技術の基礎を固めたとされている。それ以前にも、中国では前漢時代の遺跡からタイマ（大麻）の繊維を使った紙が発見されている。タイマ、チョマ、ツナソ（綱麻または黄麻（ジュート））などを原料とする紙は一般に麻紙（まし、あさがみ）と呼ばれる。紙を作る過程で、アサ（麻）の長い繊維を切りほぐして押しつぶすことで、繊維どうしをからみやすくさせる。このため、繊維を発酵させ、石臼ですりつぶすか、木の棒でたたく方法が用いられた。後漢の蔡倫によると、樹皮、アサ、ぼろ布を石臼で砕き、木灰や今日の苛性ソーダのようなアルカリ性物質とおなじ効果をもたらす陶土や滑石粉を水の中に入れたものを簀の上で漉く方法が採用された。この技法は現代の紙漉きにつながる。

樹皮布と同様に、植物の繊維から紙を製作するのが製紙である。日本では製紙用の原料としてコウゾ（楮）、ミツマタ（三椏）、ガンピ（雁皮）がよく知られている。それぞれ、繊維の長さや光沢度などが異なっているが、コウゾがもっともよく用いられる。刈りとった原料の木の外皮を除去して中の靭皮繊維を剥ぎとる。これを水に浸したのち、苛性ソーダ、炭酸ソーダ、消石灰などを加えて煮る。かつては木灰を使った。つぎにこれを水にさらす。このさい、チリやゴミを除去する。そのあと、木製・石製台の上に水気をとった繊維をおいて木製の棒でまんべんなく叩解する。たたき具にはハンマー状の木槌や、細長くて平たい船の櫂状のものがある（図11）。木槌は片手でた

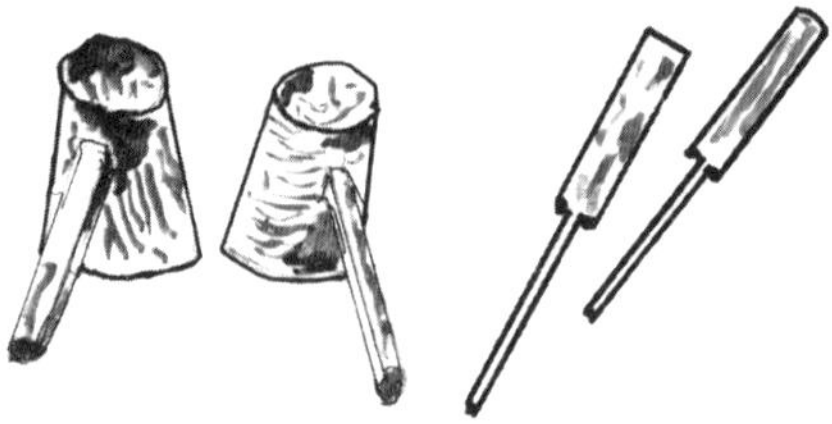

図11　製紙における叩解工程で使うたたき具（左は木槌型、右は櫂型）

たくが、櫂状のものはふつう一本ずつ両手にもち、交互にたたいていく。たたくことで繊維を水と混ぜて、簀と枠をセットした濾舟で均等に薄い紙の膜を作り、これを引きあげる。圧縮して水分を抜き、乾燥したのちに細断して紙を作る。製紙にとり、たたきの技法はたいへん重要であることがわかる。

(2) 打紙とたたき

古代の代表的な和紙は麻紙、楮紙（穀紙）、雁皮紙（斐紙ないし肥紙）であった。麻紙はアサの長い繊維を三ミリ前後に切断して原料とした。楮紙はコウゾの一センチ前後という繊維をそのまま生かして原料とするが、古代には麻紙の製法にしたがって、繊維を細かく切断した場合もあるといわれている。雁皮紙はガンピの半透明の繊維（長さ五ミリ前後）をそのまま原料とする。短繊維のガンピは平滑な光沢のある紙肌になる。雁皮紙用の繊維は細くて短く、紙肌は滑らかで光沢のある極上の紙となる。ただし、厚さはさまざまである。

一方、長繊維の麻紙や楮紙は紙肌が粗面になりやすく、墨と毛筆による書写には不便であった。最高級の公文書用紙とされた麻紙は、切断した繊維ゆえに粗く、平滑な紙肌にするために紙を打つ、磨く加工がほどこされた。

紙に石をあて、たたく「紙打」、「打紙《うちがみ》」の技法は古代から用いられてきた。(12) 七三八（天平一〇）

年の『正倉院文書』に「打紫紙百八十張」とある。打紙の技法の一つは紙の表面を滑らかにして光沢を出すために、水や灰汁で一晩、紙を湿らせておき、何枚か重ねて革にはさみ、石盤の上で砧打ちする方法である。もう一つは磨きの方法で、乾燥した紙の裏面をガラス玉製やムクゲの実の数珠玉や牙で磨く瑩《けい》紙の方法である。打紙は日本だけでなく、中国やヨーロッパでもおこなわれた。さらに、キハダ（黄蘗）の樹皮を入れて煮こみ、紙の防虫効果を増す工夫も古代からあった。木灰液に浸して乾燥し、これを何枚も重ねてたたくことで防虫紙として重要な文書用に使われた。

なお、打紙の効果を調べるうえで、生紙と雲母引き紙（フノリ溶液に雲母粉を混ぜて引いたもの）や雲母胡粉引き紙、つまりニカワの溶液に雲母の粉と胡粉（貝殻を天日で風化させ、砕いて粉にしたもの）を溶き混ぜて引いたものとを比較する実験も試みられている。打紙の作業はそのほかにもある。製紙の工程では、繊維が束の状態のものを一本ずつバラバラにほぐすための作業がおこなわれる。ここでも、たたきの技法が複合的に用いられていることがわかる。

できあがった紙（成紙）を二枚あわせにするため、二枚の紙の長繊維をたたくことによって相互にからみ合わせて一枚とする。書写のために紙肌を平滑にするだけでなく、団扇や扇子などの紙加工品を作る工程でも紙を打つ。江戸中期に刊行された『日本山海名物図会』の四には、当時有名であった河内（大阪府藤井寺市）の小山団扇《こやまうちわ》作りのさいに、木の台上においた団扇を木槌でたたく図がある。[13] もっともスムーズな紙肌が必要となるのは、金銀箔などの箔打ち作業に用いる箔打紙である。箔打紙は石粉を混ぜた雁皮紙を用い、灰汁に浸けたのち、十分にたたく。

(3) 日本古代の製紙

『日本書紀』によると、日本には、高句麗から僧侶である曇徴《どんちょう》と法定《ほうじょう》が来日した六一〇（推古一八）年に紙がもたらされたとされている。平安時代の『延喜式』には、アサの樹皮や麻布を裁断・舂解（すりつぶす）して紙の材料とする規定があった。製紙の工程は、植物の靭皮繊維を煮る（水洗い・アクだし）、択（ゴミとり）、截（切断）、舂（杵で搗く）、成紙（紙漉き・圧搾・乾燥）のおもに五工程からなる。現代の手漉き和紙製造と古代に作られた和紙サンプルの顕微鏡による観察によると、古代日本のコウゾやチョマによる和紙は、繊維を二ミリ程度に刃物で細かく切り刻んでいること、石臼で長時間搗いていることが大きな特徴であり、紙の密度も現代の手漉き麻紙である本美濃紙、黒谷紙、石州半紙の倍以上の数字を示している。ふつう、繊維束に摩擦作用が加わると、小繊維であるフィブリルが表面に現れて毛羽立ち、ささくれる。その現象をフィブリル化（fibrillation）と称する。大川昭典と増田勝彦によると、古代の製紙法の問題から、中国からヨーロッパに伝わり、現代のパルプを使った製紙法につながる技術が植物繊維をフィブリル化する方向で発達した技術であったのに対して、アジアではコウゾ、ミツマタ、アサを使い、非フィブリ

ル化の方向での技術が発展したと位置づけている。(14)

和紙作りには、ネリ（粘着剤）が不可欠であった。ネリはトロロアオイの根やノリウツギの皮を砕いた樹液で作られる。ネリは糊として使うと、漉舟に入れた原料の紙が早く沈まず、長く簀の上にとどまるようになる。それとともに漉いた紙を重ねても、乾燥するさいには一枚ずつはがれやすくなる。なお、ネリはかまぼこやソバ（蕎麦）のつなぎとしても用いられた。一枚の紙を製作するために、数多くのたたき技法が関与していることを確認することができる。

〈註〉

（1）Delaporte, Y.: *A Leonard and J Terrell Patterns of Paradise, The Styles and Significance of Bark Cloth around the World.* (*PERSEE Museum of Natural History*, 1981).

（2）Li, D., et al.: The oldest bark cloth beater in southern China (Dingmo, Bubing basin, Guangxi) (*Quaternary International* V354: 184–189, 2014). Tang, C.: Technical structure analysis of stone beaters excavated at Xiantouling Site (In: Li, H.R. ed., Xiantouling site: Report on the Excavation in 2006. Cultural Relics Press, Beijing, 407–421, 2013). Li, H. R. and Liu, J. X.: Xiantoulin Neolithic Site in Shenzhen, Guangdong Province. (*Archaeology* 7: 9–16, 2007).

（3）Ling, S.: *Stone Bark Cloth Beaters of South China Southeast Asia and Central America.* (*Bulletin of the Institute of Ethnology Academia Sinica* 13: 195–212, 1962).

（4）Sung Wen-Hsun（訳）: An Outline Review of Taiwan Archaeology. Taipei, Provicial Commission for Historic Research, 214 pp.（鹿野忠雄『臺灣考古学民族学概観』）一九五五

（5）Tanno, T.: Plant utilization of the Mbuti Pygmies: with special reference to their material culture and use of wild vegetable foods. (*African Study Monographs* 1: 1–53, 1981).

（6）Meurant, G. and Thompson, R. F.: *Mbuti design: paintings by Pygmy women of the Ituri forest.* (Thames & Hudson, 1996).

（7）関根久雄「ジョージ・ブラウン・コレクションの中のソロモン諸島」（『国立民族学博物館調査報告』10：65～75ページ　一九九九）

（8）Dluwang, T. R.: A near-paper from Indonesia. (In Teygeler, R. ed.: *International Association of Paperhistorians Congress Book 1996*, 11: 134–145. 2000).

（9）Kooijman, S.: *Tapa in Polynesia*. (*Bishop Museum*, 1972).

（10）Flexner, J. L.: *An Archaeology of Early Christianity in Vanuatu: Kastom and Religious Change on Tanna and Erromango, 1839–1920* (ANU Press, 2016).

（11）Corbin, G. A.: The Central Baining revisited: "Salvage" art history among the Kairak and Uramot Baining of East New Britain, Papua New Guinea. (*RES: Anthropology and Aesthetics* 7/8: 44–69, 1984).

（12）増田勝彦、大川昭典「製紙に関する古代技術の研究2　打紙に関する研究」（『保存科学』22：99～119ページ　一九八三）

（13）平瀬徹斎編著「河内小山団扇」『日本山海名物図会』巻之四（長谷川光信画　一七五四）

（14）大川昭典、増田勝彦「製紙に関する古代技術の研究」（『保存科学』20：43～56ページ　一九八一）。大川昭典、増田勝彦「製紙に関する古代技術の研究3　苧麻布・楮の臼搗による叩解」（『保存科学』24：17～24ページ　一九八五）

三　動物性衣服とたたき技術

1　フェルト

フェルトは動物の繊維から作る衣料で、モンゴルではヒツジの毛が用いられる。モンゴルの伝統的な製法では、刈りとった羊毛（ノーロール：nooruui）を積みあげてよくしなる棒でたたき、全体をふくらませる。この棒はサワー（savaa）と呼ばれ、樹皮を剥いだヤナギがふつう用いられる。羊毛の表面はウロコ状のキューティクル（毛小皮・毛表皮）でおおわれており、たたきによってこのキューティクルがからみあって離れなくなる。この現象がフェルト化（felting）であり、棒でたたくうちに羊毛はもつれあっていく。これをムシロに広げて、乳清（ホエー）を上から散布する。さらに、羊毛の両側に男女数人ずつが向かいあって並び、両側から一本の棒杭を芯にして巻いたりもどしたりしながらムシロといっしょにかたく巻きこむ。これを馬毛のひもでグルグル巻きにしたものを一人もしくは二人の騎手が引きずりつつ原野を走りまわる。

一時間ほどして、ムシロをほどいて女性たちがフェルトの表面をこすって滑らかにし、ふたたび乳清をふりかけ、巻きこんで馬に曳かせる。この作業を四、五回反復し、フェルトだけをかた

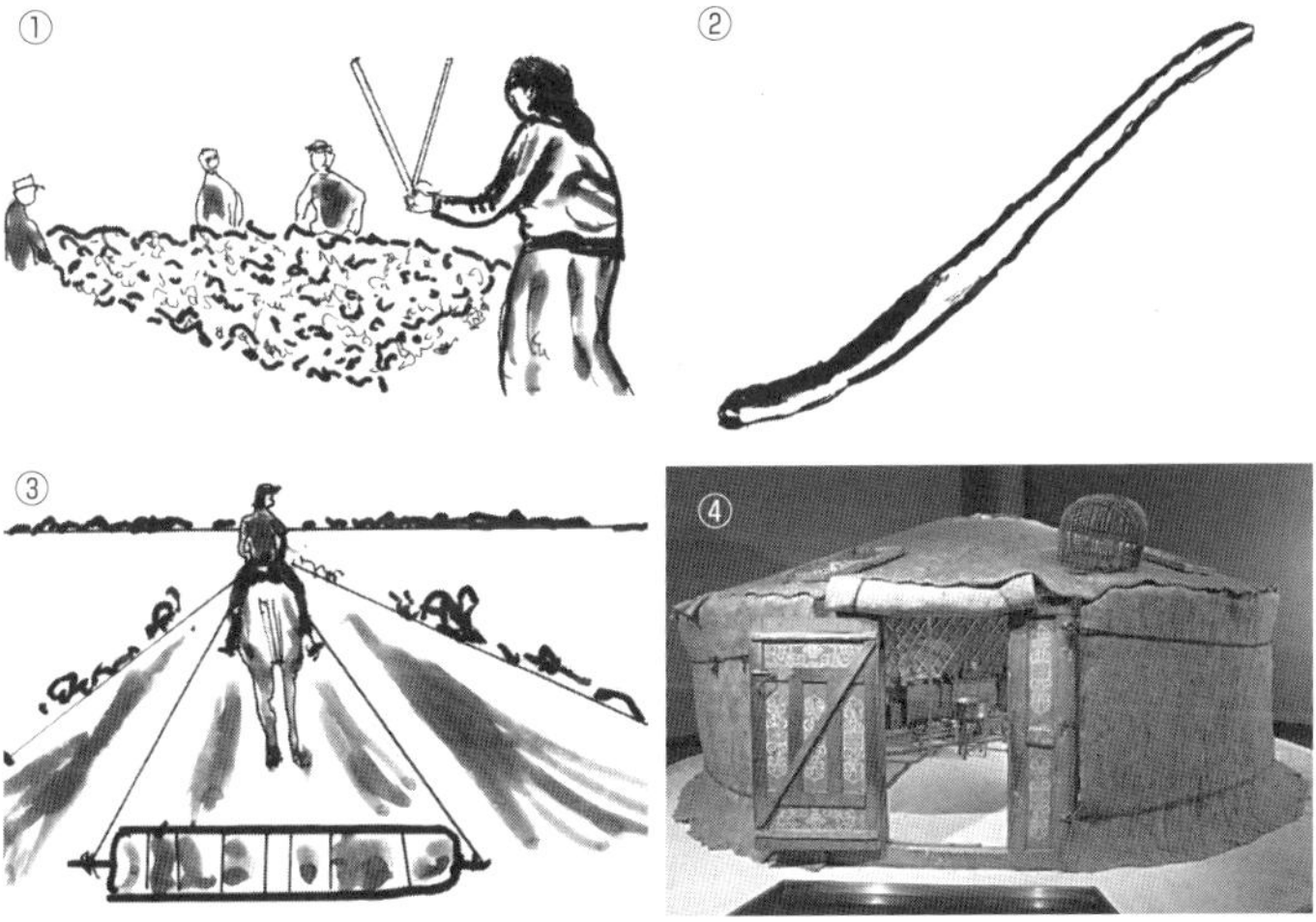

図12　モンゴルにおけるフェルト製作。① 羊毛をたたく。② ヤナギの木製たたき棒。③ 馬でフェルト用の羊毛を曳き回す。④ フェルトをゲルのおおいに使う（国立民族学博物館展示場）

く巻いてそのまま乾燥させれば、風雨に強いフェルトに仕上がる（図12）。フェルトはモンゴル語でエスギー（esgii）と呼ばれる。フェルトは用途に応じて大小厚薄、自由に作られるが、ゲルのおおい用のものはもっとも厚手である。古いものほど防水効果がある。

フェルトは日本でも古くから知られ、最古のものはユーラシアから新羅経由で日本にもたらされ、正倉院の御物にもある。フェルトは近世以降、「毛氈《もうせん》」と呼ばれるようになり、中国や朝鮮半島だけでなくヨーロッパからも輸入された。江戸時代後期には富裕層を中心として用いられるようになった。現在でも、赤い色の毛氈は緋毛氈と呼ばれ、敷物として高座、茶会席、寺院の廊下に使われる。世界的にも要人の対応儀式や授賞式などにはレッド・カーペットが用いられている。

2 魚皮製衣服

魚皮利用の代表はサケである。サケの皮は食用とされるほか、靴や衣服として利用される。典型的な例がツングース系のホジェン（赫哲）族にある。かれらは四千数百人ほどが中国黒竜江省に住む。ロシアではナーナイ（Nanai）と呼ばれ、人口は一万五千人ほどでサケ・マスの河川漁撈をおこなう。ホジェン、ナーナイは魚皮製衣服を製作することで知られ、漢族や満族から「魚皮韃子（Yupidazi）」と呼ばれていた。ナーナイのほか、ニヴフ（Nivkhi：かつてのギリヤーク）や樺太アイヌも魚皮服を着用してきた。

魚皮製衣服はハレの日の特別なものであり、襟首や腰や裾まわりに赤い色布を貼りつけて刺繍で飾る。サケの皮をたたいてなめし、衣服や靴を作るのは女性の仕事であり、サケのほかにもコクチマス、ナマズ、コイ、チョウザメなどの魚皮が利用された。チョウザメの魚皮は夏服専用で、サケなどの魚皮製衣服はおもに冬服として着用された。大型のコイ科魚類であるハクレンがとれた場合、皮を剥いで乾燥する。さらにウロコを除去し、木槌でやわらかくなるまでたたく。

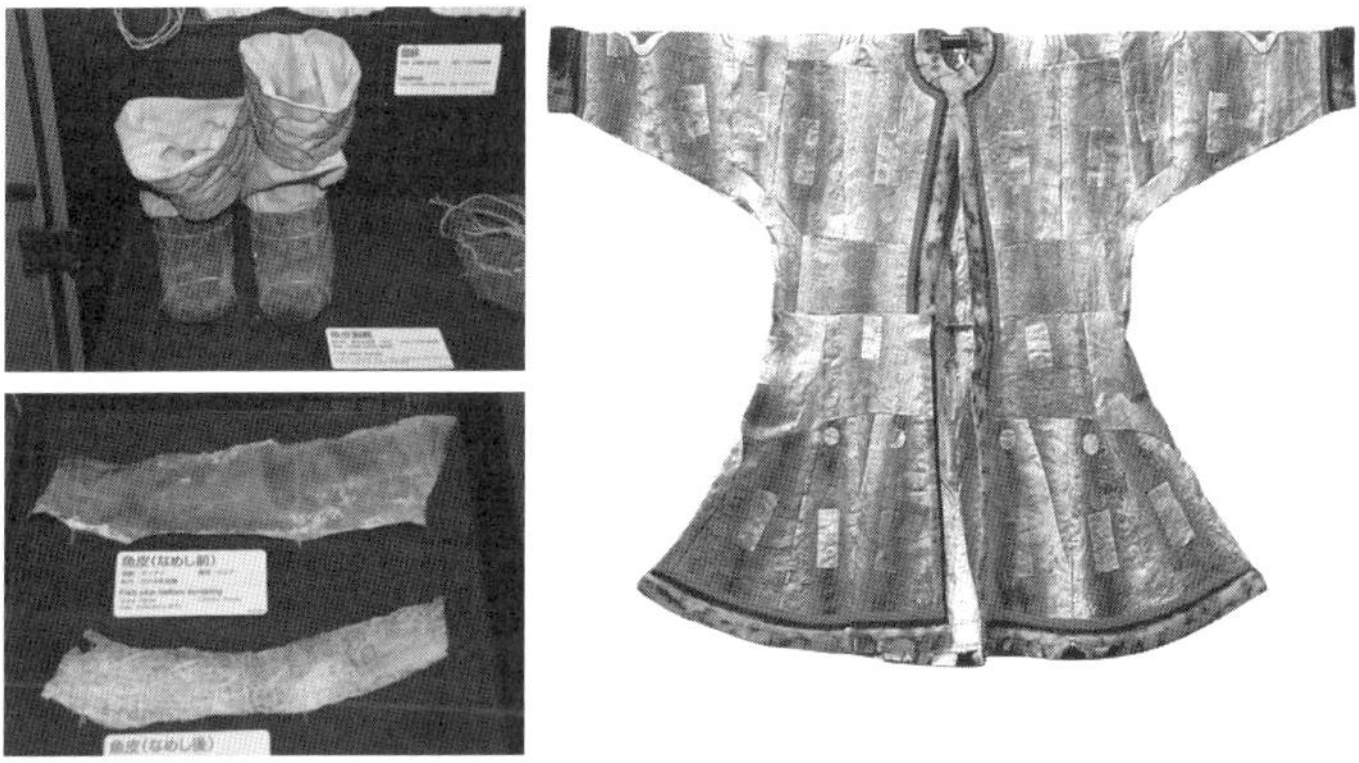

図13　魚皮の衣服・靴と魚皮のなめし前後。靴（左上）は北海道・北見市、衣服（右）はサハリン・アイヌ、魚皮（左下）はナーナイ族のもの（国立民族学博物館蔵）

これをハクレンの腱を使って縫いあわせて衣服が作られた（図13）。

北海道アイヌも、ニレ科ニレ属の高木であるオヒョウの内皮繊維を織ったアットゥシ（厚司）の上に毛皮、アザラシの皮、サケやイトウの皮製羽織を着ることがあった。この場合、サケ皮からウロコをとりさり、木槌でたたいてなめしたあと、板に張りつけて乾燥させる。国内最大の淡水魚であるイトウはアイヌ語でチライ（ciray）と呼ばれ、丈夫な皮がサケ皮とともに利用された。また、アイヌはサケ皮から作った靴を使った。これはチェップ・ケリと呼ばれ、軽くて水をはじく機能的なものであった。靴一足を作るのにサケが四本必要であり、産卵後のサケ皮は丈夫であった。また、靴底にはサケの背びれの部分が使われ、雪道での滑りどめの役目を果たした。サケ皮の靴は、お湯で温めてやわらかくしてから履きやすくし、靴底に干し草や木の皮などを保温のために入れた。

アラスカから北西海岸にかけての地域でも魚皮服が知られている。アラスカのユーコン川流域、ユピック族、ユピック系の民族が住むアラスカ半島南のコディアック島、北西海岸のトリンギット族も上着のパーカーやズボンに縫製したサケ皮の魚皮製衣服を着用した。衣服以外に、カバンや手袋も作られたが、皮をたたいてなめすほか、離乳前の新生児の尿がなめしにはよいとされていた。現在では灰汁を使う。サケ皮製の衣服は食料の欠乏したさいに、少しずつちぎって食べることもかつてあった。魚皮製衣服は防水、防風に役立つだけでなく軽量であり、もち運びにもすぐれていた。

3 皮革のなめし法

日本語では皮革というが、皮と革は区別される。皮《かわ》はなめしてないもの、革《かく》はなめしたものを指す。とくに獣の皮はレザー（leather）やハイド（hide）、ペルト（pelt）などの用語で呼ばれる。革もレザーと称されるが、皮に人工的な加工を加えたものが革である。前者を自然とすれば、後者は文化の領域に属するといえるだろう。「なめし」（鞣し）の漢字は革偏に柔の旁からなるように、皮を加工してやわらかくする工程を意味する。革は皮よりも熱に強く、腐敗しにくく、やわらかい性質をもつ。なめし法は英語でタンニング（tanning）と称されるように、植物中のタンニンを皮の成分であるコラーゲンと結合させ、耐熱性、耐酵素性、柔軟性を獲得することができた。毛皮を衣服として使う動物には、クマ、ヒョウ、キツネ、ミンク、テン、タヌキ、ウリギ、カピバラ、イヌなどがある。

皮をそのまま乾燥して衣服として利用する段階では、皮のコラーゲン成分が腐敗し、また水分が抜けてかたくなることからさまざまな工夫がなされた。たとえば、最初からタンニンが活用されたのではなく、皮を歯で咬むとか木槌でたたいて繊維を断ち切る方法、植物性・動物性の油脂を皮の表面に塗るか、煙でいぶして燻製にして皮をやわらかくし、劣化しないようにする工夫がなされた。さらに動物の脳髄を水に溶いた溶液に皮を浸す脳漿《のうしょう》なめし（ブレイン・タン：brain tan）、離乳期まえの新生児の尿や灰汁を用いる場合がある。

タンニンが大量に利用されるようになるのは一九世紀であり、英国の植民地であった東南アジアのタイ、ミャンマーなどの沿岸部に生育するマングローブが伐採され、ヨーロッパへと運ばれた[1]。マングローブの樹皮はタンニンを多くふくんでおり、タイでの調査によると、ホウガンヒルギがもっとも多くのタンニンをふくんでいることがわかっている[2]。

動物の皮を加工する技術は古くからあったと思われるが、直接の証拠はなかなかない。皮革の利用については、遺跡にのこる石器史料の集積は少ない。日本では、一九九三〜一九九五年における発掘調査により、日向林《ひなたばやし》B遺跡（長野県上水内郡信濃町）から磨製斧形《おのがた》石器や台形石器など九〇〇〇点あまりが出土した。このうち、国内最多の斧形石器六〇点のうち、三六点は刃の部分が磨かれた磨製石器である。日向林B遺跡出土の磨製石器は世界でもっとも古い。また、すでに後期旧石器時代の三万年前から、打製石器の先端部のみに磨きをかけた局部磨製石斧が出土している。このような石器は関東・中部地方を中心に六五〇点あまりがあり、樹木の伐採か動物の骨の粉砕、皮なめしなどに用いられたと推定されている。(3) 刃の部分を研いだと思われる砥石も随伴しており、鋭利な刃を使った皮剥ぎがおこなわれた可能性があり興味深い。なお、旧石器の出土年代では、岩手県上閉伊郡宮守町（現、遠野市）の金取《かなどり》遺跡で出土した石器は九万〜八万年前の火山灰層からのものである。

〈註〉

（1）Burkill, I. H.: *A dictionary of the economic products of the Malay Peninsula.* (2) (Ministry of Agriculture Malaysia, 1966).

（2）篠田義彦、萩巣雅敏、岩田悟、田島俊雄「マングローブ材の化学成分（第2報）」（『岐阜大学農学部研究報告』50：155〜165ページ　一九八五）

（3）日本第四紀学会、小野昭、春成秀爾、小田静夫編『図解・日本の人類遺跡』（東京大学出版　一九九二）

四　暮らしとたたき技術―敷物・土器・石鹸

1　マット作り

オセアニア地域にいくと、海岸部に自生するタコノキの葉を用いてさまざまな生活用品が作られていることがわかる。家屋内の床には大きなゴザが敷かれている。屋外で集会があるさいなど、人びとは小さめのゴザを丸めて持参し、集会現場でそれを敷いて座る。タコノキにはいろいろな種類があるが（タコノキ属）、いずれも葉は細長い形をしている。ゴザ以外に帆走カヌーの大型の帆から小物入れまでが手作業で作られる。男性はタバコやナイフなどをポーチの中に収納し、肩から下げてもち歩く。

ミクロネシアの隆起サンゴ礁島であるサタワル島には森の中にいくつもの小さな池がある。ふだんは水浴をする場となっているが、タコノキ（ファール：faarh）の葉を浸しておくために利用される。隆起サンゴ礁では地下にレンズ状になった水層があり、多少の塩分が混じっている。[1]

タコノキの葉の繊維をやわらかくするため、サンゴ石灰岩製の石杵が使われる。現地ではファイニポ（fayinippwo）と呼ばれ、木製・石製の台上で繊維をたたくだけでなく、調理したパンノキ

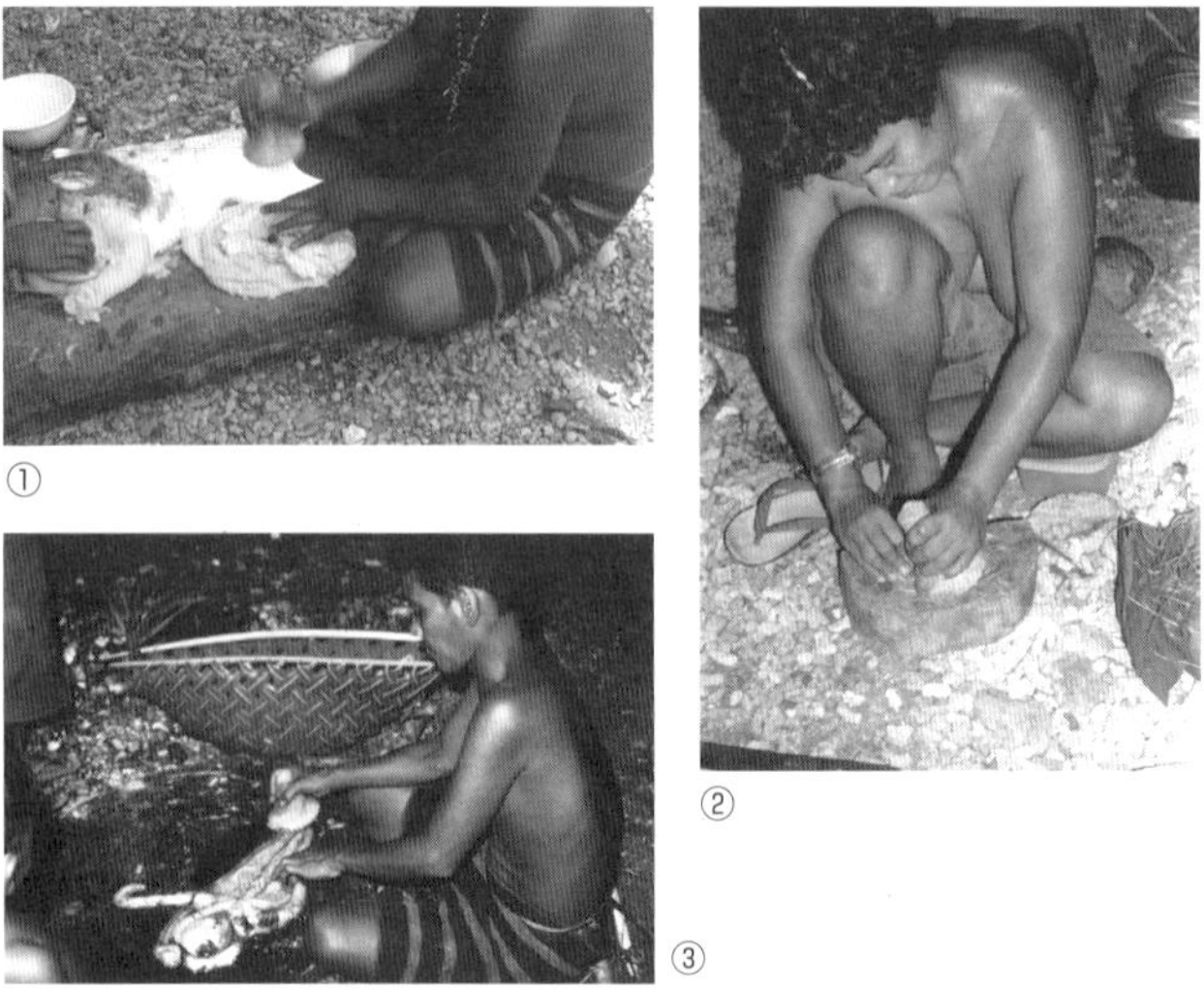

図14　サタワル島におけるたたき具、ファイニポの利用。① パンノキの実をたたく、② 薬草をたたいて準備する、③ 生のタコをたたいてやわらかくする

の実やタロイモを搗いてペースト状にするほか、タコをたたいて身をやわらかくするために用いる。さらには、植物の草や根をたたいて混ぜ、薬として使うさいにも石杵が使われる（図14）。ミクロネシアのギルバート諸島では大型のシャコガイ製のたたき具が使われる（図15）。

食物を入れる籠や帽子などにはココヤシの葉を編んで作る。繊維をたたくことはなく、新鮮な葉を編んでそのまま使う。ポリネシアのトンガではタコノキの葉製マットは実用ばかりではなく、結婚式や葬式、家屋や教会の新築祝いのさい、交換財として用いられ、イエ・トガ（ie tōga）と称される。

ニュージーランドのマオリ族が使うこ

図15　マーシャル諸島におけるシャコガイ製のたたき具、リケネン（rikenen）。タコノキの葉の繊維をたたくためのもの

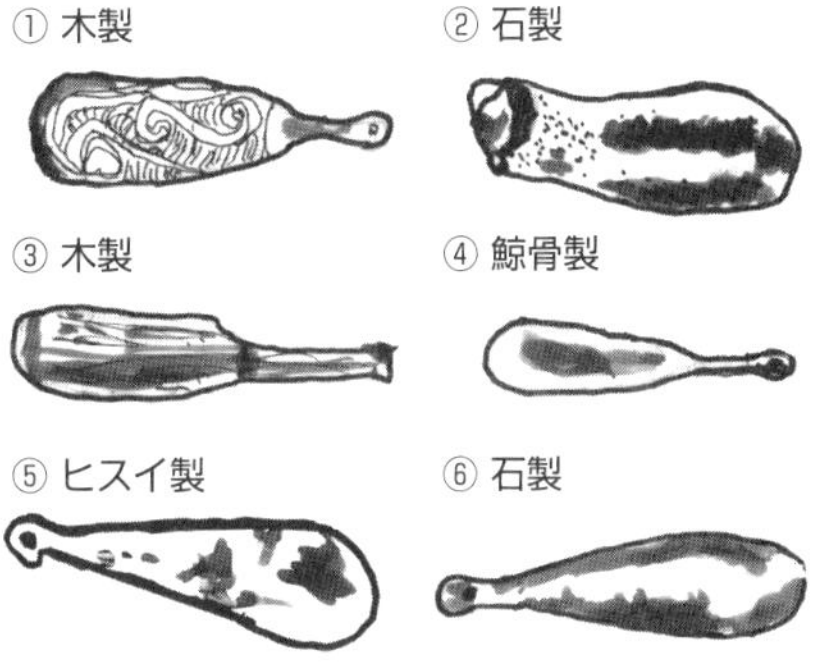

図16　ニュージーランド・マオリ族のたたき具パトゥ。① シダ地下茎たたき用（パトゥ・アルヘ）、② 亜麻たたき用（パトゥ・ムカ）、③ 戦闘用（パトゥ・タワカ）、④戦闘用（パトゥ・パラオア）、⑤戦闘用（パトゥ・ポウナム）、⑥ 戦闘用（パトゥ・オネワ）

ん棒は一般にパトゥ（patu）と呼ばれる。戦闘具として使われる石製のものはパトゥ・オネワ（patu onewa）、鯨骨製のものはパトゥ・パラオア（patu paraoa）、ヒスイ製のものはパトゥ・ポウナム（patu pounamu）、木製のものはパトゥ・タワカ（patu tawaka）と呼ばれる。非戦闘用のたたき棒には亜麻をたたいてやわらかくして編み物の材料とするパトゥ・ムカ（patu muka）、野生のシダ類の地下茎を加熱後にたたき、デンプンをとるためのパトゥ・アルヘ（patu arhe）がある。食用のためのたたき具と戦闘用のこん棒とでは形態も大きくちがっており、前者は先端部が円筒形で、後者は扁形をしており、たたきの作用が異なる（図16）。

2 畳たたきと肩たたき

日本では畳についたほこりをたたいて落とす年中行事があった。畳の目につまったほこりやゴミは意外と多い。いまではバタバタ、パタパタと畳たたきをする音は聞かれなくなったが、京都市内にある西本願寺と東本願寺では、年末の一二月二〇日にお堂の畳をたたいてほこりを落とす恒例の「おすす払い」がおこなわれる。広いお堂の中で、僧侶や門徒が並んで竹の棒で畳をたたくとほこりが舞いあがる。「おすす払い」の歴史は古く、室町時代に浄土真宗を広めた蓮如の時代から続いている。

畳たたきではないが、江戸時代には一二月一三日に江戸の町で一年の大掃除がおこなわれた。「すすはき」、「すすとり」と呼ばれ、冬の季語ともなっている。こちらはたたくのではなく、ほうきなどで天井などのすすをはらう。掃除のあとは無礼講で、庶民が鯨汁を食べて騒いだようだ。布団をたたく道具があるが、これは本来布団をたたくのではなく、畳たたきの道具である。布団をたたくと、中の綿がボロボロになって劣化することになる。

凝った肩をたたいてほぐすこともおなじみのことだ。背中側にまわって、握りこぶしで相手の肩をトントンたたくことは英語でタッピング（tapping）と称される。先が球状になったたたき具を自分で肩に押しあててたたくこともある。辞職や異動を勧告するための比喩的表現としても

「肩たたき」が使われることも周知のことだろう。

3　土器製作とたたき具

土器作りのさいに、平たい板で粘土の表面をたたいて土器を成形することがあり、ふつう「たたき技法」（敲打法《こうだ》）と称される。たたき技法は、須恵器の隆盛する古墳時代中期の五世紀中葉以降、ふつうにおこなわれていた。大阪府南部の丘陵地帯にある陶邑窯跡群《すえむらようしぐん》では登り窯で須恵器が大量に焼成された。土器自体は粘土を手捻り、ないし粘土ひもを巻きあげる方法で作られるが、たたき板とあて具で土器の表面をたたいて成形された。たたき板は土器の表面をたたくための平たい木の板で、粘土の空気を出すとともに、形を整えるために使う。このたたき板にはたたき目が刻まれており、平行線、格子、格子状のものがある。あて具は先端がゴルフクラブのようになっており、同心円状の模様が彫りこまれたものがある。これを土器の内側にあてて押さえ、外側からたたき板をあて、厚さを整える。すると、土器の表面にはたたき板の模様が、内側にはあて具の模様がのこることになる。土器の表面にたたいた痕跡がないような場合でも、よく見るとあとで削りとったためにあまりのこらないこともある。

古墳時代以前の弥生時代にも奈良県唐子・鍵遺跡から木製のたたき棒が出土している。形態はボートのオール状で、たたきの面には溝がついている。この溝は木の板が粘土にひっつくのをふせぐためのものである。類似の溝は樹皮布をたたく道具にも刻まれているが、こちらは繊維を切断するためのものである。

弥生時代と古墳時代の中間的な特徴をもつ土器が大阪府豊中市から発掘された。これが庄内式土器であり、三世紀前半（二〇〇～二五〇年）ごろに相当する。庄内式土器のなかでも煮炊き用の甕形土器は刻み目のついた木の板でたたいて整形されている。[2] たたき目に細かい特徴があり、しかも土器の厚さが薄く削られている。甕形土器の底部は平底でなく尖っており、火力を直接受けやすいような構造になっている。こうした特徴をもつ土器は古墳時代へと継承されていく。

ロクロの普及する前段階では、たたき技法は重要な土器製作上の技術であり、遠く離れた九州熊本における玉名平野条里跡の弥生時代後期中葉～後葉期の層序から、土器面の内外器面ともハケ目のみで仕上げ、内器面にわずかに指頭圧痕をのこすものや器面調整に横位のたたきを有する台付甕が出土している。畿内で弥生後期中葉以降に盛行する「第Ｖ様式甕」の調整技法が全国的なひろがりのなかで熊本にももたらされ、古墳時代後期以降、とくに大型の甕を製作するさいに使われた。[3] このたたき技法は、現在でも中国、韓国や東南アジアのタイやラオス、ミャンマーなどにおける土器製作村でも継承され、たたき板とあて具の存在が証左となっている。

4　石鹸の利用

植物のなかには種子や根茎をたたき砕いて水と混ぜると発泡性の液が浸出するものがある。こうした植物は、シャンプーや石鹸として使われてきた。日本ではエゴノキ科のエゴノキやムクロジ科のムクロジの果皮を砕いた液が洗濯用に使われた。サイカチはマメ科サイカチ属の植物で、マメの莢を水につけて手で揉むと泡立つ。絹織物などは洗剤で傷むことがあるのでサイカチの莢を煮出して使った。こうした植物性の洗剤は、陰イオン性で弱アルカリ性の石鹸とは異なり、中性かつ非イオン性の有用な洗剤とされた。

マメ科植物のモダマ（藻玉）は屋久島以南に分布する（図17）。モダマはつる性で長く横に生え、長さが一メートルに達する大型の莢をもつ。莢の中には長径が四〜五センチの世界でもっとも大きな種子を九〜十数個もつ。この種子を石で砕いて水と混ぜる。モダマにはサポニンが多くふくまれており、シャンプーとして重宝される。フィリピンではグゴ（Gugo）と呼ばれ、乾燥した茎を水と混ぜてたたいて泡立たせ、石鹸の代わりとする。モダマは中央アメリカでもシャンプーや洗剤として使われている。

図17　モダマ。奄美大島の安木屋場《あんきやば》海岸部に漂着したもの

ヨーロッパではサボンソウやワラビ、北米のソープリリーなど、サポニンを多くふくむ植物が利用される。ソープリリーは根茎を削って洗髪に使うほか、接着剤となる。根茎はカリフォルニア・インディアンのミウォク族が加熱して冬場の食料とするほか、消毒・リューマチに外用し、利尿薬ともなる。リュウゼツラン科のユッカ属植物の果実、種、花、根は北米先住民によって食用や薬用に利用された。樹液は洗剤とされたほか、葉や茎の繊維は衣料や日用品に加工された。

このほか、ヨーロッパではセイヨウトチノキの実を洗剤として使った。かつて、トチの実はフランスやスイスで麻や亜麻、絹、羊毛などを脱色するために使われた。六リットルの水に二〇個ぶんのトチの実の皮をむいて入れたのちに乾燥し、石臼で挽いてリンネルや毛織物などの洗濯に使われた。セイヨウトチノキはフランスでマロニエ（marronnier）と呼ばれる。

アフリカのサヘル地帯にはアカテツ科のシアーバターノキが分布している。種子を煮つめて殻をたたき割り、中の胚の部分からシアーバター（shea butter）を抽出し、石鹸を作る。シアーバターノキの種子は臼と木槌で女性たちにより搗き砕かれ、ペースト状にした後、水を加えて手で練る。乳化した脂肪分をとりだし、弱火で加熱し、たたくように混ぜてホイップ状にし、これを何度もろ過すると、シアーバターの液体が得られる。シアーバターは融点が高いので常温では固形であるが、熱を加えると液体となる。シアーバター生産は西アフリカにおける貧困撲滅や生活向上ためのプログラムが実施され、重要な輸出品となっている。(4) シアーバターは、石鹸のほか、化粧品、保湿剤、日焼けどめとして広く利用されている。

アイヌの人びとはナマコを切って水と混ぜ、泡立ててシャンプーとして利用したが、現代ではコラーゲン、サポニン、保湿成分のセラミドをふくむナマコ石鹸が販売されている。マレーシアでもナマコの成分を生かしたナマコ石鹸が美容によい洗顔料として土産で売られている。なお、アイヌ語でウタ（uta）は、「マナマコ」[5]、あるいは穀物を臼に入れて杵で「搗く」[6]ことを表す。ナマコと搗くことの関連性は不明である。

最後にサポニンを多くふくむ植物の科名をあげておく。このなかには、ヒガンバナ科、ヒルガオ科、ヤマノイモ科、シソ科、サガリバナ科、ユリ科、マチン科、センダン科、ツヅラフジ科、マメ科、ナス科、ムクロジ科、アカテツ科、ゴマノハグサ科、クマツヅラ科などがふくまれる。サポニンをふくむ植物は洗剤としてだけでなく、魚毒、生薬、あるいはアク抜きをして食用ともされた[7]。

〈註〉

（1）Fosberg, R. F.: Plants on Satawal Island, Caroline Islands. (*Atoll Research Bulletin* No.132, 1969).

（2）高野陽子「山城の庄内甕をめぐる二、三の問題」（『京都府埋蔵文化財論集』第6集：81～92ページ　二〇一〇）。中山千夏、佐古和枝「新春特別企画　サコチナの土器鑑賞会　これであなたも土器メキキ！　第4回　弥生編」『あんなこんなそんなおんな　昔昔のその昔』(http://onnagumi.jp/annakonna03/dai274kai.html)

（3）熊本県教育委員会『玉名平野条里跡（古閑前地区）　九州新幹線建設工事に伴う埋蔵文化財発掘調査報告』（熊本県文化

財調査報告第261集　二〇一一）

（4）中曽根勝重「西アフリカ・サバンナ地域におけるシアーバター生産の現状と課題」（『熱帯農業』49：9～10ページ　二〇〇五）

（5）知里真志保「ウタ」「ナマコ」（『分類アイヌ語辞典』知里真志保著作集〈別巻一〉79 234～235ページ　平凡社　一九七六）

（6）萱野茂「ウタ」（『萱野茂のアイヌ語辞典』110ページ　三省堂　一九九六）。田村すず子「ut（ウタ）」（『アイヌ語沙流方言辞典』791ページ　草風館　一九九六）

（7）堀田満、新田あや、柳宗民、緒方健、星川清親、山崎耕宇編『世界有用植物事典』（平凡社　一九八九）

Ⅳ 殺しと毒——たたき棒と矢毒・魚毒

一　たたき殺しと動物の愛護

動物を殺す技法として、一撃で対象をたたいて死に至らしめることや、毒矢で短時間で殺傷する矢毒猟、植物の有毒成分を木の棒でたたいて水中に浸出させ、魚を麻痺させてとる魚毒漁などがおこなわれてきた。矢毒を準備する段階でも、いくつもの種類の植物や動物をたたいて抽出した有毒成分を混合する方法もよく見られる。本章では魚毒・矢毒に注目してたたきの技法を洗いだしてみたい。

1　動物の殺しをめぐって

われわれ人間は野生・家畜を問わず、動物の命をいただいてみずからの生を永らえてきた。ブタやウシなどの家畜を殺す場合、ふつう頭部に打撃を加える。私はパプアニューギニアの高地周縁部で、ブタの心臓めがけて至近距離から弓を射る方法を見た。弓矢は狩猟用に使うのとおなじもので、矢の先端部は鋭利に尖った竹が使われていた。弓矢で心臓を射る行為はたたきとは異なる。

動物を殺すさいの道具はさまざまである。以下に見るように、撲殺行為を残酷と受けとめるかどうかは、生命倫理や動物愛護の問題でもある。しかも、動物を殺したあと、その動物にどのような対処をするかは動物観、生命観ともかかわってくる。

動物といっても、大型のクジラやゾウなどの哺乳類から魚や鳥、虫や貝類までさまざまである。動物を殺すさいにわれわれが抱く思いも対象によって一様ではないだろう。現代日本でスズメバチは食用とされるが、そのハチを大量に殺して食用としたことから虫を供養するいとなみがある。岐阜県恵那市の串原でおこなわれた「スズメバチ供養搭」の供養祭に参加したことがあるが、スズメバチを供養する意味は当事者しかわからない。江戸時代に伊勢国藩主の増山鉄斎は虫の写生図を数多くのこしている。鉄斎は虫を写生のためにたくさん犠牲にしたことから、死んだ虫を弔うために供養碑を建立するようにといいのこした。その遺言どおり、「蟲塚」が作られ、東京上野の寛永寺にその碑がのこされている。[1] ここでは議論を整理して、人間が食べる対象を殺す場合に限定して考えよう。

2　動物愛護論と人道的な殺戮

動物をたたき殺す場合、たいていは頭部をねらって撲殺する。ウミガメとイヌの場合について

図1　アオウミガメの頭部を木の棒でたたいて撲殺する（中央カロリン諸島・サタワル島）

とりあげよう。一九八〇年に中央カロリン諸島のサタワル島で調査をおこなったさい、島の男たちは産卵のために離島であるウェストファーユ島の砂浜に上陸してきたアオウミガメ四頭を生けどりにして、サタワル島にもち帰った。ウミガメは生きたままあおむけの状態で砂浜におかれ、動かなくなるまでこん棒で頭部に何度も打撃が加えられた（図1）。ウミガメはかたい甲羅をもっており、心臓に鋭利なナイフや銛を打ちこむことは容易でない。集められた薪木に火をつけ、腹甲をその火で焼いて、焼けるとナイフを腹甲の外縁部に差しいれてはずす。つぎに、中の内臓や血液、卵などをとりだし、集団で分配する作業がおこなわれた。

島で祭りがあったさい、ご馳走を作るため、家畜として飼われているイヌが犠牲になった。若者たちがイヌを追いかけると、イヌは危険を察知してか逃げまわる。若者が手に手にこん棒をもっているのがわかるのだろう。不運にも胴体を押さえつけられ、やはり頭部をめがけてこん棒が打ちおろされた。浜で火が焚かれ、イヌが黒焦げ状態になると、少年が浜辺で腹を開いて内臓を海に流して洗浄し、その肉は分配された。動物の肉を自給用の食料とする人間にとり、たたいて殺す行為は日常のあたりまえの行為なのだろうか。

動物愛護の精神から特定の動物の調理法にまで政治が介入することがある。たとえば、オーストラリアではエビ、カニなどの無脊椎動物を「残酷な」方法で殺すことを禁じる法令が施行された。動物福祉法が一九九三年に法制化され、二〇〇六年には「オーストラリアにおける魚類の福祉にたいする取り決め見直し」に関する最終報告が提出された。魚類以外の水産無脊椎動物として、タコ、イカ、コウイカなどの頭足類、ロブスター、クレイフィッシュ（ザリガニ）、カニ、エビが福祉の対象としてあげられている。そして、これらの動物が痛み、損傷、被害などの非人道的な扱いを受けないように対処すべきとしている。これらの動物の非人道的扱いには、殺すさいに（1）引き裂く、（2）突き刺す、（3）冷蔵する、（4）茹でる、（5）海水の炭酸ガス濃度をあげる、（6）海産動物を淡水中に入れる、（7）薬物による麻酔などがあげられている。ただし、これらの動物は中枢神経系が未発達であり、以上述べた方法で即死することはない。その結果、苦痛が長引くことになるので、電気ショックを用いて短時間内に殺す方法も提案されている[2]。

ここで、クジラについて考えておきたい。長崎県五島列島の福江島にある三井楽《みいらく》の浜に大量のイルカが迷走してきたさい、沖に逃がそうとしたが息絶え絶えになったため安楽死させようとしてこん棒でたたき殺す場面が海外メディアに報道され、残虐な日本人への非難がとりあげられた。和歌山県太地町では、イルカの群れを小さな湾に追いこむさいに残酷な扱いをしたとする場面を盗撮した映画『ザ・コーヴ』（小さな湾）の上映をめぐって大きな議論がまきおこった。デンマーク領のフェロー諸島でも、数百年以上の伝統をもつゴンドウクジラの追いこみ漁が索餌のためにこの周辺海域に回遊してくる五～一〇月におこなわれる。海岸に追いこんだクジラの頭部と頸部をたたき、首を切って脊髄をナイフで切る。そのため、海岸の浅瀬は真っ赤に染まる。イルカ・クジラのように中枢神経の発達した動物には神経系の切断が有効であろう。あるいは頭頂部への打撃で即死させる。イルカやクジラを人間の友人と見なし、あるいは可愛い動物と考える立場の人にとり、クジラの殺戮は人道的の意味もない。

国際捕鯨委員会（ＩＷＣ）のなかでも、「人道的な殺戮」についての議論があった。人道的な殺戮は英語でヒューメイン・キリング（humane killing）と呼ぶ。哺乳類の鯨類を人道的に殺戮するには、なるべく短時間で死に至らしめるのが最良であろう。日本は一九八〇年代に新型の爆発銛（ペンスライト）を開発し、人道的殺戮にむけて最大限の努力を払ってきた。この方法は一九八三年に開催された第三五回国際捕鯨委員会で高く評価された。ペンスライト爆発銛を用いたミンククジラの捕殺時間は、南氷洋において平均二分二四秒、沿岸域において平均一分一四秒であった。

家畜を殺す場合は、さらに短時間で死に至らしめることになるが、家畜として飼育されるなかで人間に拘束される時間が数年以上にも達することを考えれば、野生動物と家畜動物の死に関して人道性をどう考えるかは決して単純な問題ではない。

〈註〉

（1）岡田真美子、中峰空「伊勢長島藩第五代藩主 増山正賢（雪斎）の『虫豸帖』と生命観に関する考察」（『兵庫県立大学環境人間学部研究報告』13：73〜76ページ　二〇一一）

（2）YUE, S.: The welfare of crustaceans at slaughter. (*A Humane Society of the United States* 1–10, 2011). 秋道智彌「海藻食の多様性と人類」（『Vesta』107：46〜57ページ　二〇一七）

二　サケのたたき棒をめぐって

1　サケたたき棒の歴史と民俗

二〇一五年の冬、新潟県下でサケ漁の民俗学的な調査をしている菅豊（東京大学東洋文化研究所）らと三面《みおもて》川のサケ漁を見にいった。三面川は朝日連峰に発する河川で村上市を貫流し、日本海にそそぐ。下流部には簗《やな》があり、遡上する産卵群のサケを捕獲して孵化事業にまわす。三面川では江戸時代中期の一八世紀中葉に地元村上藩の青砥武平次《あおとぶへいじ》がサケの保護を目的とする種川制度を提案し、サケの産卵場を造成する事業を進めたことで知られている。三面川に分流を設け、遡上するサケを誘導して人工的に産卵場を作り、サケの漁獲量を飛躍的に増進することに成功した(1)。

三面川では、秋から初冬に川を遡上するサケを簗でとめ、川べりの生け簀に誘導する。タモ網ですくいあげたサケは河岸に敷かれた青いビニールシートの上におかれる。ピチピチと跳ねるサケ

図2　サケを棒でたたき殺す。新潟県村上市・三面川下流部

の頭を漁業組合の人が片手にもったたたき棒でたたく（図２）。動かなくなったサケはただちに小型トラックに積まれ、孵化場へと運ばれていく。

岩手県中部の大槌町でも大槌川を遡上するサケをとり、孵化場の前でサケの尾をもち、棒で頭をたたく（図３）。先述した新潟県の三面川における種川制度はのちの一八〇六（文化三）年に、隣接する出羽国庄内藩が月光《がっこう》川水系の滝淵川と牛渡《うしわたり》川で導入した。月光川の支流、牛渡川は鳥海山に発する小河川であるが、周囲には小山崎遺跡があり、縄文時代から長期、人びとが居住した場所として注目されている[2]。この遺跡からすぐ近い場所に箕輪《みのわ》鮭生産組合がある。川を遡上するサケを生け簀に誘導しそのサケを網ですくい、台の上においてたたき棒で頭をたたき、死に至らしめる。庄内藩の時代から種川制度が導入されたこととともに、海面変化で海や河川の状況は現代とは異なるものの、縄文時代から牛渡川流域に居住していた人びとがサケに依存した暮

図３　サケを棒でたたき殺す。岩手県大槌町の孵化場

図４　山形県遊佐町・牛渡川の箕輪鮭生産組合におけるサケたたき棒

らしをいとなんでいたことが想定される。牛渡川の箕輪で使用されていたサケたたき棒はカシ製であり、握りの部分は野球のバットのようにグリップがつけられている（図4）。

江戸時代中期、谷元旦《げんたん》（島田）は幕府の命を受けて蝦夷地の調査紀行をおこなった。蝦夷地各地を見聞するなかで各地の風俗、習慣、物質文化を記録したのが『蝦夷器具図式』であり、そのなかで「打魚槌図」としてたたき棒が図解されている。対象の魚は記載されていないが、サケ用のたたき具と思われる。

二〇〇二（平成一四）年九月に石狩川支流の琴似発寒川《ことにはっさむがわ》筋にある縄文時代中期末（約四〇〇〇年前）の石狩紅葉山49号遺跡から魚たたき棒と思われる木製品が出土した。この遺物は全長五一センチ、太さ二・五〜四センチのもので、グリップがある。グリップの部分は幅一一センチにわたり、焼いた後に削られて細くなった痕跡が認められた。縄文時代の遺物と近世アイヌのたたき棒は酷似しているといえるが、ただちに縄文人がアイヌの人びとであったとするのは短絡であろう。しかし、石狩紅葉山49号遺跡は縄文中期の遺構であり、石狩川支流の発寒川の氾濫原にある。簗と思われる遺構も見つかっており、川を遡上するサケが利用されたことは確実である。

現代アイヌ社会でもサケ漁ではマレク（銛）を使うほか、テシ（留め）、ウライ（簗）漁などがおこなわれていたが、いずれの場合も最終的にはサケの頭部をたたく棒が使用されており、「イサパキクニ（サケたたき棒）」と呼ばれている。イサパキクニは特別な道具として扱われ、材料もアイヌがイナウ（御幣）やイクパスイ（捧酒箆）などに用いる神聖な木であるヤナギ（アイヌ語でスス）やミズキ（アイヌ語でウトゥカンニ）を削って作られた。たたき棒の長さは四〇センチくらいで、握り部分を少し削りとっただけのもので、うまくサケがとれるとそのたたき棒を引きつづき使った。イサパキクニは、送りの儀礼で使われるイナウと同様に神への贈り物としての意味をもっていた。このことは、サケを撲殺するさいに「イナウコル、イナウコル（イナウをおもち、イノッをおもち）」ということばを唱えることからも明らかである。

腐った古い木や石で魚をたたくと魚神が怒って、その川でサケがとれなくなるとされていた。サケは人間に食べられても、その霊は神の国にお土産としてたたき棒をもって帰るとアイヌの人びとは考えていた。サケの霊がイナウを口にくわえて神の国（カムイモシリ）にもどり、神に人間世界（アイヌモシリ）で丁重に扱われたことを告げる。神はそれを受けて翌年もサケを人間世界に送りとどける。熊送りのイオマンテ儀礼やクジラの霊を送るフンペ・サパアミノ儀礼でも何種類ものイナウが作られ、送りの儀礼で使われる(3)。

2　たたき棒の比較民俗

サケ漁では、初漁のさいに特別な儀式をおこなう民族が多い。漁撈のはじまる時期に集落全体として豊漁（猟）を祈願する儀礼や、回遊魚はそれらを支配する「神」あるいは「主」が人間世界に贈ってくれたものとする観念が北方の採集狩猟民社会に広く見られる。北米の北西海岸の住民にとり、サケは「サケの国に住む人」であり、この世の人間がとったサケは正しい取り扱いによってふたたびよみがえり、「サケの国」から再訪すると考えられてきた。

サケたたき棒は樺太、カムチャツカ半島、アムール川流域、アラスカ、北米の北西海岸に居住する諸民族でも知られている。網走にある北海道北方民族博物館の渡部裕によると、カムチャツカ半島の海岸コリヤーク族は夏から秋にかけてのサケ漁やサケを求めて河口に来遊するゴマフアザラシ、アゴヒゲアザラシ、シロイルカなどの海獣狩猟をおもな生業としている。かれらはカラフトマスとシロザケを簗や刺し網で一冬分捕獲する。アザラシはこん棒や網、銛などで捕獲されたが、後には銃が使われるようになった[4]。

興味あることに、米国ワシントン州からカナダのバンクーバー島周辺の先住民はサケだけでなくオヒョウやタラをたたいて殺す殺魚棒をもつ。日本のサケたたき棒にはほとんど彫刻をほどこしたものはないが、北西海岸先住民の使うたたき棒にはたたく部分に精巧な

図5　北西海岸におけるサケたたき棒。① コロンビア川、② トリンギット族

彫刻が刻まれている（図5）。そのなかには、アシカ、トド、ラッコ、シャチなどをデザイン化したものがある。これらの海生哺乳類は魚の捕食者でもあり、たたき棒に力が与えられると考えられていた。トリンギット（Tlingit）族、ハイダ（Haida）族、クワックワッカ・ワク（Kwakwaka'wakw）族の社会では、意匠化された彫刻をほどこしたたたき棒が顕著に見られる。

たたき棒はサケだけでなく、オヒョウ、アザラシ、ラッコなどを殺すさいにも使用された[5]。たたき棒は木製のものがほとんどであるが、アラスカ南部やベーリング海のイヌイットは、セイウチや化石化したアザラシの陰茎骨から作った細長いたたき棒を用いた。

北米・北西海岸の先住民のあいだでは、サケは人間の親戚にあたり、サケの国に住む人間と見なされている。かれらは、サケの王の指令で人間世界にサケに扮装してやってくる。人間がサケを捕獲し、儀礼を通じて正しく取り扱うことでサケが再生し、つぎの年もサケの国からふたたび人間世界にやってくると考えられてきた。沿岸域に居住するサリッシュ（Coastal Salish）族は、大きなベニザケを「サケの王」と位置づけており、ベニザケが回遊してきたさいにサケの初漁儀礼をおこなう[5]。

アザラシ猟は、現在、デンマーク、カナダ、米国、ナミビア、アイスランド、ノルウェー、ロシア、フィンランド、スウェーデン、グリーンランド（デンマーク領）でおこなわれている。狩猟には銃器のほか、伝統的なたたき具のハカパイク（hakapike）やこん棒が用いられてきた。ハカパイクは長い木の棒の先に金属製のたたき具をとりつけたもので、やや曲がった長いほうが一四センチ以内、短いほうが一・三センチと決められている（図6）。この道具でアザラシの頭部をたたいて死に至らしめる方法が効率よく、人道的な殺戮にもなるうえ、毛皮を傷つけないと考えられている。アザラシには何種類もいるが、前述のアザラシ猟ではタテゴトアザラシが対象となり、肉はソーセージに加工され、脂肪は石鹸、脚びれはゼラチン、骨や内臓は肥料の原料に、毛皮は手袋、長靴、カバンなどの皮製品に加工された。

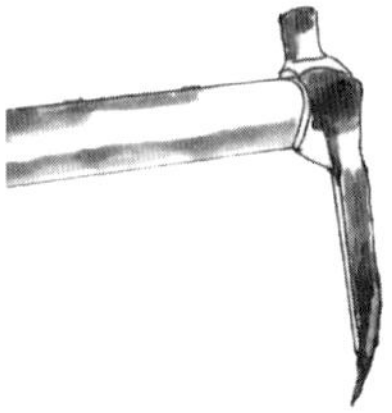

図6　アザラシ猟には銃器のほか、こん棒やたたき部分が金属製のハカパイクが用いられる。ハカパイクの長さは105〜153cmの制限がある

3　サケの大助・小助

東北日本では、サケをめぐる信仰や儀礼がたいへん広く分布している。もちろん、北海道のアイヌの場合もそうだ。本州で注目すべきは、サケを王ないし主と見なす発想の存在である。サケの王や主は「サケの大助《おおすけ》・小助《こすけ》」と呼ばれる。サケの大助・小助は毎年決まった日に川を遡上するとされている。この民間伝承については、民俗学の分野で多くの蓄積がある。(6)

サケの大助・小助の伝承はとくに青森県から山形県・新潟県に至る日本海側の河川流域各地で報告されている。サケの大助・小助についてはさまざまなバージョンがあるが、重要な点は以下の二項目である。

⑴サケの儀礼的禁漁

サケの遡上ないし遡下する時期に儀礼的な禁漁日があり、旧暦の一〇月二〇日ないし一一月一五日とされている。この背景に、サケに対する畏敬の念とその逆にサケの思惑にそむくとたたりを受けるとする観念が漁民にあった。サケは河川を遡上するさいに、「サケの大助、いま通る」と唱えながら河川を遡上する。サケの大助の声を聞いたものは急死するか数日以内に死ぬと恐れられていた。サケが遡上する日、流域のサケ漁師は太鼓や鉦をたたき、モチを搗いて大声を出し、あるいはその声を聞かないように家に引きこもり、川にいくことをひかえた。

最上川流域では、サケが「サケの大助いま下る」と言いながら川を下るとされ、大助の声を聞くと不漁となり、災いが起こると考えられた。川漁師の人びとは、川原に小屋をたて、酒を飲んで大声で歌をうたい、サケの大助の声を聞かないようにした。サケの大助と小助が声を張りあげ、「大助・小助、いま上る」とするバージョンもあり、大助と小助はサケの夫婦と見なされていた。信濃川河口部の沼垂《ぬったり》村では、漁を休む旧暦の一一月一五日の前夜、大助が村の長者の夢枕にあらわれ、翌日、漁をしないでくれと懇願した。長者はかまわず漁に出たが、大助・小助を捕獲できず、最後にはサケの呪いによって没落した。[7] 沼垂は阿賀野川と信濃川の合流する河口部にあり、沼垂をふくむ王瀬地区にはサケの大助・小助に関連した王瀬長者伝説が色濃くのこされている。

民族学者の大林太良は、日本ではサケの終漁時に儀礼的な禁漁がおこなわれた特徴があり、北海道アイヌや北米の北西海岸における先住民社会では、初漁時に儀礼がおこなわれる顕著なちがいのあることを指摘した。[8] 新潟県民俗学会の高橋郁子は、サケをトーテムとするアイヌ民族を裏切った和人の没落という脈絡でサケの大助と王瀬長者伝説をとらえている。[9] サケの大助・小助の声を聞くと死に至るとか災禍に見舞われるとされていたことは、サケが人間とおなじように霊魂をもつものとするアニミズム的な観念の存在を示している。

(2) サケの供犠と供養

日本民俗学の菅豊は新潟県村上市（かつての岩船郡山北町）を流れる大川で調査をおこない、サケをめぐる儀礼的ないとなみに考察を加えた。大川流域のサケ漁師は、初漁時のサケを「ハツナ」、つまり「最初の魚」と呼ぶ。ハツナは家の中にあるエビス神の祭壇の前に供え、まな板に敷いた稲藁の上で解体される。血まみれになった稲藁は終漁期の大助・小助の当日、自分の漁場に持参して流される。そして、来年の豊漁を祈願する。菅によると、サケの頭をたたいて絶命させるとき、「エビス！」と叫ぶ。たたき棒のことは「エビス棒」と現地で呼ばれる。サケ漁師はサケを殺す行為を「恵比寿様に供えるためのものでしかたがない」と吐露している。

殺生はうしろめたさ、慚愧の念をともなう。その罪悪感を払しょくするための行為はふつう供養、回向として位置づけられてきた。つまり、供養は追善行為、メモリアル・サービスにほかならない。しかし、大川のサケ漁師はたたき殺す行為を神への供物を準備するためと位置づけており、これは供養ではなく供犠であると菅は明言している(10)。現にサケを撲殺するさい、サケ漁師が「エビス！」と声を発することにサクリファイス（sacrifice）の意義がはっきりと示されている。

大川のサケ漁師がサケに霊のあることを認めているかどうかは明らかでない。ふつう供養では、魚霊と記した位牌を作る。しかし、大川では血みどろの稲藁を川にもっていき、それを流してサケの回帰を願う。この行為は、アイヌの送り儀礼と相通じる面があり、北西海岸における初漁儀礼でサケの内臓を川に流すと、そこからサケの生命が再生するとする儀礼的な行為に類似している。

かつて秋田県・雄物川沿いの農家は、堆肥を増産するための草刈舟をもっていた。サケが上る季節になると、この舟を利用してサケを一軒あたり二〇尾ほどとった。このサケがとれだすと、村ではエビス講がはじまり、とれたてのサケの胸びれを神に供えた。農作業を手伝ってもらった人を招いて、サケ料理などで豊作祝いをやった。のこりのサケは、腹を割って塩をかませ、樽に漬け、重石をして塩鮭を作った。

以上、本州北部におけるサケの王である「サケの大助・小助」の伝承や、豊漁の神であるエビス信仰とのかかわり、アイヌや北西海岸の先住民における初漁儀礼など、人間とサケの多様なかかわりが明らかとなった。サケの頭をたたく棒はカムチャツカ半島やアムール川流域、アイヌやニブフ、北西海岸インディアンにおいて知られており、たたき棒がサケの再生儀礼としての意味を与えられていた。本州東北地方のエビス棒も初源的にはその意味が付与されていたのではないだろうか。

〈註〉

（1）横川健『三面川の鮭』（朝日新聞社　二〇〇五）
（2）遊佐町教育委員会『小山崎遺跡発掘調査報告書　総括編』（遊佐町教育委員会　二〇一七）
（3）萱野茂『五つの心臓を持った神　アイヌの神作りと送り』（小峰書店　二〇〇三）。財団法人アイヌ文化振興・研究推進機構『アイヌ生活文化再現マニュアル イオマンテ 熊の霊送り　儀礼編』（財団法人アイヌ文化振興・研究推進機構　二〇〇五）
（4）北海道立北方民族博物館編『環北太平洋の環境と文化』（北海道大学出版会　二〇〇六）。北海道立北方民族博物館編『神の魚・サケ　北方民族と日本　第14回特別展』（北海道立北方民族博物館　一九九九）。北海道立北方民族博物館編『コリヤーク　ツンドラの開拓者たち　第21回特別展』（北海道立北方民族博物館　二〇〇六）
（5）Gunther, E.: An analysis of the first salmon ceremony. (*American Anthropologist* 28: 605–617, 1926). Gunter, E.: *A Further*

Analysis of the First Salmon Ceremony. (University of Washington Press, 1928).

（6）矢野憲一『魚の民俗』（雄山閣　一九八一）。矢野憲一『魚の文化史』（講談社　二〇一六）。大林太良「北太平洋地域の神話と儀礼における鮭」（『北の人 文化と宗教』第一書房　141～160ページ　一九九七）。野口一雄「鮭の大助の語るもの」（『東北民俗学研究』6：19～31ページ　一九九八）。野村敬子『真室川の昔話』（桜楓社　一九八一）、大友義助『山形県最上地方の伝説』（東北出版企画　一九九六）。岡千曲「「サケの大助」拾遺」（『相模女子大学紀要A人文・社会系』69：43～59ページ　二〇〇五）

（7）前掲（6）の大林太良におなじ。神野義治「鮭の精霊とエビス信仰　藁人形のフォークロア」（『日本民俗文化資料集成』19：532～349ページ　三一書房　一九九六）。菅豊「鮭をめぐる民俗的世界　北方文化に見られる死と再生のモデル」（『日本民俗文化資料集成』19：350～367ページ　三一書房　一九九六）。駒込林二「動物を犠牲にする土俗」（『生贄と人柱の民俗学』批評社、218～230ページ　一九九八）。藤沢美雄『岩手の妖怪物語』（トリョーコム　一九八六）

（8）大林太良「漁民の生業と民俗」（大林太良編『日本民俗文化体系5　山民と海人』425～433ページ　小学館　一九八三）。大林太良『海の道 海の民』（小学館　一九九六）

（9）高橋郁子「鮭の大助と王瀬長者の伝説」（新潟市平成12年度郷土史講座　二〇〇〇）

（10）菅豊「反・供養論　動物を「殺す」ことは罪か？」（秋道智彌編『日本の環境思想　人文知からの問い』225～248ページ　岩波書店　二〇一二）

三　毒とたたき技法

1　魚毒漁

植物の有毒成分をたたいて抽出して水中に流し、魚を麻痺させてとる漁法が魚毒漁である。英語ではポイズン・フィッシング（poison fishing）と称する。魚毒自体はフィッシュ・トキシン（fish toxins）、あるいはイクチオトキシン（icthyotoxins）ないしピスシサイド（piscicides）と呼ばれる。また、人間が食べると中毒を起こす魚は毒魚であり、フグ毒、シガテラ毒のほか、パリトキシン、マイオトキシンなどの猛毒成分をもつ魚が知られている。[1]魚毒漁では、植物の細胞膜をたたきつぶし、有毒成分を水中に拡散する。

(1)魚毒漁の分布

世界中の魚毒漁と魚毒植物について、網羅的な研究をおこなったのはR・F・ハイザーである。[2]魚毒漁は、採集狩猟民や農耕民、漁撈民の社会で広範に見られる。しかも、魚毒漁は淡水域の湿地やクリーク、河川・湖沼だけでなく、サンゴ礁の浅瀬でもおこなわれている。東南アジア・オセアニアでは淡水域と海域、中東・インド・ヒマラヤやアマゾン、アフリカ、北米では淡水域に魚毒漁のセンターが存在する。琉球列島をふくむ日本では、内陸の河川・湖沼で魚毒漁がおこなわれた。

魚毒漁は稚魚までも殺すことになるので現在では法律によって禁止漁法とされる国ぐにが多い。以前にもヨーロッパでローマ皇帝フリードリヒ二世は一二一二年、魚毒植物の利用を禁じている。一五世紀までにも魚毒漁禁止令がヨーロッパ諸国で発令されており、それだけ魚をとるのに有効な漁法であった。

ハイザー以降も魚毒漁の研究は進んできたが、かれは世界規模での網羅的な研究をおこなった点で注目すべきだ。ハイザーは当時の米国で大きな学派であった伝播主義（diffusionism）に傾倒しており、起源地を設定してそこから伝播したとする説を大きな論拠としている。魚毒漁の分布についていえば、個々の地域に自生する植物を魚毒として利用する、おなじないし類似の植物を見出して魚毒として利用する、新規に新しい植物を使う場合や、人間が人為的に魚毒植物を運んで魚毒漁を伝播させた場合もある。人間の技術が他地域に影響を与えるかどうかは、その技術の受け入れやすさの程度による。魚毒漁は植物をたたいて有毒成分を水に拡散させる行為であり、特殊な技術はほとんど必要ない。

ハイザーの示した魚毒漁の分布から、大きく七つの魚毒漁文化圏を想定することができる。第

表1　ハイザーによる魚毒植物の地域別種数の分布

（Heizer 1953）をもとに作成

大地域	小地域／国の数	魚毒植物の種数（重複をふくむ）
南インド・インドネシア	40	149
オセアニア	18	40
ヨーロッパ・北アジア	20	49
東アジア*	5	10
アフリカ	24	56
オーストラリア	4	34
カリフォルニア	17	36
アンチール	7	22
グアテマラ・メキシコ・米国北東部	26	42**
南米	16	88
	177	526

*：北中国、南中国、中国、日本、台湾の5地域　**：同定不明1種

一はヨーロッパであり、ほぼ全域に広がっている。第二はアフリカ大陸で、サハラ以南のコンゴ川を中心とする熱帯雨林帯が相当する。第三は中東からインド亜大陸を経て、東南アジア、中国、日本に至る領域である。第四は、オーストラリア中央部の砂漠地帯をのぞき、北東部のクインズランド中心に広がる地域である。第五はオセアニアで、ミクロネシア、メラネシア、ポリネシアにまんべんなく分布している。第六は北米・中米でカリフォルニア、ミシシッピ川以西、カリブ海、メソアメリカのメキシコに広がっている。最後は南米であり、アマゾン川を中心とした熱帯地域に広く分布している。ただし、ハイザーの論文中にある地域別の魚毒植物の分布に関する表では世界を一〇に分けて記載している（表1）。この表に記載された魚毒植物の種数を見ると、いくつかの特徴がわかる。すなわち、大地域で見る

と、南インドからインドネシア（マレーシアをふくむ）で魚毒植物の種数がもっとも多く（一四九）、ついで南米（八八）、アフリカ（五六）となっている。ただし、ハイザー以降に情報がかなり多く蓄積されており、のちにふれるようにアフリカでも三二五種との報告がある。数の多少は別として、魚毒植物が世界で広く利用されていることは明らかである。

分布の欠落している地域がいくつもある。たとえば、トルコとヨーロッパのあいだは空白となっている。しかし、紀元前四世紀、古代ギリシャのアリストテレスによる『動物誌』には魚毒のことがすでに記載されており、古代ローマ時代の一世紀、大プリニウスの著した『博物誌』にも記述があり、古代ギリシャ・ローマと中東地域は文化的にもつながっていた。

緯度からすると、北緯・南緯四〇度よりも高緯度で魚毒漁はほとんど分布しない。アフリカのサハラ砂漠、オーストラリアの中央砂漠、北米のグレートベーズンなどの砂漠地帯では水の利用可能性が低く、魚類の分布もかぎられている。また、アラスカから北西海岸にまったく魚毒漁が分布しない。このことから、ハイザーは新大陸の魚毒漁は独自に生まれたもので、旧大陸の連続的な分布とは一線を画すると結論づけている。

以上の議論は、魚毒漁のある・なしに依拠した考察である。しかし、多様な種類の魚毒植物があり、おなじ地域でも高地と低地、河川流域と沿岸部のサンゴ礁など生態学的な条件は多様である。これらのことから、魚毒植物の種類に着目した考察は不可欠であろう。

(2)魚毒植物の多様性

魚毒用の植物はたいへん多様であり、おもなものでもマメ科のデリス属、サガリバナ科、ツヅラフジ科、タデ科、トベラ科、トウダイグサ科、ヤブコウジ科、カキ科、クマツヅラ科、オトギリソウ科、ビヤクブ科などがふくまれる。マレーシアでは七〇種類もの魚毒植物が知られている[3]。日本の本土では魚毒植物はかぎられるが、沖縄では淡水域やサンゴ礁で多様な植物を利用して魚毒漁がおこなわれてきた[4]。

魚毒漁に使用される植物の部位も多様であり、根、枝、樹皮、種子、葉、乳液と種類ごとに異なっている。なお、魚毒植物で麻痺した魚をそのまま調理して食べても人間が中毒症状を呈することはない。自然の植物でなく、シアン化合物(青酸ソーダ)を用いた破壊的な漁法が東南アジア地域などで見られるが、この場合もサンゴ礁海域の多くの生物を死に至らしめるのでその使用が厳禁されている。

2 デリスとサガリバナ

魚毒植物の代表例として、東南アジアからオセアニア地域で多用されるマメ科のデリス属とサガリバナ科サガリバナ属についてとりあげよう[5]。魚毒植物にはさまざまな有毒成分がふくまれている。ここでとりあげるデリス属以外にもテフロシア属、ロンコカルプス属の根や茎にふくまれるロテノン（rotenone）が有毒となる。一方、サガリバナ属の植物はサポニンを多くふくんでいる。

⑴デリス属

デリス属の魚毒植物には、トバ、タチトバ、シイノキカズラの三種が知られている。いずれも、根の部分が使われる。デリス属の植物は東南アジアからニューギニア、ソロモン諸島、ヴァヌアツを経てフィジー、ポリネシアまでの地域で広く魚毒として使われている。しかも、ボルネオなどでデリス属をさすトゥバ（tuba）という名称がフィジーあたりまで分布している。

ところが、フィジー以東のサモア、トンガ、ニウエなどのポリネシアの島じまではトゥパではなく、アヴァ・ニウキニ（ava niukini）ないしカヴァ・ニウキニ（kava niukini）と称される（以下、カヴァと称する）。カヴァはポリネシアで嗜好飲料とされるコショウ科植物を指す。カヴァの根を石を使って砕き、水と混ぜた「カヴァ酒」が儀礼やもてなしの宴会などで飲まれる。デリスも植物の根の部分を砕いて使う刺激臭のある植物であり、両者は用法も類似している。ニウキニはニューギニアのことで、デリスがニューギニア方面から導入されたことを示している。

デリスが太平洋に広く拡散した背景は何か。一九世紀、東南アジアからオセアニア地域ではオランダ、英国、ドイツ、フランスなどによる植民地経営がおこなわれた。そのなかで、ココヤシは油料作物として大規模なプランテーション農園が沿岸部を中心に造成された。ところが、ココヤシの害虫をふせぐ必要があり、デリス属植物が殺虫剤として広範に用いられた。デリスの拡散はココヤシ農園の拡大とも軌を一にするものであった。

ハワイ諸島でカヴァのことはアワ（awa）と称される。ハワイ諸島では伝統的にアウフフ（auhuhu）と呼ばれるテフロシア属の植物とアキア（akia）と呼ばれるジンチョウゲ科の植物が魚毒漁（ホラ：hola）に使用されてきた。[6] さらに、イプ・アワアワ（ipu awaawa）と呼ばれるカボチャも使うとする報告もある。魚毒としての効力からすると、アウフフがアキアよりも圧倒的によいとされている。また、J・F・G・ストークスの論文では、一九世紀にハワイで植生調査をおこなったW・ヒレブラントがハワイ諸島でアワを魚毒として使うとする説を引用し、これはサメにアワ植物を与えてサメの神を作るハワイの儀礼的な行為から推測したもので、実際はアワを魚毒として使うことはないとしている。

アウフフを用いて魚毒漁をおこなうさいには、石や石製たたき具を使って植物体から毒成分を浸出させて、川やサンゴ礁のタイドプールにその植物を入れると、数分して麻痺した魚が浮かんでくる。それを手づかみするか、タモ網ですくいとる。ストークスはとれる魚についての事例を報告している。二回分の作業で合計一二六尾の魚を回収している。魚種は原著ではハワイ語で表

表2　ハワイのホナウマウ（Honaumau）における魚毒漁の捕獲魚種
（Stokes 1921）をもとに作成

魚種・ハワイ語（和名）	1回目*	2回目*
Aeaea（ベラ）	5	—
Aholehole（ユゴイ）	18	—
Alaihi（イットウダイ）	25	1
Aloiloi（スズメダイ）	2	—
Kikakapu（チョウチョウウオ）	5	—
Kupipi（スズメダイ）	3	—
Mamo（スズメダイ）	2	—
Manini（ニザダイ）	—	2
Olua（ニザダイ）	10	20
Numu（ヤガラ）	1	1
Palemo（ブダイ幼魚）	3	2
Pauu（マツカサウオ）	—	1
Puawowo（ソトイワシ幼魚）	1	—
Puhi wela（ウツボ）	3	10
Puhi uha kalakoa（ウツボ）	1	3
Puhi paka（ウツボ）	—	1
Upapalu（テンジクダイ）	5	—
U'u（マツカサウオ）	1	—
	85	41

＊：数量（尾）

記されているが調べると表2のようになる。漁獲物を見ると、イットウダイ、スズメダイなどのサンゴ礁の小型魚が多く、大きさが示されていないがウツボの仲間が大きめの漁獲物と思われる。なお、ハワイ語の魚名はM・ティトコムの書を参考にした[7]。

(2) サガリバナ属

サガリバナ属のゴバンノアシの場合は、碁盤の脚の形をした一辺一〇センチくらいの方形の大型種子を砕いて使う。インド洋から太平洋の熱帯海岸部に広く自生する木本植物で、砂浜の海岸部に見られる（図

7)。種子は海上を漂流し、拡散する。日本では八重山諸島に分布する。注意すべきは、広域に分布するゴバンノアシを魚毒として利用する地域と利用しない地域があることだ。ポリネシアでは魚毒として使う地域が多い。またソロモン諸島、ヴァヌアツ、グアム、パラオでも使われているが、ミクロネシアのカロリン諸島ではチューク諸島(トラック)とナモヌク環礁をのぞき、利用の報告がない。マーシャル諸島でも報告がない。使わない地域のうち、ポリネシアのトケラウ諸島ではゴバンノアシに死霊が棲むから利用しないという。台湾の蘭嶼に住むヤミ(タオ)族も禁忌としているがその理由

図7　ゴバンノアシ

は不明であった。

ゴバンノアシと同属のサガリバナも種子にサポニンをふくんでいるので、魚毒漁に利用される。ただし、現地では魚毒漁のためだけでなく薬としてこの植物を使う。この点はⅥ章でふれよう。

このほか、種子から採取した油は灯火用に、幹の樹皮や根にはタンニンが多くふくまれるので、地元では植物繊維や金属の媒染に使われる。樹皮からは縄も作られる。また、ミカンアブラムシの駆除に有効とされている。幹は建材や調度品、船材、家具、農具などに向いており、東南

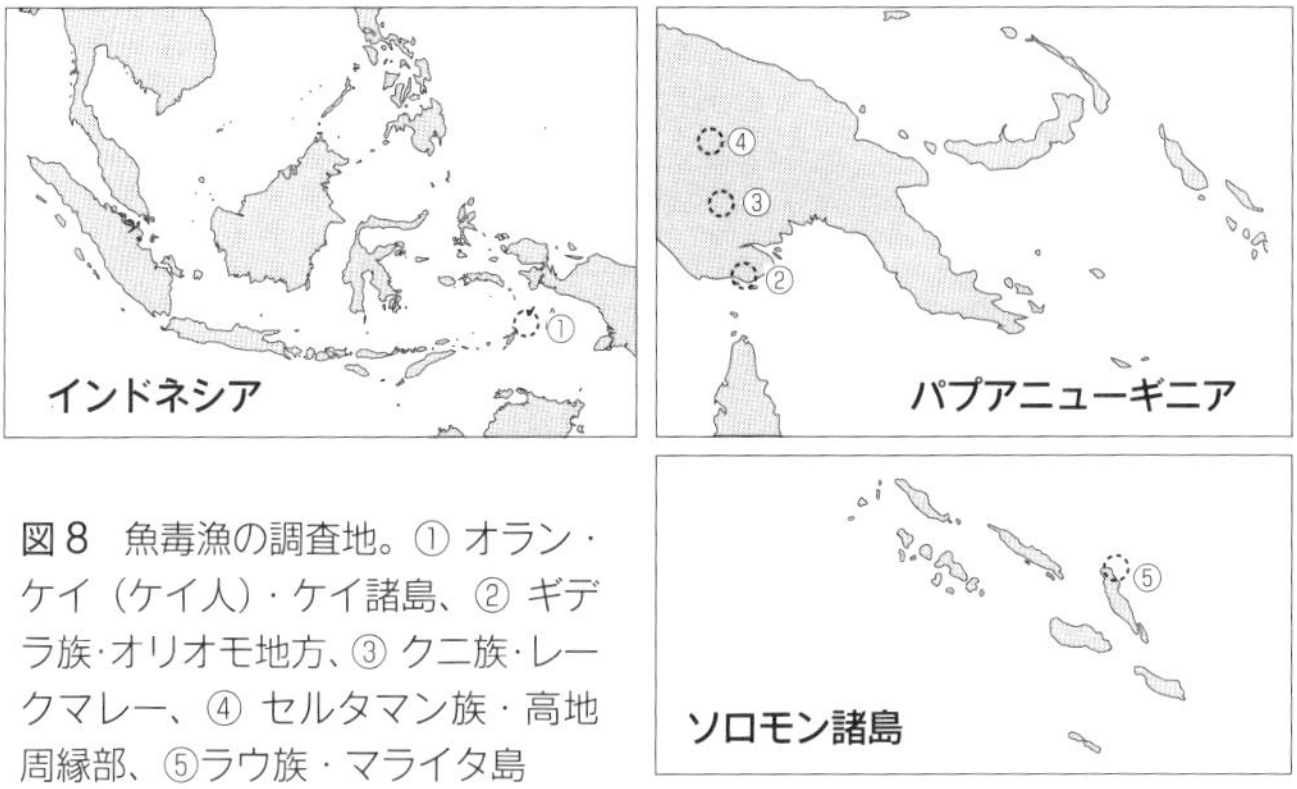

図８　魚毒漁の調査地。① オラン・ケイ（ケイ人）・ケイ諸島、② ギデラ族・オリオモ地方、③ クニ族・レークマレー、④ セルタマン族・高地周縁部、⑤ラウ族・マライタ島

アジアではコメを搗く木杵や燃料源としても使われる。

3　魚毒とたたき棒

どのような道具で魚毒成分を植物から抽出するのか。実際に見た例から紹介してみよう。とりあげるのは、パプアニューギニアの西部州低地に住むギデラ（Gidra）族、熱帯湖沼でパプアニューギニア最大の湖であるレークマレー湖沿岸域のクニ（Kuni）族、そして海抜一二〇〇メートルのいわゆるハイランド・フリンジ（Highland Fringe）地帯に住むセルタマン（Seltaman）族、ソロモン諸島マライタ島北東部のラウ・ラグーンに人工島を造って居住するラウ（Lau）族、インドネシア東部ケイ諸島のケイ・ブサール島ボンベイ村の住民オラン・ケイ（Orang Kai）の五例である（図8）。

⑴ギデラ族

ギデラ族のうち、トレス海峡にそそぐビナトゥリ川中流域にあるウメ村では乾季にスワンプやクリークで魚毒漁が集団でおこなわれる。参加するのは若者の年齢集団であるケワル（男性）とガムガイウォグラ（女性）である（図9）。この地域ではデリス属の植物の根が利用される。[8] デリス属植物はサディ（sadi）と呼ばれる。

クリークではサディの根と枝の束を倒木の上において、太い木の棒でたたいて、デリスの成分を浸出させ、水に入れて有毒成分が溶けだすように攪拌する。たたき棒は特定の道具ではなく、適当な太さの木の棒が用いられる。なお、この地域には石や岩石は存在しない。せいぜい、アリ塚の土壌を木とともに燃やして蒸し焼き料理に使う程度である。

図9　デリス属植物を使った乾季のスワンプにおける魚毒漁（パプアニューギニア・西部州のギデラ族）

(2)クニ族

フライ川の上流部にあるレークマレー（マレー湖）は面積約六四七平方キロメートル、海抜高度五九メートルにある低地の熱帯湖で、パプアニューギニアで最大の湖である。周囲にはベグワ、クニなどの民族が居住し、湖面での漁撈・採集とサゴヤシ・デンプンの採集と狩猟をおもな生業とし、農耕はほとんどおこなわれていない。広大な湖面でデリス属植物を使って魚毒漁がおこなわれる。その場合、くりぬきカヌーで湖面に出て、デリスの根を束にしたものをカヌーの舷側に固定し、木の棒でたたいてそのまま水中に根を入れ、浸出した液を拡散させる。止水域ではあるが広い湖面なので単独でおこなうかぎりあまり効果はないといえるかもしれない。魚毒漁でナマズやコイ科魚類などを漁獲するが、ふつうはナイロン網を使った刺し網漁がおこなわれる。

図10　つる性植物を石でたたき、水を加えて岩盤の斜面下の堰に液をため、一気に外して魚毒を川に流す（パプアニューギニア・高地周縁部のセルタマン族）

(3)セルタマン族

セルタマン族は海抜一二〇〇メートルの尾根筋に住

図11　サンゴ礁の浅瀬の岩の下にデリス属植物を差しこんで（右）、中に潜む魚を大型のタモ網（カヌー内にある）ですくいとる（左）（ソロモン諸島・マライタ島のラウ族）

む焼畑農耕民である。タロイモやサツマイモを栽培し、周囲の森で狩猟・採集をおこない、村ではブタが放し飼いにされている。セルタマンは谷筋の小河川横にある傾斜のある岩盤を利用して、同定不明の魚毒植物を石でたたき、その液を岩盤の下部に作られた堰にため、一気に堰を外して魚毒液を川に流す。太い竹筒に水を入れ、魚毒植物をたたいた部分に注いで液を下部にためる。実見した例でとれたのはナマズ一尾だけであった（図10）。

(4)ラウ族

ソロモン諸島マライタ島の北東部にあるラウ・ラグーンでは、ラウと呼ばれる漁撈民がサンゴ礁のラグーン浅瀬で魚毒漁をおこなう。デリス属植物の枝をサンゴ石灰岩でたたいて液を浸出させ、その枝をサンゴの岩穴に突っこんで中に潜んでいる魚をとる（図

11)。この漁法はクスクス・フォウ（kusukusu fou）と呼ばれる。クスクスは「突っこむ」、フォウは「サンゴ石灰岩」を指す。また、魚毒植物を使う漁法は一般にウカラー（ukalaa）と呼ばれる。ウカは「魚毒植物」を指す(9)。

(5)オラン・ケイ（ケイ人）

インドネシア東部マルク州ケイ諸島にあるケイ・ブサール島のアラフラ海に面する東部沿岸域では、デリス属植物を束にして浜にある石でたたき、その液をサンゴ礁の浅瀬のくぼみに入れて魚をとっていた。とれた魚はスズメダイを中心としたサンゴ礁の小型魚が五～六尾であった（図12）。

図12　デリス属植物の茎を束にしたものを石でたたき、毒成分を浸出させて魚をとる（インドネシア・マルク州のケイ諸島）

4　日本の魚毒漁

ここで、日本でおこなわれていた在来の魚毒漁について確認しておこう。現在、日本で魚毒漁は「水産資源保護法」（一九五一年施行）によって禁止漁法とされているが、かつては農山村で広くおこなわれていた。用いられた植物は地域ごとに異なっており、伝承としてのこされている。魚毒漁には、木灰、サンショウ、オニグルミ、エゴノキ、サイカチ、ヤナギタデなどが利用されたと思われる。いずれも河川や湖沼を中心に使用された。

(1)サンショウ

サンショウはその果皮をむいて乾燥したものを臼で搗き砕く。砕いた粉末にその七割程度の木灰を混ぜて袋に入れておく。これを川や池の水に入れて手で揉みほぐす。これゆえに「毒もみ」と宮城県などで呼ばれる。サンショウの果皮にはサンショオールという成分がふくまれており、魚を麻痺させる。魚毒漁は毒流し、アメ流し（秋田）、根流し（福島）、イズベーシィ（沖縄）などと呼ばれた。

秋田県の渓流部に住むマタギの人びとは魚毒漁を「アメ流し」と呼んだ。大正時代の話だが、魚毒漁は集落共同で一〇〇人以上が参加しておこなわれた。トコロが魚毒として使われ、袋に入れ足で踏んで毒を川に流し、マスヤス（サクラマスを突き刺すヤス）でマスをとった。マスだけでなく、アユ、ヤマメ、カジカ、ハヤなども浮いたが、やはりマスを中心に漁獲されたようだ。魚毒として用いられたトコロはヤマノイモの仲間で、オニドコロを指すと思われる。トコロ以外にサンショウやクルミも使われた。サンショウの場合、樹皮を乾燥したあと、杵で搗き砕き、同量の木灰を混ぜて木綿の袋に入れ、川に流した。渓流での漁であろうか、水で揉むと濃い茶色の液が沢に流れ、イワナがつぎつぎと浮いてきた。サンショウの粉を作る作業は共同でおこなわれた。また、魚毒漁は子どもの遊びでもあった。クルミの葉を河原石でたたくと赤茶色の液が出てくる。これを川に流すとカジカが浮いてきた。とれた魚は枝に刺してもち帰った。また、サンショウの樹皮と石灰を大釜で煮つめて、これをたたき砕き、団子状にしたものを川の土手にある岩陰などに入れるとウナギがとれることがあった。(10)

(2) オニグルミ

秋田で子どもたちが魚毒漁に使ったクルミはオニグルミであり、葉や樹皮には多量のタンニンやユグロン、ヒドロユグロンがふくまれている。石川県の手取川源流部の山村でも、かつてオニグルミやトチなどの実の皮が魚毒漁に使われた。(11) どのようにして皮が加工されたのかが言及されていないのは残念である。岩手県北部の安家《あっか》村で調査をした岡恵介は「生活用材として利用する野生植物と利用法」に関する論文の表6の中で、サンショウの樹皮やクルミの実の外皮が利用されたとしている。(12) また、クルミの殻は便所に入れてウジを殺すためにも使われたようだ。

(3) エゴノキ

エゴノキはエゴノキ科の落葉小高木であり、若い果実にはサポニンをふくんでおり、かつては種子を砕いて魚毒として使われた。また、サポニン成分をふくんでいるので泡立てて、洗濯に用いられた。ただし、魚毒としてはサンショウほど強力な効果がない。細い幹は火であぶって曲げ、背負い籠の枠や輪かんじきとして利用された。

(4) ツバキ

搾油で出るツバキの油粕は川上から流して、川魚、タニシ、川エビなどを麻痺させて捕獲する魚毒漁に使われた。

5 沖縄のイズベーシィ

イズベーシィは沖縄の魚毒漁のことで「ササ入れ」とも呼ばれた。イズは「魚」、ベーシィは「酔わす」、ササは「魚毒植物」のことを指す。沖縄では、サンゴ礁魚類のなかでバラハタやサザナミハギのように食べると中毒を起こすサンゴ礁魚類が知られている。中毒症状はシガテラ毒やその他の中毒物質によるものであるが、漁民はこうした魚を食べて発症する中毒症状はめまいや吐き気をともなうことから「酔う」と称する。沖縄では河川や池などの淡水域とともに、サンゴ礁の浅瀬でも魚毒漁がおこなわれていた。この点は本州における魚毒漁が河川や湖沼だけでおこなわれていた事情とは異なっている。では琉球列島でどのような植物が利用されたのか。

(1)イジュ

イジュはツバキ科ヒメツバキ属の高木で、奄美大島以南の琉球列島に分布する（図13）。イジュの樹皮にはサポニンが多くふくまれており、樹皮を剥がして乾燥し、石や杵でたたき砕いて細粉状にする。干潮時、これをサンゴ礁の浅瀬の潮だまりなどに投入して浮いてくる魚をとった[13]。奄美大島南部にある瀬戸内町ではイジュの樹皮を集めて袋につめて川にもっていき、足で踏んで樹皮の成分を浸出させ、ウナギをとった。

図13　琉球の魚毒植物、ツバキ科のイジュ（奄美大島・龍郷町赤木名）

(2)ミフクラギ

ミフクラギは、インド洋のセイシェル諸島から太平洋のポリネシアまで広く熱帯から亜熱帯のマングローブ地帯を中心に生育するキョウチクトウ科の常緑亜高木で、別名でオキナワキョウチクトウと呼ばれる。植物体は全体にわたり有毒とされており、その毒成分はアルカロイドの配糖体である。未熟な果実の傷の部分にふれた手で目をこするだけで腫れることから「目脹ラ木」（ミフクラギ）と称され、これが和名となった。インドでは近縁種のオオミフクラギは毒殺や自殺に用いられることから「自殺の木」（suicide tree）と呼ばれる。オセアニアのマルケサス諸島では果実が自殺用に使われた報告がある。ハワイでもこの植物の有毒性から、「自殺用のリンゴ」（suicide apple）の名がある。古代にこの植物の樹液は動物の狩猟に用いられたようだ。インドのケララ地方では一九八九〜一九九九年の間にオオミフクラギを使った毒殺が五〇〇件以上あったという。沖縄ではこの植物が毒性をもつことを看板などで周知徹底している。

(3) ルリハコベ

ルリハコベはサクラソウ科の草本で、これを石でたたいてサンゴ礁の浅瀬の潮だまりなどに入れて小魚を麻痺させる。奄美諸島ではササグサ、ミミジンクサ（与論島）、ミジクサ、ミズウサ（沖永良部島）、ミジクサ（奄美大島）、ムジクサ（徳之島）、ササ（喜界島）などと呼ばれる。宮古諸島ではミズフサ（伊良部島、宮古島久松）、イズゥターバス（大神島）、ミーンナあるいはカサミンナ（沖縄）、ワンクヮビーナ（沖縄島国頭）、サクルンムナ（久米島）などの地方名がある。ミジクサ、ミズフサなどは海で用いる草の意味である。イズゥターバスは、「魚」を示すイズゥと、ターバスは「酔わせる」の意味の用語である。(14)

(4)リュウキュウガキ

リュウキュウガキの果実、樹皮、花などにナフトキノン類がふくまれており、果実にふくまれるナフトキノン誘導体のなかでもとくにプルンバギンが強い毒性をもつ。この性質を利用して魚毒として使われてきた。リュウキュウガキは沖縄方言でクルボーないしガガ、八重山ではガーキないしガーノキ（ガーナキ）と称された。食べるとえぐく、とても食用とはならない。フタバガキ属の果実は食用とされるものであってもタンニンを多くふくむものがある。魚毒漁に使うものがそれだけタンニンが多いわけではない。

(5)雨乞いと魚毒漁

琉球における魚毒植物はまだまだあるだろうが、重要な点をここで指摘しておきたい。それは魚毒漁が雨乞い儀礼の一環としておこなわれたことである。石垣島の白保では、イジョウ（イジュ）の皮を剥いで臼で搗いた粉末を水に流して魚をとった。この粉末はシイサーと現地で呼ばれ、集団的な魚毒漁がおこなわれた。そのさい、家々ごとに一斗ないし一斗五升ずつ供出し、臼保の北にある轟川（トドロキガーラ）の上流で川に流す「シイサー入れ」がおこなわれた。魚毒によって魚やエビが水面に浮かびあがり、村人はこれをとって食した。しかし、かなりの魚は川底に沈み、数日後に腐敗して異臭を発した。これに対して龍神が怒り、大雨を降らせて洪水を起こし、川をきれいにした。龍神を怒らせて雨をもたらす儀礼の一環として魚毒漁がいとなまれたわけである。同様な儀礼的な魚毒漁は、石垣島北部にある伊原間《いばるま》でもおこなわれた。村から臼を担いでホーラカーラ（大浦川）の上流までいき、周辺に生育しているガーナキ（リュウキュウガキ）の実をとって杵でたたいてつぶしたものを川に流した。これを「カーラキジャシ」と呼んだ。これは「川を荒らす、かき乱す」の意味である。[15]

6　世界の魚毒植物

大陸別におもな魚毒植物の利用について整理しておこう。

(1) 北米

トチノキ科植物の赤い種子を砕き、ゆるやかな河川に流して魚をとる。カリフォルニアの多くの先住民（ラシック、ルイセノ、ユキ、ヨクト、チルラ、ワイラキ、ミウォク、カト、マトレ、ノムラキ、ニシナム）はヒヤシンス科植物の根を細かく砕き、水に流した。サポニンの効果で魚が浮いた。

黒グルミの樹皮・種子の外皮を使う諸族（カトーバ、チェロキー、デラウェア）、スイカズラ科植物の根を使う諸族（ユチ、クリーク）、ヨウシュヤマゴボウの果実を使うチェロキー族、ノウゼンカズラ科植物の葉を使う中部海岸のカリフォルニア・インディアンのほか、カリフォルニア・トチノキの種子、ヒヤシンス科植物の根茎、キョウチクトウ科植物の葉・茎、ヨウシュヤマゴボウの葉、テンナンショウ属の葉、野生のキウリの種子などが利用された(16)。

(2) 中南米

メキシコではリュウゼツラン属の葉、ベネズエラではムクロジ属の果実、ムクロジ科植物の種子、エクアドルではテオフラスタ科植物の樹皮・根を使う。バルバスコ（barbasco）と通称される魚毒植物には、樹皮を使うナンバンクサフジの仲間や、根を使うロンコカーブスの仲間がある。オラクス科の植物の場合は樹皮を使う。ブラジルではトウダイグサ属の葉を使う。南米産のサガリバナ科植物の根の皮をたたいてつぶし、水と混ぜると水は黒くなる。マメ科インドカリン属のものは樹皮を砕いて使う。ゴマノハグサ科のビロードモウズイカの葉と種子はロテノンをふくんでいる。[16]

(3)太平洋諸島

クック諸島のラロトンガ島、タヒチのモーレア島では、ゴバンノアシの種子・葉を使う。ハワイ諸島では、アウフフ（'auhuhu）と称されるテフロシア属の根や樹皮を用いるほか、アオガンピ属の根・樹皮・葉が使われ、エキァ（'ākia）と呼ばれる。[16]

(4)オーストラリア

ナス科のズボイシア属植物の葉、コマツナギ属の葉・果実、ゴバンノアシの種子・葉、サガリバナの種子・葉、アカシア属の葉、サガリバナの仲間の種子・葉などがあるほか、サポニンをふくむムクロジ科植物の葉や樹皮をたたいて水中に流して魚毒とする。[16]

(5)インド

クロヨナの種子、ツヅラフジ科のアナミルタの種子、キョウチクトウ科のトウワタの根のほか、オラクス科はインド中部のゴンディ（Gondi）族がもっともよく使う魚毒植物で、夏季の暑い日、乾燥した葉を粉状にしたもの一キロほどを深さ一・五メートルの池に入れてかき混ぜると魚が浮いてくる。トウダイグサ科のクレイスタントゥス属植物は南インドで若芽を石の上で水を加えてたたき、ペースト状になったものを水中に入れる。茎は歯磨きに、葉は穀類の保存に、材木は燃料としても使う。ウルシ科植物の果実を砕いて水と混ぜて使う。オオホザキアヤメ科植物の根の部分を砕いて水と混ぜる。アカテツ科植物の種子から食用油を搾油したのこりのカスを煮だしたものを魚毒用に使う。アカネ科植物の樹皮も魚毒として使われる。[17]

図14　熱帯アフリカの漁撈・焼畑農耕民のバクウェレ族による魚毒漁の準備。樹皮をたたく（撮影・大石高典）

(6)アフリカ

熱帯アフリカでは水量の減じる渇水期の河川や季節湖沼で魚毒漁がさかんにおこなわれる。カメルーンで調査をしている大石高典によると、熱帯アフリカにおける魚毒漁用の植物は七一科一八三属三二五種におよぶという。このなかには、マメ亜科、トウダイグサ科、アカネ科、ネムノキ科のものがふくまれる。[18]中南部アフリカではマメ科のブバと称されるテフロシア属植物を魚毒用の実のために栽培しているという。[19]ただし、ケニアではこの植物は病虫害の軽減、土壌の肥沃化にも適した有用植物とされている。とくに家畜の皮膚に寄生するダニを駆除するため、葉を砕いて水と混ぜ、家畜に塗りつける薬とする。この用法はもともとマーサイ族・サンブル族により知られていた。もちろん、この植物の種子はフィッシュ・ポイズン・ビーン（fish-poison-bean）と称されるように、魚毒としても利用される。ケニア政府は、海洋生物保全のために沿岸部に近い地域での栽培を禁止している。

一方、熱帯雨林地帯では魚毒植物はたいてい野生植物である。カメルーンの漁撈・焼畑農耕民バクウェレ（Bakwele）族が用いるセンダン科のモンゴンボは、漁のまえにこの木の幹を即製の砧状の木槌で樹皮ごとたたいて、樹液がしみた繊維がほぐれるようにする[20]（図14）。

〈註〉

（1）秋道智彌「海藻食の多様性と人類」（『Vesta』107：46～57ページ　二〇一七）
（2）Heizer, R. F.: Aboriginal fish poisons. *(Bureau of American Ethnology Bulletin 151, Anthropological Papers* 38, 1953).
（3）河津一儀「東南アジアにおける魚毒植物とその有効成分」（『東南アジア研究』5（1）：166～170ページ　一九六七）
（4）森巌「沖縄産魚毒植物成分の研究（4）イジュ（*Schima liukiuensis* NAKAI）サポニンに就いて」（『琉球大学文理学部紀要　理学篇』9：22～27ページ　一九六六）
（5）秋道智彌「魚毒漁の分布と系譜」（吉田集而編『生活技術の人類学』66～95ページ　平凡社　一九九五）
（6）Stokes, J. F. G.: Fish-poisoning in the Hawaiian Islands, with notes on the custom in southern Polynesia. (*Occasional Papers of the Bernice Pauahi Bishop Museum of Polynesian Ethnology and Natural History* 7(10) 3–17, 1921), Arnold, M. D., Harry, L.: *Poisonous Plants of Hawaii*. (Charles E. Tuttle Co. 57–58, 1968).
（7）Titcomb, M., Pükui, M. K.: *Native Use of Fish in Hawaii*. (New Plymouth Avery, 1952).
（8）秋道智彌「魚毒漁」（秋道智彌『漁撈の民族誌』54～57ページ　昭和堂　二〇一三）
（9）秋道智彌「漁撈活動と魚の生態　ソロモン諸島マライタ島の事例」（『季刊人類学』7（2）：76～128ページ　一九七六）

（10）越前谷武左右衛門『山村の八十年　マタギの里』（公人の友社　一九八六）
（11）橘礼吉「手取川源流域におけるマス・イワナ漁について　奥山人の源流資源の利用その2」（『石川県自然保護センター研究報告』33：47～55ページ　二〇〇六）
（12）岡恵介「北上山地山村における森林利用の諸相」（『国立歴史民俗博物館研究報告』105：319～355ページ　二〇〇三）
（13）喜舎場永珣「八重山における旧来の漁法」（『八重山民俗誌　上巻・民俗篇』沖縄タイムス社　50～78ページ　一九七七）
（14）川上勲「宮古の植物方言名について」（『宮古島市総合博物館紀要』13：87～96ページ　二〇〇九）。盛口満「琉球列島における魚毒漁についての報告」（『沖縄大学人文学部紀要』17：69～75ページ　二〇一五）
（15）山里純一「沖縄における地方の雨乞い」（『琉球大学法文学部人間科学紀要』32：55～77ページ　二〇一五）
（16）Kritzon, C.: Fishing with poisons. (*The Bulletin of Primitive Technology* 25, 2003).
（17）Singh, V.: *Indian Folk Medicines and Other Plant-Based Products*. (Jodhpur Scientific Publications, 2007). Pawar, S., Patil, M. V., Patil, D. A.: Fish stupefying plants used by tribals of North Maharashtra. (*Ethnobotany* 16 (1/2): 136–138, 2004).
（18）秋道智彌、大石高典「ナマズの漁撈とその多様性」（秋篠宮文仁、緒方喜雄、森誠一編『ナマズの博覧誌』278～303ページ　誠文堂新光社）。Neuwinger, H. D.: Plants used for poison fishing in tropical Africa. (*Toxicon* 44(4): 417–430, 2004).
（19）Malaisse, F.: *Se nourrir en forêt Claire africane: Approche écologique et nutritionnelle*. (Les Presses Agronomique de Gembloux, 1997).
（20）OISHI, T.: *Ethnoecology and ethnomedicinal use of fish among the Bakwele of southeastern Cameroon*. (Revue d'ethnoécologie, 2017). Dounias, E., Oishi, T.: *Inland traditional capture fisheries in the Congo Basin*. (Revue d'ethnoécologie, 2017).

四　矢毒の世界

魚毒漁に対して、矢や槍、銛に毒を塗りつけ、致命的な影響を対象動物に与える技法は古来より使われてきた。現在、毒矢を狩猟で使っているのは、東南アジアではマレー半島のネグリート、フィリピン・ルソン島のアエタ、インドのヴェッダ、アフリカのピグミーとブッシュマン、南米アマゾニアのインディオである。

ここでは、矢毒狩猟の方法に直接、言及するものではないが、毒を塗布した矢や銛を対象に直接、打ちこむ技術の背景を探ってみよう。毒利用の文化について包括的な論考をおこなったのは日本では民族学の石川元助である。

石川は、とくに矢毒に注目し、世界における四つの矢毒文化圏を設定した。それらは、(1)トリカブトを用いるアジア・ヨーロッパのトリカブト矢毒文化圏、(2)クワ科のアンチアリス・トキシカリアの樹液であるイポー(ipoh)を用いる東南アジアのイポー矢毒文化圏、(3)サハラ以南のアフリカで、キョウチクトウ科のストロファンツス・コムベを用いるストロファンツス矢毒文化圏、(4)クラーレと総称される毒でツヅラフジ科植物、マチン科植物を利用する南米のクラーレ矢毒文化圏である。[1]

毒を表す英語はトキシン（toxin）であり、ギリシャ語のトキシコン（toxikon：毒）に由来する。ギリシャ語の toxon とは「半弓」を表し、toxikon は「矢の」という形容詞 toxikos の中性形である。矢毒はトキシコン・パルマコン（toxikon pharmakon）であり、pharmakon は現代では「薬」の意味をもつが、古代ギリシャでは病気治療に使う薬のほか、殺傷力のある毒物や魔術の材料をも指した。薬と毒の両義的な関係を示すもので、実際、薬が毒になり、毒が薬とされる例は無数にある。いずれにせよ、毒が弓矢と結びついたことばであったことがうかがえる。

矢毒には毒をもつカエルやハムシ類を使うこともあるが、圧倒的に植物性の毒が多い。その毒成分はアルカロイド（窒素をふくむ塩基性の有機化合物）や配糖体（グリコシドのことで、糖と糖以外の化合物がエーテル結合したもの）である。矢毒は単独で使われる場合よりも、複数の毒成分を混ぜて使われることが多い。これは単独よりも複数の成分を組み合わせることで有毒成分が発現することによっても裏づけられている。したがって、有毒な材料を組み合わせることは、算術平均的に毒成分が増すのではなく、化学的・分子構造的に質的な変化をもたらす場合があることを理解しておくべきであろう。以下、石川による矢毒文化圏の類型を参照しつつ、矢毒の製造におけるたたき技法の事例を検討してみよう。

1　トリカブト

トリカブトはキンポウゲ科トリカブト属の草本で世界では約三三〇種が、日本では三〇数種ほどが知られている。トリカブトにはアコニチンをはじめとするアルカロイド系の猛毒がふくまれており、古くから矢や槍、銛などの先に塗布して狩猟や戦闘に用いられてきた。なかでも、ヨーロッパ産のナペルス・トリカブト、ヒマラヤ山地のインド・トリカブト、東北・北海道におけるエゾトリカブトは強い毒性をもつ。

紀元前一二～紀元前一一世紀、インドにおけるバラモン教の聖典『リグ・ヴェーダ』にトリカブト属の植物を使った矢毒のことが記載されている。古代ローマ時代には、皇帝の後継者をめぐる争いが絶えず、トリカブトでライバルを暗殺する事件が絶えなかった。後漢から三国時代に成立したとされる中国最古の本草書『神農本草経《しんのうほんぞうきょう》』には、「その汁を煎じ詰めたものを射罔《しゃもう》といい鳥や獣を殺す」と記されている。のちの南朝時代、范曄《はんよう》による『後漢書』西域伝には、西夜国（現在のパミール高原）では「白草の毒を煎じて矢に塗る。あたればたちまち死に至る」とある。白草はインド・トリカブトと思われる。

(1)日本

トリカブトの塊根を乾燥させたものは矢毒や漢方薬として用いられた。烏頭《うず》または附子と呼ばれる。毒として使うときは「ぶす」、生薬として使うさいは「ぶし」と称される。古代には「於宇」とあり、醍醐天皇の勅命により九一八（延喜一八）年に編纂された『和名本草』には「烏頭、烏喙、天雄、附子、側子、巳上五種和名」とある。

日本では先史・古代からトリカブトを矢毒として使う風習があった。私は確認していないが島根県松江市にある弥生時代の古畑《こはた》遺跡から出土した小型の土器がトリカブトを煮詰めるために使用されたと推定されている。トリカブトの矢毒は日本でも暗殺の道具とされた。神武天皇東征のさい、兄である彦五瀬命は浪速国の白肩津（あるいは孔舎衛坂）で長髄彦の放った矢にあたり、まもなく死んだ。奈良時代に編纂された『養老律令』には、附子を用いて人を殺したものは絞首刑と定められていた。

日本でトリカブトは薬としても使われたが、矢毒としての利用は明瞭には見られない。東北地方のマタギの場合、明治期に銃が入るまでトリカブトが使われたとされているものの、いつごろから利用されてきたのかは不明である。平安時代初期の蝦夷征伐は三度おこなわれたが、征夷大将軍の坂上田村麿は八〇一（延暦二〇）年、蝦夷地に遠征した。蝦夷との戦いで蝦夷の人びとが毒矢を使ったことが地名として宮城県遠田郡にある。それが『奥羽観蹟聞老志補修篇巻之九』に記載されている毒矢嶽と射箭嶺（トホヤナカネ）である。前者には「又曰。距堂北。四十間余。夷賊往昔射毒矢地」、後者には「又曰。堂西。四町余。田村麻呂。伺夷賊放箭地」と注記されている。箭は「矢」であり、毒矢ではない。両者の勢力が対峙して戦闘がおこなわれたことが想定される。

古代の大和政権に服属した一部の蝦夷は俘囚《ふしゅう》として出雲、出羽、陸奥、上総をはじめ全国に配置されたが、こうしたなかで毒矢の利用技術が伝わった可能性もある。しかし、俘囚は平安時代中期に国司の強圧政策に対して反乱を起こした。八七八（元慶二）年と九三九（天慶二）年の出羽国の反乱は大規模であった。待遇改善を訴えたことから、全国の俘囚は八九七（寛平九）年に奥州に集められた。

のちの戦国時代、奥州仕置政策を進める豊臣秀吉とそれに追随する南部藩当主の南部信直に反旗を翻した九戸政実《くのへまさざね》の乱が一五九一（天正一九）年に起こった。作者不詳の軍記『氏郷記』下巻によると、仕置き軍のなかに夷人がおり、毒矢を用いて軍勢に参加したことや、籠城する九戸勢にも夷人がいたことがわかる。「此時毒矢を射させんとして、夷人を少々召連れらる。彼等皆頭に半弓をはめ、矢は箙に負へり」とある。(2) 江戸時代中期に紀州藩下の外科医であった華岡青洲はトリカブトとチョウセンアサガオを使って麻酔剤を作り、世界で最初の乳癌手術に成功した。かれは薬研でトリカブトを調整したのだろうか。

(2)アイヌ

現世の北海道アイヌがトリカブト毒を使うことはよく知られている。アイヌの用いるトリカブトは、エゾトリカブトとオクトリカブトである。トリカブトの根はアイヌ語でスルク（surku）と呼ばれる。スルクはトリカブトの植物体を意味するのではなく、根の部分を指す。それだけトリカブトの根が注目されていたことがわかる。スルクは毒性の強弱によって弱いもの、中程度、強いものに区別されていた。中程度の毒性をもつものには「赤いスルク」と「黒いスルク」があり、白い根の部分を切ると、赤く変色するものとさらに暗褐色化するものがあり、黒くなるほうの毒性が強いと見なされた。

晩秋にスルクの根を採集し、ヨモギの葉で作った「つと」に数十個分の根をおき、炉の上につるして一カ月ほど乾燥する。根の一片を刀で削りとり、舌で毒性の強いもの、弱いものを選別するというが、毒性が強いので実際におこなわれたかどうかは定かでない。いずれにせよ、毒の強いものを選んで石皿の上におき、石杵で搗き砕かれた。そのさい、水やつばをかけながらペースト状になるまで搗かれた。

スルクには、ほかの毒材料を混ぜるのがふつうであったようだ。アイヌ人であり、言語学者である知里真志保によると、矢毒の混ぜ物としては動物ではクモ、カジカ、サワガニ、フグの油、ハチの針、アメンボなどがある。植物としては、テンナンショウの根茎と種子、ヨモギの葉、松脂、ドクゼリの根、ハナヒリノキ、エンレイソウの実、イチゴなどがふくまれる。(3) ドクゼリはセリ科ドクゼリ属の多年草で、シクトキシン、シクチンなどのアルコールをふくむ強毒の植物である。ハナヒリノキはツツジ科イワナンテン属の落葉低木の有毒植物で、葉や茎を乾燥させ、たたいた粉末をくみとり式便所のウジ殺しに使った。エンレイソウは、ユリ科エンレイソウ属の多年草で、古くから生薬とされてきたがサポニンなどをふくむ有毒植物である。このほか、ハシボソガラスやキツネの胆のうもスルクに混ぜられた。クマの胆のうは「熊の胆《い》」として重要な医薬品となったことを思い出しておこう。スルクに混ぜられたものは動植物にわたっているが、記載があまりなく秘密裏にされたものもあったであろう。いずれにせよ、材料をたたいて混ぜたものが最終的に矢毒として用いられた。

(3) 東北アジアとアラスカ

北海道アイヌはトリカブト毒をヒグマ、クジラ、アザラシなどの狩猟に使った。エスキモーも、トリカブトをアザラシやクジラの狩猟に使う。根をすりつぶして、槍や矢尻に塗りつける。それ以外に、コリヤーク、ユカギール、アレウト、ツングース、チュクチ、カムチャダール、挹《ゆう》婁《ろう》(女真族の祖先)などの民族や、アリューシャン列島、コディアック諸島、カムチャツカ半島、サハリン、アムール川下流域で広範囲にトリカブトが使われた。(4)

⑷ネパール・ブータン

ヒマラヤ山系にあるネパール・ブータンでは三〇〇〇～四〇〇〇メートルに生育する猛毒のトリカブトの仲間二種が使われる。ネパール北西部のジュムラでは根をたたきつぶしたペーストが矢毒として利用される。中国では亜东乌头（アコニトゥム・スピカトゥム）と呼ばれる種類である。矢毒以外にトリカブトは薬としても有用であり、鎮静・解熱・鎮痛とともに発汗をおさえ、根は神経痛、リューマチ、炎症性関節炎、内服用には扁桃炎、咽喉炎、虚弱体質による発熱、胃炎に効くとされる。ハズ（巴豆）はトウダイグサ科ハズ属の植物で矢毒に利用される。日本では毒物に指定されており利用することができない。

2　イポー

東南アジアの熱帯降雨林を生活の場とした採集狩猟民の多くはアンチアリス・トキシカリアの樹皮を傷つけ、浸出する乳液にふくまれる毒を吹き矢に塗って狩りに使った。この植物は樹高が七〇メートルにも達するクワ科の常緑高木で、スマトラ島やスラウェシ島ではイポー（ipoh）、ジャワ島ではウパス（upas）、マレー半島ではタジャム（tajam）と呼ばれている（図15）。

マレーシアの採集狩猟民であるオラン・アスリ（かつてのセマン族）は吹き矢で狩猟をするさい

に矢毒を使う。アンチアリスはマレー半島のほか、インドシナ半島、海南島、スマトラ、ボルネオ、バタム、ニアス、メンタウェイ、ジャワ、バリ、ティモール、スラウェシなどの島じまやフィリピンでも利用された。

図15　イポー。クワ科の高木

イポーにはアンチアリン（antiarin）と呼ばれる配糖体がふくまれ、心筋の運動を停止させる。トリカブトのような即効性がないため、イポー以外にフジウツギ科のストリキノス類の樹液やサトイモ科の根茎の絞り汁、コンニャク類からとった毒をイポーと混ぜたものが用いられた。

イポーの存在は一三三〇年にドミニコ修道会の僧ジョルダヌスによってはじめてヨーロッパに紹介された。このとき、その毒性が誇張して伝えられ、さまざまな神秘的な伝説が生まれた。たとえば、この樹木の根元で休んだ旅人はたちまち昏睡状態に陥り、ふたたび目覚めることはないとか、うっかりこの木の上を飛んだ鳥も死んで地に落ちるなどという話である。

3　クラーレ

南米で矢毒に用いられた代表的なものがクラーレ（curare）である。地方によっては「クラリ」、

「ウラリ」、「ウーラリ」などと呼ばれる。一五九五年にオリノコ川地方を探検したW・ローリーの書物『ギアナ帝国の発見』（一五九六年）によってクラーレと呼ばれたことから、以後この名称が定着した。クラーレ毒はペルー、エクアドル、コロンビアおよびブラジルのアマゾン川やオリノコ川流域の熱帯降雨林に生活するインディオが古くから吹き矢による狩猟に用いた。

クラーレの製造については、一九世紀初頭にオリノコ川周辺で調査をおこなった地理学者のA・フォン・フンボルトが記述している。それによると、クラーレの材料はツヅラフジ科やマチン科のつる性植物が多い。これらの樹皮を搗き固めてから水を加えてろ過して煮つめ、別の植物の樹液で粘性を与えたものである。とくにツヅラフジ科のコンドロデンドロン属植物とフジウツギ科のストリキネス属植物が代表である（図16）。前者ではツボクラリン（tubocurarine）が、後者ではトキシフェリン（toxiferin）がおもな毒成分であり、いずれもアルカロイドである。この毒素が骨格筋を収縮させるアセチルコリンの作用を阻害し、骨格筋を弛緩・麻痺させて動物を死に至らしめる。

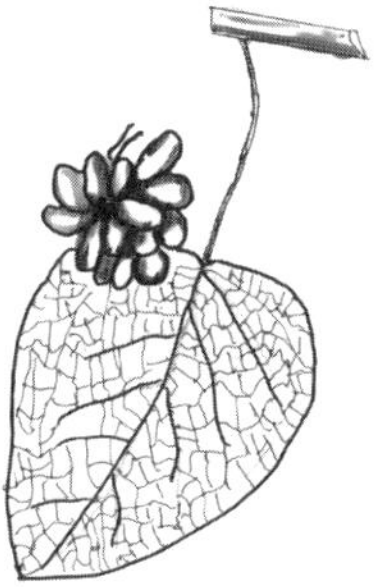
図16　クラーレ毒の代表例。ツヅラフジ科のコンドロデンドロン属植物

クラーレ毒の保存形態が地域によって異なることから、アマゾン川流域では竹筒クラーレと呼ばれ、おもにツヅラフジ科の植物を使う。オリノコ川流域では壺を使

うので壺クラーレと称し、ツヅラフジ科やマチン科の植物が利用される。また、ギアナ・コロンビア地方ではヒョウタンを用いたのでヒョウタン・クラーレと呼ばれ、マチン科の植物がおもに利用される。

クラーレ毒による狩猟対象は多岐にわたり、新世界ザル、アルマジロ、アリクイ、ナマケモノ、ペッカリー（ヘソイノシシ）、バク、アヒル、ダチョウ、ワニなどがふくまれている。クラーレ毒は骨格筋肉を麻痺させ、動物は呼吸困難により窒息死する。また、経口摂取してもすみやかに排泄されるので、矢毒の成分が筋肉にまわることはなく、狩猟には適した技術といえる。

4 ストロファンツス

一九世紀中葉、アフリカのタンザニアを探検したリビングストン隊の一員である植物学者のJ・カークは、アフリカで用いられていた矢毒の原料がキョウチクトウ科のストロファンツス・コンベの種子であることを発見した（図17）。カークはマラウィ湖周辺の事例をもとにしたが、その後、同属の植物から抽出した毒成分は熱帯アフリカで広

図17　キョウチクトウ科のストロファンツス・コンベ

く矢毒として利用されていることがわかった。毒はストロファンチンという配糖体で、強烈な心臓毒となる。しかし単独で使われることは少なく、ヤマノイモ科のディオスコレア・ドゥメトルムやトウダイグサ科の植物の乳液と混合されることが多い。このほか、アフリカ中西部産のストロファンツス・ヒスピーダスやストロファンツス・グラーツスなどがよく知られている。ストロファンチンは強心剤として心機能不全、急性心臓失調などの治療にも効果を示す。

コンゴ盆地に居住する採集狩猟民のムブティ・ピグミーはガガイモ科のムタリの樹皮と、マメ科エリスロフィレウム属の樹液を混ぜたものを矢毒として使い、樹上性のサルを狩猟対象とした。

一方、南アフリカなどの乾燥地帯に居住するブッシュマンはヒガンバナ科の大きな球根植物を矢毒として用いた。ヒガンバナにはリコリンなどのアルカロイドがふくまれている。また、ブッシュマンはトウダイグサ属植物の樹液、ヘビの毒、毒グモ、有毒植物の枝をよくたたいたものを湖沼や河川に入れておき、浮いてきた魚を捕獲するともいう。セントラル・カラハリのブッシュマンは甲虫の幼虫の体液から作る神経毒を矢毒とする。[5]

エチオピアからケニア、ジンバブエを経て南アフリカに分布するキョウチクトウ科のアコカンテラ属植物は東アフリカの代表的な矢毒の素材であり、配糖体のウアバリンとアコカンテリンが心臓毒となる。樹皮を採取し、何日もタール状になるまで煮たものを乾燥して保存しておく。これを使うさいは削りとって水やアロエの液で溶かし、矢に塗りつける。マーサイ族やワリアングール族はゾウなどの大型獣だけでなく人間に対しても矢毒を使った。
以上、世界の矢毒文化圏ではたがいに特徴のある植物毒が利用されてきたことがわかった。それぞれの植物毒の成分はアルカロイドや配糖体である。アジア地域におけるトリカブトのアコニチン、東南アジアにおけるイポーの成分であるアンチアリン配糖体、アフリカのストロファンチン、南米のクラーレ成分であるツボクラリンがその代表である。前記四種類のうち、アンチアリン以外は医薬として現在使用されている。魚毒についても同様に、魚毒以外に医薬品として利用されている成分がある。矢毒は単独で抽出したものを用いるというより、いくつもの有毒成分の動植物を混ぜて使う点が大きな特徴である。また、有毒成分の抽出には、たたきの技法が用いられた点も特徴である。

〈註〉

（1）石川元助『毒矢の文化』（紀伊國屋書店　一九九四）
（2）黒川真道編『氏郷記　最上出羽守義光物語』（集文館　一九一二）
（3）知里真志保『分類アイヌ語辞典』第1巻植物篇（日本常民文化研究所　一九五三）。関根達人『モノからみたアイヌ文化史』（吉川弘文館　二〇一六）。門崎允昭『アイヌの矢毒トリカブト』（北海道出版企画センター　二〇〇二）
（4）Heizer, R. F.: Aconite Poison Whaling in Asia and America: An Aleutian Transfer to the New World. (*Bureau of American Ethnology Bulletin* 113: 415–468, 1943).
（5）今村薫「カラハリ狩猟採集民の狩猟技術　人類進化における人と動物との根源的つながりを探って」（『名古屋学院大学論集　人文・自然科学篇』51（1）：31～42ページ　二〇一四）

五　トリモチの世界

トリモチ（鳥黐）は英語でバード・ライム（birdlime）と呼ばれる。ライムは「石灰」ではなく、「粘着性のある物質」を指す。トリモチを木の枝などに塗りつけて、そこにとまる鳥をとる猟法の一種である。『マレー諸島』を著したA・R・ウォーレスは、以下のように述べている[1]。

Every day boys were to be seen walking along the roads and by the hedges and ditches, catching dragonflies with birdlime.

つまり、マレー諸島では毎日、子どもらがトリモチでトンボとりをしていた。トリモチ猟は子どもの遊びでもあったが、これを禁止する措置が多くの国や地域でなされているのは、狩猟方法が残酷と考える意見があるうえ、鳥の個体数にも深刻な影響がおよんでいるからである。日本語のトリモチは鳥と黐を組み合わせた用語で、平安時代にはモチ米を搗いて作ったものはモチ（黐）・ヒ（飯）で、これがモチ（餅）になった。一方、トリモチは、鎌倉時代、「鳥をとるモチ」つまり「トリトリモチ」が室町期以降に「トリモチ」に変化したとする説が提起されている[2]。

1　トリモチの加工

トリモチの原料は、モチノキ属植物（モチノキ・クロガネモチ・ソヨゴ・セイヨウヒイラギなど）やヤマグルマ、ガマズミなどの樹皮、ナンキンハゼ・ヤドリギ・パラミツなどの果実、イチジク属植物（ゴムノキなど）の乳液、ツチトリモチの根など多岐にわたっている。樹皮や果実は考えやすいが、ツチトリモチ（土鳥黐）の場合は、その根茎が利用される。しかも、ツチトリモチはキノコではなく、寄生植物である。日本においてはモチノキあるいはヤマグルマから作られることが多く、モチノキから作られたものは色が白いので「シロモチ」または「ホンモチ」、ヤマグルマのものは赤いので「アカモチ」と呼ばれる（図18）。

海外ではインド・太平洋地域の熱帯・亜熱帯に生育するウドノキは「トリモチの木」（birdlime tree）と呼ばれるようにトリモチ猟に汎用される。なお、ウドノキはウドノキ科植物ではなく、ブーゲンビリアとおなじオシロイバナ科の植物である。

このほか、ポリネシアではパンノキの樹液を使うが、樹皮をたたいて樹液をとりだすわけではなく、木の幹に傷をつけて樹液を採取する。アフリカ南部では、ヴォオレント（voëlent）と呼ばれるヤドリギの仲間の熟した果実を使う。まず口腔内で咀嚼して、両手のひらで揉んで粘り気が出ると、木の枝に巻きつけて鳥が来るのを待つ。この場合は、棒でたたく代わりに口の中で咬んで砕く。
ヨーロッパではモチノキを一般にホーリー（holly）と称する。樹皮を一〇～一二時間煮て、緑色の上澄み液を二週間、湿り気のある場所に保管したのち、ペースト状になるまでたたいて木の繊維をのぞく。これを四、五日発酵させるあいだ、丁寧にカスを除去する。これを火にかけ、種子油と混ぜてできあがる。[3] また、ランタナガマズミの樹皮からは最上のトリモチがとれる。一八世紀後半、英国からカナダに毛皮貿易会社であったノース・ウエスト・カンパニー（モントリオールに拠点）を介して多くの貿易品が運ばれた。そのなかには、英国製の毛布、綿織物、羊毛、リネン、網、紐類、銃、火薬などとともにトリモチがふくまれていた。トリモチが鳥猟に使われた証拠はなく、むしろ接着剤として利用されたのではないか。[4] 実際、ヨーロッパでは第二次大戦時の物資不足のさいなど、トリモチが接着剤として活用された。

　トリモチの製法は地域や原料の植物により異なるが、モチノキなどの樹皮から作る場合は、樹皮を細かく砕いて水洗いし、水に

図18　モチノキの樹皮（左）とヤマグルマ（右）

不溶性の粘着性物質をとりだすことで得られる。商品として大量に生産する場合は、春から夏にかけて樹皮を採取し、目の粗い袋に入れて秋まで流水に漬けておく。この間に不必要な木質はじょじょに腐敗して除去され、水に不溶性のトリモチ成分だけがのこる。水からとりだし、繊維質がなくなるまで臼で細かく砕き、やわらかいトリモチを流水で洗い、細かい不純物を除去する。トリモチは水に入れて保存し、油を混ぜることもある。

2 トリモチ猟

食用にする鳥をとる場合は、モチ竿（黐竿）の先にトリモチを塗布して鳥に接触させてとる。小鳥を観賞用にする場合などは、木の枝にトリモチを塗りつけ、鳥の脚にトリモチが付着して逃げられなくなったところを捕獲する。

トリモチ猟が禁止される以前には、(5) 水鳥を捕獲するため、湖面にトリモチを塗った縄を張りめぐらしてとる黐縄《もちなわ》や「流し黐猟」があった。囮《おとり》の鳥を籠に入れて木の高所に設置し、やってくる鳥を竹や木に塗りつけたトリモチでとる「はご猟」がおこなわれた。「はご」ないし「はが」（擌）には、「高はご」、「千本はご」、「置はご」、「籠はご」、「螻蛄《けら》はご」などいろいろな種類があり、対象となる鳥の種類も異なっていた。「高はご」は、囮の鳥を木の高所に設置してとる方法で、メジロ、カワラヒワ、マヒワなどを捕獲した。「千本はご」は、トリモチを塗った木や竹を数多く使うもので、カケス、ヒヨドリなどをとった。詳細は不明であるが、「置はご」は、ミソサザイ、セキレイなどを、「籠はご」は、ウグイス、メジロ、ヤマガラ、シジュウカラ、ヒタキ、エナガ、ウソなどの小型鳥を、「螻蛄はご」は、モズ、ツグミ、セキレイ、ヒタキ、コマドリ、ムクドリなどを捕獲したようだ。

明治初期に富田礼彦《いやひこ》により著された『斐太後風土記』（上・下巻）には、斐太国の村ごとの産物が記載されている。益田郡竹原郷では、宮地村の産物に「黐鳥・網鳥。此小鳥二百羽」、同郷の野尻村には「黐鳥・網鳥此小鳥千六羽」、御厩野村《みまやの》では「黐網小鳥千羽」とある。小鳥とは別に山ドリ、キジとあることから、小鳥の捕獲にトリモチが専門的に用いられたと思われる(6)。また、野尻村の中に鳥屋《とや》の記載があり、晩秋に高い山から平地に群れてくる鳥を捕るのに、囮の鳥を籠に入れて木に結わえておく一方、切りはらった木の枝や葉にトリモチを塗布してふたたびもとの木に縄でしばって鳥をとったことが記されている。

ハワイ諸島では、オシロイバナ科ピソニア属の果実がトリモチとして使われる。ハワイではトリモチの成分をもつ植物をパーパラ・クパウ（pāpala kēpau）と称する。果実といっても小さなこん棒のような形状でこれにふれるだけで粘着性の液によって付着してしまう。実際、鳥や昆虫、トカゲなどがよくからめとられてしまうことがある。ただし、ピソニア属植物が鳥の羽根について拡散する可能性も指摘されている。ふつうは鳥に食べられて種子が鳥の糞から排出されて拡散する動物散布のシナリオがあるが、(7) 鳥の羽根を介して種子が分布を広げる例である。

3 鳥の羽根と王権

ハワイではトリモチで捕獲された鳥のうち、赤色、黄色の羽根をもつハワイミツスイの仲間は王侯であるアリ・イ（ali'i）階級が身に着けるクローク（アフ・ウラ：'ahu'ula）やヘルメットのマヒオレ（mahiole）の材料とされた。(8) 鳥の羽根は布に貼りつけたのではなく、網目状の下地に羽軸を結びつける方法が用いられた。この繊維はハワイではオロナー（olonā）と呼ばれ、漁網も作られたのでクロークに応用されたともいえる。(9)

ハワイミツスイの仲間はハワイ諸島の固有種であり、三二種いたがすでに一二種が絶滅している。これには環境変化もさることながら、乱獲による要因が大きくかかわっている。環境要因のなかには、鳥マラリアもある。蚊に刺されるだけで低地に生息していた鳥の個体が死亡した例が報告されている。しかし、問題であったのは鳥の乱獲である。

かつて、ハワイ人がトリモチで鳥をつかまえても必要な部分の羽根だけをとり、あとは自由に鳥を放ったとして、ハワイ人の自然に「やさしい」生き方を賛美する意見があった。しかし、鳥

図19　① キゴシクロハワイミツスイ、② ムネフサミツスイ、③ ベニハワイミツスイ。①と②は黄金色の羽、③は赤色の羽根の部分のみを彩色してある

の種類によって事情がちがっている点を見逃してはならない。ハワイに生息するミツスイのうち、マモ（Mamo）、オー・オー（ʻŌʻō）とハワイ語で呼ばれるミツスイは体の一部に黄金色の羽根をもつ。マモはキゴシクロハワイミツスイ、オー・オーはムネフサミツスイで、一着分のクロークに八万尾のマモが使われたと推定されている。黄金色の羽根の部分だけを抜きとり、鳥は逃がされたことが美談となった。しかし、イ・イウィ（ʻīʻiwi）と呼ばれるベニハワイミツスイは、体全体が赤色の羽根でおおわれており、ハワイ人は羽根を抜きとったあと、この鳥を料理して食べたようだ。赤い色はウラ（ula）と称され、ハワイでは神にかかわる聖なる色とされている。イ・イウィからクローク一着を作るために二万尾のミツスイが必要であったと推定されている（図19）。

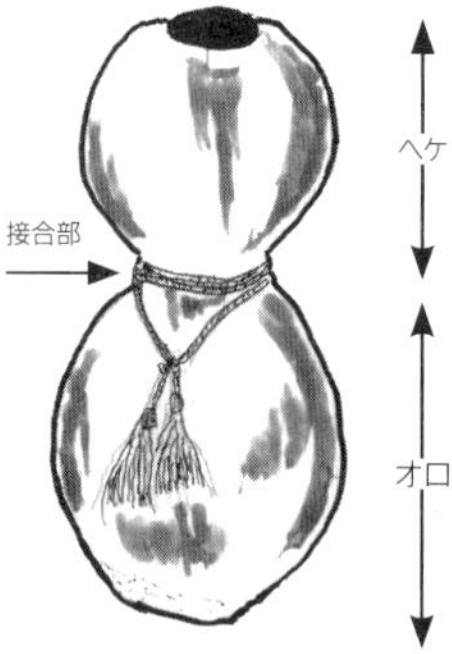

図20　ハワイ諸島のヒョウタン製打楽器、イプ・ヘケ。2個のヒョウタン（イプ）をトリモチの接着剤で接合してある。上部はヘケ（頭）、下部はオロ（長い部分）と呼ばれる。ヒョウタン1個から作られる打楽器はイプ・ヘケ・オレ（ipu heke ʻole）と称される

J・クックが一七七九年、ハワイ島に上陸したさい、ハワイ島の王、カラニオプ・ウ（Kalaniʻopuʻu）は身に着けていたクローク（アフ・ウラ）やヘルメット（マヒオレ）をクックに献上した。クックはハワイ人の崇拝するロノ神（Lono）と見なされたからだ。[10] ヨーロッパ人来島以降、ミツスイはハワイ人だけでなく、西洋人にも捕獲され、土産物や収集家の垂涎の的となった。トリモチや網でなく、銃も使われたことでミツスイのいくつかの種は絶滅してしまった。

トリモチは鳥猟のほか、接着剤としても重要であった。とくに、木製の容器が破損した場合の補修や、上部と底部をそれぞれ切り落とした二個のヒョウタンを垂直に接着した楽器、イプ・ヘケ（ipu heke）の製作に不可欠の接着剤であった。イプ・ヘケはフラ・ダンスの演奏に欠かせない楽器であり、上部はヘケ（heke）、下部はオロ（ʻolo）と呼ばれる（図20）。詳細は不明だが、ピソニア属の樹液は呪術に使われた。また加熱した葉は虚弱体質の子どもの治療薬や便秘薬として使われた。

〈註〉

（1）Wallace, A. R. *et al.*: *The Malay Archipelago*. (The Folio Society, 2017).

（2）小林隆「もち（餅）ととりもち（鳥黐）の語史」（『文芸研究』94：31〜42ページ　一九八〇）

（3）Browne, M.: *Practical Taxidermy*. (McLean, VA, 2009). なお、taxidermyは「動物の皮の処理学」を意味する。

（4）Innis, H. A. and Ray, A. J.: *The Fur Trade in Canada-An Introduction to Canadian Economic History*. (University of Toronto Press, 2017).

（5）平成十四年環境省令第二十八号「鳥獣の保護及び管理並びに狩猟の適正化に関する法律施行規則」の第十条第二項第十一号には、法第十二条第一項第三号の環境大臣が禁止する猟法として「つりばり又はとりもちを使用する方法」が記載されている。

（6）富田礼彦、蘆田伊人（編）『斐太後風土記』第二巻（大日本地誌大系31　雄山閣　一九七七）

（7）正木隆「日本における動物による種子散布の研究と今後の課題」（『日本生態学会誌』59：13〜24ページ　二〇〇九）

（8）Hiroa, T. R. and Buck, P. H.: The local evolution of Hawaiian feather capes and cloaks. (*The Journal of the Polynesian Society* 53(1):1-16, 1944).

（9）Mikioi, W. J.: *Olonā* (*Touchardia latifolia* Gaudich): *Cultivating the wild populations for sustainable use and revitalization of cultural Hawaiian practices.*(Botany Department, University of Hawaii at Manoa, 2012).

（10）石川栄吉『クック艦長は何を見たか　18世紀の南太平洋』（力富書房　一九八六）

六　薬と薬研

前節で動物の捕獲と殺戮するさいの技法として、魚毒、矢毒、トリモチを例としてとりあげた。そのなかで、毒成分やトリモチが薬効ももつことから伝統的な医薬品として用いられることにふれた。この点から、毒と薬はたがいに対立するのではなく、きわめて親和性に富む関係にあると考えることができる。毒と薬は世界史的に見ても、先史・古代から現代に至るまでさまざまな問題を引きおこしてきた。コーヒーから麻薬・ドーピングまで、さまざまな物質が人間におよぼす生理的・心理的影響ははかり知れない(1)。

毒について、その製法をふくめて網羅的に著した書物はあまりない。むしろ、毒は隠匿されるか秘密の知識とされることがあった。これに対して、薬は病気の症状とともに服用の処方箋を丁寧に解説する書が数多く出されてきた。自然界の植物や動物、あるいは鉱物を使って薬を調合するための技術も発達した。本節では、薬の製造と調合に使われるたたき・砕き・粉砕の技術から出発して、染料・顔料など、身体の装飾や身体以外の絵画・装飾に用いられる事例をふくめたたたき技術についてとりあげる。

1　薬と身体の構造論

古代エジプトでは紀元前一五〇〇年ころにはすでに『エーベルス・パピルス』（*Ebers Papyrus*）という医学書が著されている。のちの一世紀に、古代ギリシャの医者・薬理学者であるペダニウス・ディオスコリデスは『薬物誌』を著した。インドでも、紀元前六～紀元前五世紀に成立したとされる『アーユルヴェーダ』のなかの医学書『チャラカ・サンヒター』は八巻一二〇章から構成された大著で、そのなかの第七巻は製薬論（カルパ・スターナ）で、用いられる主要な一二種類の植物について、一二章に分けて説明が加えられている。

アーユルヴェーダでは、世界は風、空、火、水、地の五大元素からなるとされ、人間の身体はこのうちの二つずつの元素から構成される。すなわち、人間の身体は風気質のヴァータ（風・空）、火気質のピッタ（火・水）、水気質のカパ（水・地）の三つの気質（トリ・ドーシャ）からなり、そのバランスがくずれると病気になる（図21）。病気の治療のために、天然由来の動物、植物、鉱物からなる生薬が使われる。アーユルヴェーダに記載された二五

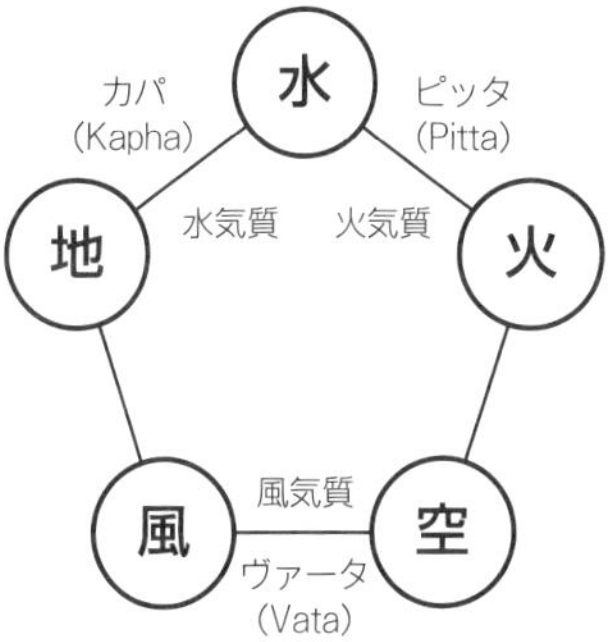

図21　アーユルヴェーダにおける人間の三つの気質、トリ・ドーシャ（Tri-Dosha）

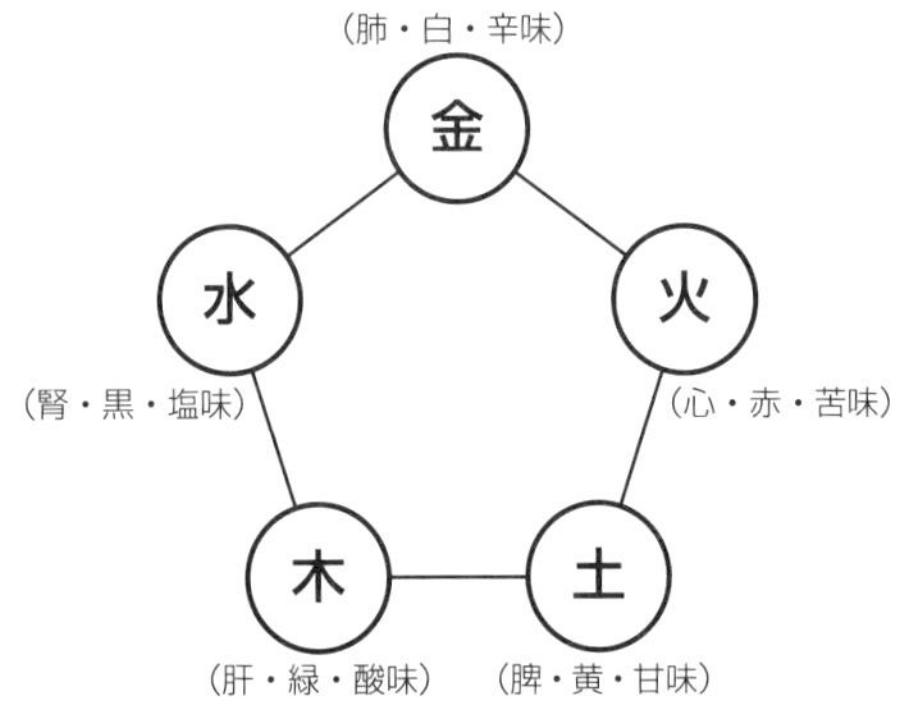

図22　人体の臓器・色・食物の五味に対応する中国の五行説

○○ほどの生薬にはそれぞれ薬効（カルマ）があり、患者の症状に応じて、ドーシャのバランス回復、症状の改善、病状と反対の属性をもつ生薬が選択される。

中国では後漢から三国時代に成立したとされる本草書『神農本草経』が最古のもので、三六五種類の植物、動物、鉱物を、上品・中品・下品に分け、上品は無毒で長期服用できるもの、中品は毒にも薬にもなるもの、下品は毒性が強く長期服用できないものとしている[2]。のちに発達した五行説は東洋医学に独自の体系として組みこまれた。自然界を、陽（天・熱・火・上・左・背中・上半身・表・外・昼・気（力））と、陰（地・寒・水・下・右・腹・下半身・裏・内・夜・血液）に区分する二元論といえる。五行説では、万物を木、火、土、金、水の五要素に分け、それらのダイナミズムから成立しているとされる。これらの五要素はそれぞれ、色、人体の臓器とともに食物の五味に対応するものとされている。つまり、木（肝・緑・酸味）、火（心・赤・苦味）、土（脾・黄・甘味）、金（肺・白・辛味）、水（腎・黒・塩味）の連関があるとされている

（図22）。

五味は、辛・甘・酸・苦・鹹（塩味）を指す。五行説を基盤として発達した漢方では、食材や薬が体を温めるものか冷やすものか、性質に応じて四性ないし古くは四気に区分された。熱・温・涼・寒がその基本で、熱と温は程度の差であり、さらに「大」、「微」をつけて大熱─熱─微熱として区別することがある。また、熱温と涼寒の作用が顕著でないものに対しては、「平」を位置づける。色、方位、食味、身体の連関はフランスの人類学者であるP・デスコラの存在論では、類推主義（アナロジズム）と位置づけられており、人間の身体・内面との類似性は認められない[3]。

2　伝統社会の薬

口頭伝承と民俗知に裏づけられた伝統医療は世界に広く存在する。病気に対する治療法は独自の身体観や生命観を背景としていることが多い。しかも、呪術や超自然的な観念が介在している場合があり、いわゆる西洋医学の体系とは大きく異なる。ここでは、筆者の野外調査にもとづく例を二つ紹介したい。一つめは、パプアニューギニアの西部州に居住するギデラ族の小児の病気と治療に関する事例である。二つめは、ミクロネシアの中央カロリン諸島サタワル島における例である。いずれも、外傷や腹痛などの身体的な病いを治癒する薬から、超自然的な存在による災いを軽減するための薬がふくまれている。

(1)ギデラ族の小児の病気と薬

パプアニューギニア西部州のオリオモ地方に住むギデラ族の社会では、病気のことは一般にコパ(kopa)と称される。身体の異常や不調による病気はただの病気を意味するジャバ・コパ(jaba kopa)、禁忌を破った場合などに引きおこされるギデラ族固有の病気をルガ・ケ・コパ(ruga ke kopa)と称する。ジャバは「単なる」、ルガは「人間」の意味である。

ギデラ族の社会には年齢階梯制があり、男性の場合、少年、若者、成人、老人、長老の五段階、女性の場合、少女、婚前の若者、既婚者、老人の四段階からなる。このうち、少年少女に相当する年齢段階の子ども(生後〜六、七歳)を対象として、子どもが感染しやすい病気の種類と治療法について調べた[4]。

小児の病気に対する治療法は若者や成人の場合とおなじとはかぎらない。下痢の場合、離乳前の新生児ならば、母親の乳輪に黄色い土を塗り、そのまま授乳する。ないし、樹上性のツムギアリをココヤシの殻に入れてたたきつぶし、母親がその液をそのまま摂取する。離乳後の小児であれば、つぶしたアリの液をそのまま小児に与える。小児が食欲を示さない場合、ツムギアリをつぶした液やショウガの根を母親が咀嚼して、それを水と混ぜて小児に与えるか、ハチミツを水と混ぜて小児に与える。小児に便通がない場合、離乳前の小児にはアリをつぶした液やココヤシの果汁、ショウガの根を母親が咀嚼して母乳を与える。

外傷がないのに頭部、肩、腕、脚、背中に熱がある場合、川に産するシレナシジミの仲間の二枚貝をたたき割り、その剥片を使って患部に傷を入れて「悪い血」を出す瀉血《しゃけつ》法がほどこされる。喉が腫れる症状や、舌がザラザラした症状があると、授乳中の小児にはバナナを焼いて黒くなった皮を小児の舌の上にのせるか、乳房のまわりに塗りつけて授乳する。

火傷の場合、パンノキの葉を砕いてその汁と母乳を混ぜ、患部に塗布する。白癬や疥癬などの皮膚病の場合、ココナツの油脂分を塗るとか、クチョッパ（種類不明）の果実を砕き、水と混ぜて患部に塗布する。

以上、ギデラ族における小児の病気について、授乳中あるいは離乳後の小児に対して異なった投薬法がある。とくに、母親の乳輪に薬を塗布する方法や、母親が薬を摂取し、母乳を通じて小児に薬を摂取させる方法が特徴的である。さらに、貝殻片を使った瀉血法があるほか、ツムギアリをたたきつぶした液を使う方法も見られた。

(2)サタワル島における薬と調合

サタワル島は中央カロリン諸島にある隆起サンゴ礁の島である。島には亜熱帯性の植物ととも

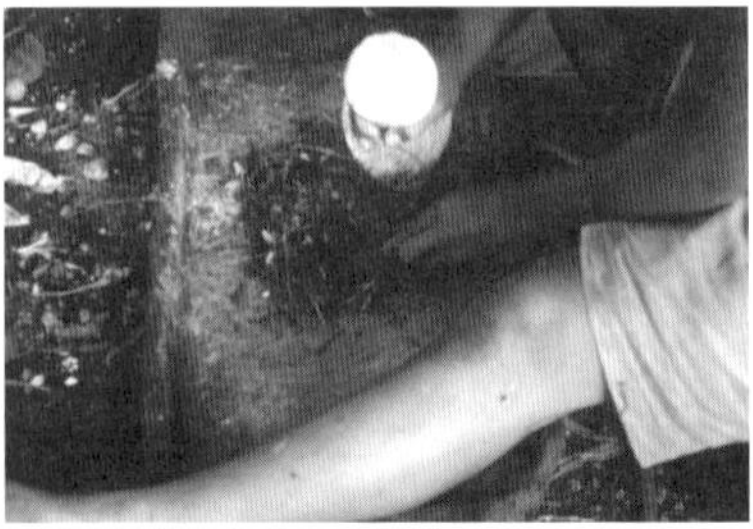

図23　石皿（右）や木の板（左）の上で石杵を用いて薬となる薬草をたたく（中央カロリン諸島・サタワル島）（国立民族学博物館蔵）

にココヤシ、パンノキなどの樹木栽培作物が生育している[5]。サタワル島では島に自生する植物や栽培植物を利用して薬が調整される。

サタワル島で病気のことは一般的にセムワァイ（semwaay）、それを治療する薬はサフェイ（safey）と称される。薬種となるのは植物であり、特定種類の植物を木臼や木の板、石皿の上で石杵を使ってたたきつぶし、これをココヤシの網目状の葉鞘（leaf sheath）に包み、水を入れた容器に液の成分を絞りだす。溶けだした液を薬として服用するのが通常の処方である（図23）。

たとえば、骨の痛みであるファーイ（faay）を治療するさいには、オプサル（wopwesar：コバナムラサキムカシヨモギ）を石杵でたたきつぶし、ココヤシの葉鞘に入れて水に絞りだした液を朝晩、二日間服用する。なお、サンゴ礁周辺に生息するソン（sson）と呼ばれる魚を食べると痛みは治らない。ソンはスズメダイの仲間で、食べるとますます痛みがひどくなると考えられている。ソンがサンゴ礁から離れない習性をもっており、もし食べるとその影響が患者におよび、病気も治癒しにくくなると考えられている。

息切れのする病いはモール（moor）と呼ばれ、悪化すると死ぬこともある。この病気に対してはネーン（neen：ヤエヤマアオキ）の実と葉をたたきつぶし、ココヤシの葉鞘に入れて水にその成分を絞りだして朝晩に一日飲用する。この病気にかかると、プウェネ（pwene）、メタイン（metaeyin）などのハタの仲間を食べることができない。これらの魚を釣りあげると、水圧の変化でノド袋が口元に飛びでてくる。これはノドづまりの状態を表しており、これらの魚を食べるとその影響で病気が悪化するとされている。

眼が見えなくなる病いはメサパル（masaparh）と称される。この病いになると、ナット（nat：クサトベラ）の熟した実を砕いてココヤシの葉鞘に入れて、水に成分を絞りだし、直接点眼する。この病気になったさい、メタインやプウェネを食べることはできない。これらの魚を釣りあげたさいに目玉が飛びでることがあり、もし食べると眼の病気が悪くなるとされている。この薬は朝と晩に一回ずつ、一日ほどこされる。

鼻血の出る病気はウープワァイナン（wuupwaeynaeng）と呼ばれる。この病気になると、一日めにはチェン（chen：モンパノキ）の若葉を石杵でたたきつぶし、ココヤシの葉鞘に入れてニューラオと呼ばれるココヤシの品種の果汁に絞りだし、その液を鼻孔に入れる。これを朝晩におこなう。二日めには、ヨール（yoar）の葉のやわらかい若芽を石杵で砕き、ココヤシの葉鞘に入れて先述したニューラオの果汁で絞りだしたものを朝と晩に鼻孔に入れる。三日めには、水たまりに落ちたパンノキの枯葉を軸もいっしょに砕いてココヤシの葉鞘に入れてニューラオの果汁で絞りだしたものを朝と晩に鼻孔に入れる。なお、この液体に大きな胚乳になるココヤシの果汁を使う。ただし、その意味は不明であった。

これまでふれたように、病気の治療とともに、特定の食物禁忌がある。ウープワァイナンの場合、オカガニ、浜ガニ、ヤシガニ、シャコガイの一種などを食べることは禁じられる。以上の生き物は穴に潜んでおり、ときどきその穴から出てくる。これらの生き物を食べると、その習性にあるように鼻血が鼻の孔から出る。だから食べることは病気によくないと見なされる。シャコガイの場合は内臓の匂いが鼻血の匂いに似ているので、シャコガイを食べると鼻血が出ると考えられている。鼻血が出なくなって二〜三カ月たてば、自分の判断で禁忌としていたカニやシャコガイを食べてもよいとされている。なお、シャコガイでも小型のヒメジャコは禁忌の対象とはならない。

以上のように、サタワル島では島に自生する植物を利用する場合が多く、薬種となる植物を石杵でたたき、ココヤシの葉鞘に入れ、これをココヤシの果汁や水に浸して絞りだしてできる溶液を服用するか、煎じた植物の汁を直接、患部に注入ないし塗布する処方が圧倒的に多い。植物の葉、根、果実などを砕いてその浸出する液を使う点が大きな特徴となっている。また、病気の期間、ないしその後も特定の魚や海産動物を食べてはいけないとする禁忌事項があり、摂食することでその魚や動物のもつ性質が人間にもおよぶとする感染呪術的な思考が関与していることもわかった。

3　薬の調合とたたき技術

薬は錠剤、粉末、顆粒のものなど、原料を加工して摂取しやすい形状に調整される。薬は一種類の薬種から作られる場合もあるが、たいていは複数種類の薬種を混ぜたものが処方される。たとえば、漢方の屠蘇散《とそさん》の場合、『本草綱目』では赤朮（アカオケラ：キク科の多年草）・桂心（桂皮）・防風・抜契（バッカツ：ケナシサルトリイバラ）・大黄・鳥頭・赤小豆（セキショウズ）を原料にあげている。現在では山椒・細辛（サイシン）・防風・肉桂・乾薑（カンキョウ：ショウガ）・白朮（ビャクジュツ：オケラ）・桔梗が用いられる。屠蘇散は健胃の効能があり、風邪の初期段階にも効くとされている。これらの薬種の多くは根や根茎であり、たたいて粉にする工程がふくまれることになる。服用薬ではなく外用薬の場合、ペースト状のものや木の葉をそのまま皮膚に塗布する場合もある。

薬研《やげん》は、薬効をもつ薬種（植物の草・根・樹皮、あるいは動物・鉱物）を細かい粉に挽くのに用いる道具である。「くすりおろし」ともいわれ、中国の唐代に発明された。中国名は薬碾《やくてん》と称される。茶を挽く茶碾《ちゃひ》は一一世紀には日本に伝わっていたが、薬研はその時代よりも後期に伝来したとされている。

薬研の臼の部分は細長い船形をしており、断面がV字形で、円盤状のものに軸を通した磨り具で薬種を粉砕する。ふつう船形の臼は長さが三〇センチ、磨り具の直径は二〇センチ程度である。すりおろすさいには、臼を手前に縦方向におき、磨り具の軸を両手で握り、前後に動かして薬種をする。

薬研は薬種以外にも鉱石、乾燥した草木、種子、トウガラシ、穀物、顔料、香料などのほか花火の硝煙をすりつぶすためにも使われた。花火の硝煙作りでは黒鉛を使うため煤塵が立ちのぼるので呼吸器疾患を起こす恐れがあり、職人は予防のためにマスクを着用している。

薬研には石製以外に鉄製、木製、陶磁器製のものがある。かつては石製のものが多かったが、今日では金属製のものが多い。乳鉢は小型の鉢で薬種を入れて、乳棒で砕き、すりおろす道具であり、陶器製のもののほか木製、金属製、大理石製のものもある。乳鉢と乳棒は食材の加工・調整にも利用される汎用性のある道具である。

薬研以外に頻繁に用いられてきた乳鉢と乳棒は、食物や薬味を調整する方法とさして変わりはない。興味があるのは、日本ですり鉢が薬の調合に用いられた可能性のある点である。

平安末期から鎌倉初期に作成された国宝の『病草紙《やまいのそうし》』のなかの「霍乱《かくらん》の女」には、下痢と嘔吐をくり返す女性の横の家屋内ですり鉢を使う女性の姿が描かれている。これを見ると、女性がすり鉢を両足で固定し、何かをすっている。病気の女性を介抱する人と何かを椀に入れて運ぶ女性の姿がある。草紙には描かれていないが、椀の中身は薬で、すり鉢ですっていたのは薬草ではないか。ちなみに病気の女性の水っぽく描かれた便をイヌが食べている。他方、すり鉢をする女性の奥には裸ではいまわる幼児が描かれており、イヌと幼児の対比表現がおもしろい。すり鉢は味噌すりや仏教界における食事でゴマすりや豆腐作りに汎用された。

現在では薬の粉砕と調合のための手作業によるたたき・攪拌・混合作業は一部、電動式に変わりつつある。電動式の乳鉢装置はふつう、擂潰機《らいかい》、英語でモルタル・マシン（mortar machine）と呼ばれ、すり鉢は比較的深く、その中を電動式の二、三本のすり棒が回転しながら、すり鉢の中の原料を粉砕して細かい粉を作る。薬ではないが、顔料や陶土を作るためにも擂潰機が威力を発揮している。

4　茶碾と茶磨

茶はチャノキの葉や茎を摘み、蒸す、揉捻《じゅうねん》、乾燥、発酵などの工程を経て製造した嗜好品で、世界中で広く飲用されている。摘んだ茶葉を加熱して酸化発酵をおさえた緑茶（不発酵茶）と茶葉の発酵作用を通じて製造する紅茶（発酵茶）に大別される。茶はすでに紀元前から薬用に使われていたことが先述した『神農本草経』にある。本格的に茶が普及するのは唐代であり、陸羽《りくう》の『茶経』に詳細がある。唐代当時、蒸した茶葉を臼で搗いて乾燥させ、圧縮して模《かた》に入れて固めたものは餅茶《へいちゃ》、宋代には団茶と呼ばれた。これを火であぶり、砕いて粉にしてから熱湯で煮たものを飲用する。これに塩、ネギ、ナツメ、グミ、ハッカを混ぜて香りと味を楽しんだ。餅茶を砕くため、茶碾《ちゃひ》、つまり薬研で粉末にした抹茶も飲用された。抹茶は中国では点茶法として宋代に隆盛し、日本へは鎌倉時代以降に栄西により伝えられた。なお、薬研でなく茶葉を微粉末にするための挽き臼は宋代には磑磑《てんがい》（茶磨《さま》）と称された。これが「唐茶磨《とうちゃうす》」として一四世紀に輸入された。そして、一五世紀中葉に国産化された(6)。緑茶、紅茶は嗜好品であるとともに、カフェインをふくむ薬、糖質ゼロでカテキンをふくむ健康飲料として、日本や中国のみならず世界中で愛飲されている。

5　ビンロウとカヴァ

ビンロウはヤシ科の高木で、東南アジア、オセアニア、台湾、東アフリカに広く分布する。ビンロウの果実は長さ五センチ程度で房状に多くの実をつける。中の種子はビンロウジ（檳榔子）と呼ばれる嗜好品となる。英語でベテルナッツ（betel nut）と称される。

ビンロウの外皮をナイフなどで開き、中のベテルナッツをナイフでスライスするか、筒状の小型容器に入れて、木製、金属製の棒で搗き砕いてペースト状にする（図24）。これをキンマ（コショウ科の植物）の葉にくるみ、少量の石灰といっしょに噛む。場合によってはキンマの種子やタバコを混ぜる。しばらく噛んでいると、アルカロイドをふくむ種子の成分と石灰、唾液の混ざった鮮やかな赤色の汁が口中に溜まる。噛んでいるうちに発汗して興奮状態になる。口腔内の赤くなった液はそのまま吐きだされる。そのため、パプアニューギニアでは道路が汚くなるのでビンロウ噛み用の専用ドラム缶が都市部では設置されている。ビンロウを大量に噛んでいると舌ガンになるとも指摘されている。ベテルナッツは嗜好品としてだけでなく、サポニンやグルコシターゼなどをふくんでおり、医薬品として浮腫、捻挫、静脈瘤などの治療に用

図24　ベテルナッツ（左）とたたき具（右）。ベテルナッツの実をたたき具（クラッシャー）でつぶす

いられる。

カヴァはコショウ科植物の灌木で、この根を砕いて水と混ぜて浸出する液を嗜好品として飲用する。カヴァの飲用慣行はミクロネシアのコシャエ島、メラネシアのヴァヌアツ共和国のいくつかの島じま、フィジー、ポリネシアのトンガ、サモア、ハワイなどの地域で見られる。ポリネシアでは一般にカヴァ（kava）ないしアヴァ（ava）、コシャエ島ではシャカオ（shakao）と称される。魚毒漁の項で述べたように、ポリネシアで使われるデリス属植物はカヴァ・ニウギニ、つまり「ニューギニア産のカヴァ」と称される。

魚毒の利用方法とカヴァ飲用の方法は類似している。すなわち、根をたたいて中の成分を水と混ぜる、ないし水中に浸出させて、その成分を飲用もしくは魚毒として使う。場合によるが、カヴァの根をたたくのではなく、口腔内で咀嚼して、いったん吐きだしたものに水を加えて飲むこともある。ポリネシアでカヴァは客の接待や歓迎の儀式には欠かせないものであり、一定の作法にしたがって飲む必要がある。儀式のさいに根を砕いて使うのがふつうであるが、粉末状になったカヴァも販売されている。

興味あることに、ビンロウ噛みとカヴァを利用する地域がたがいに異なる傾向がある。これは太平洋に人びとが何度にもわたって拡散したさいの文化のちがいに起因する可能性があり、前者をベテル・ピープル（Betel people）、後者をカヴァ・ピープル（Kava people）と呼んで区別する説

が過去に提示された。(7)

〈註〉

(1) 船山信次『毒と薬の世界史　ソクラテス、錬金術、ドーピング』（中央公論新社　二〇〇八）

(2) 陶隠夕編『図解神農本草経』（山东東美术出版社　二〇〇八）

(3) Philippe, D., Lloyd, J.: *Beyond Nature and Culture.* (The University of Chicago Press, 2014).

(4) 秋道智彌「ニューギニア低地・ギデラ族における小児の病気と治療」（『国立民族学博物館研究報告』9（2）：349〜382ページ　一九八四）

(5) Fosberg, R.: *Plants of Satawal Islands, Caroline Islands.* (Atoll Research Bulletin : 132, Washington, Smithsonian Inst, 1969).

(6) 桑原秀樹『お抹茶のすべて』（誠文堂新光社　二〇〇五）

(7) Rivers, W. H. R. : *The History of Melanesian Society.* 2. (Nabu Press, 1914).

V

大地とたたき技術

——粉・箔・鋼

一　自然物の粉化・箔化・鋼化

自然物をたたいて粉砕し、微細な粒子からなる粉にすることで多様な利用方法が生みだされた。粉が水溶性であれば、液体として多様な利用が可能となった。粉化、つまりパウダリング（powdering）は人類の加工技術のなかでも特筆すべきだろう。たたきの技術と粉利用の文化は不可分の関係にある。

粉製品にはさまざまなものがある。食品ならば、小麦粉、インスタントコーヒー、粉ミルク、ココア、抹茶、きな粉、片栗粉、スープの素、砂糖、塩などがある。生活用品では洗剤や化粧品、工業製品ではセメント、消石灰、砂などがその例である。染織や絵画などの芸術分野では顔料・染料は欠かせない。顔料・染料は材料をたたくかすって粉砕し、粉状にする。染料の場合、原料となる草木を煮だして液を浸出させる方法もある。

一方、金属を金鎚で薄くのばす場合がある。この工程は箔化、つまりフォイリング（foiling）である。たとえば金は延性の性質が顕著であり、たたくことで一立方センチメートルの金から約一〇平方メートルの金箔を作ることができる。

たたくことで対象に強靭な堅牢性を与える場合がある。それが精錬（smelting）技術であり、金属をたたいて鍛えることを指す。たたきの技術からすれば、粉化や箔化とは対極的な性格をもつ。精錬の対象となるのは青銅、鉄、金、銀などである。精錬は常温ではなく、高温で金属を融解しておこなわれる点が粉化や箔化と顕著に異なる。本節では、粉・箔・鋼に着目して大地(岩石・鉱物)や大地に生育する植物を素材としたたたき技術を総ざらいしてみたい。

1　染料

粉として利用される染料と顔料のちがいについて確認しておこう。顔料(pigment)は、着色に用いる粉末のうち水や油に不溶性のものを指す。反対に、水や油に溶けるものが染料(dye)である。ただし、色素も **pigment** と呼ぶことがある。

古代日本では、七世紀の聖徳太子による「官位一二階制」以降、朝廷における官位と色の象徴的な関係が決められた。その後の『令義解《りょうのぎげ》』の「衣服令」にあるように、さまざまな植物を用いた染色がおこなわれた。平安時代の一〇世紀前半に編纂された『延喜式』巻一四の「縫殿寮《ぬいどのつかさ》・雑染用度条」に示されている三〇種類の色には、染料の種類と量、媒染剤が示されている。これらはすべていわゆる草木染で、櫨《はじ》、蘇枋《すおう》、紅花《べにばな》、支子《くちなし》、紫草《むらさきそう》、茜《あかね》、搗橡《かちつるばみ》、黄蘗《はじ》、苅安草《かりやす》、藍《あい》がふくまれている。以下、染料を種類ごとに検討しておこう(1)。

⑴アイ（藍）

アイはタデ科イヌタデ属の一年草で、青色の染料として広く使われてきた。染色方法には生葉《なまば》染め、乾燥葉染め、すくも染めがある。生葉染めはもっとも古い染色法で、布にアイの新鮮な生葉をそのままたたきつけて染める「たたき染め」か、すりつぶした汁で染める方法がある。たたくさいに、槌の縁を使って軽くたたく。「乾燥葉染め」は、乾燥したアイの葉を用いる方法で、粉状にしたものにいずれも五％のエタノール水溶液と炭酸水素ナトリウム溶液を加えると、色素が沈着して発色がよくなる。「すくも染め」は、乾燥したアイの葉を室の中で数カ月発酵させたすくも（蒅）を搗き固めた藍玉を利用する。水甕に発酵させた藍玉を入れて、布を染色する。日本では徳島で見られるだけである。

注意すべきは、藍色の染色に使われるのはタデ科の草本だけではない点である。たとえば、琉球藍はキツネノマゴ科の多年草で、沖縄本島北部の本部町伊豆味で栽培されている。琉球藍は生葉染めに使われ、葉を水に浸けて発酵させた沈殿藍（泥藍）を用いる。泥藍をさらに小分けして水に浸け、泡盛、黒糖などを加えて発酵を促進する（藍建て）。そのさい、藍花と呼ばれる泡状のものが表面に出てくる。琉球藍には不純物が少なく、染めた後の生地にツヤの出る特徴がある。

これと混同しやすいのがトウダイグサ科ヤマアイ属のヤマアイ（山藍）で、日本では古代から「摺り染め」に葉が使われた。奄美では、イトバシショウで織った布を臼に入れ、山藍の地下茎を

図１　中国雲南省文山州ヤオ族の村における藍の保存穴（左）と藍（右）（撮影・宮脇千絵）

乾燥して媒染剤で青くする。これを砕いて粉状にしてできる藍汁を布に注いで杵で搗き、薄青色の布に染めた。これがツキゾメ（摺り染め）で、イネの収穫前までに作ったウバシャギン（青色の着物）を夫や息子に贈った。[2]

マメ科コマツナギ属の低木は藍染に使われ、草本のアイと区別するためにキアイ（木藍）と呼ばれる。インド・東南アジア原産のナンバンアイや近縁のタイワンコマツナギ、ベンガル・インディゴ、中南米原産のナンバンコマツナギなどがある。ふつうインド藍とも呼ばれ、国内では八重山諸島で栽培され、八重山藍と称されている。枝葉を二〇時間ほど水に浸けこみ、枝葉をとりのぞいた液に消石灰を入れて攪拌する。底に沈殿する沈殿藍に、木灰と石灰、小麦粉や米糠、ハチミツなどを入れて発酵を促進する。

以前、中国雲南省南東部にある文山州のヤオ族の村でアイを発酵・保存する深さ二メートル、長径二メートルの方形の穴を見たが藍染め用の植物はわからなかった（図1）。このほか、ツユクサ属のツユクサの栽培変種であるオオボウシバナ（月草）の花を布の上におき、槌でたたいて青色に染めることがある。水で退色するので京都の西陣織の下絵作りに利用される。アブラナ科タイセイ属、トウダイグサ科ヤマアイ属のヤマアイなどがある。最後の種はインディゴをふくまない。

⑵スオウ（蘇芳）

スオウはマメ科の小高木で、心材から黒みを帯びた赤色（蘇芳色）の染料がとれる。媒染剤に応じて、アルミニウム系のミョウバンを用いて媒染すると赤色になるが、木灰のアルカリ性水溶液を使うと赤紫色に、鉄を用いると黒っぽい紫色に染めあがる。

⑶キハダ（黄蘗）

キハダはミカン科キハダ属の木本で、樹皮を煎じると黄色みがかった茶色に染めることができる。キハダはベニバナを用いた染物の下染めに用いられることが多い。

⑷ベニバナ（紅花）

ベニバナはキク科ベニバナ属の草本で、紅花染めは水にさらして乾燥させた花を水にふくませてモチ搗きとおなじ要領により杵で搗き、丸餅の形にして乾燥させた状態の紅餅《べにもち》を灰汁に入れてかき混ぜる。これに衣類をひたし、水でさらすと、布は橙色になる。さらに、紅餅入りの灰汁に烏梅《うばい》を少量加えたものにひたし、水にさらす。烏梅は未熟なウメを発酵させたものでクエン酸をふくんでいるので、布も赤っぽくなる。さらに、烏梅を少しずつ加えて何度も染めあげて水にさらし、乾燥させる。古代の『魏書』東夷伝倭人の条、邪馬台国には、卑弥呼が魏国に赤と青の織物を献上したと書かれている。また、三世紀中葉の纒向《まきむく》遺跡（桜井市）から大量のベニバナの花粉が見つかっており、当時、染色や化粧に使われたと推定されている。

⑸クチナシ（梔子）

アカネ科クチナシ属のクチナシの乾燥果実は黄色の着色料として用いられた。また、黄色の色素であるゲニピンは米糠にふくまれるアミノ酸と化学反応を起こし、発酵させることによって青色の着色料にもなる。クチナシの実は湯がいて煮汁をとる。やわらかくなったクチナシの実を砕いて、ふたたび湯にかけて二番汁を抽出し、布を染めると黄色くなる。クチナシの着色料はクリやキントンを黄色く色づけるうえでも利用される。

⑹ムラサキ（紫）

ムラサキ科の多年草で、その根は紫根《しこん》と称される紫色の染料とされてきた。紫根にはアセチルシコニンと呼ばれる色素をふくんでおり、乾燥した紫根を砕いて粉にして利用された。

⑺アカネ（茜）

アカネはアカネ科の多年草で、その根を煮だした汁にはアリザリンがふくまれている。アカネの根は染料として古くから草木染めの材料とされており、茜染《あかねぞめ》の名がある。発色は茜色と呼ばれる。黒い果実も染色に利用される。

⑻ツルバミ（橡）

ツルバミはクヌギの古名で、カチツルバミ（搗橡）は「搗き砕いたツルバミ」の意味で、クヌギの実と殻斗を臼で搗いたものである。単純にクヌギのドングリを使ったものは白橡と黒橡と称される。クヌギのドングリを煮だしたものが白橡で、これに鉄を加えたものが黒橡である。赤白橡はハゼのクヌギの幹の煮汁で染めてからアカネの根の煮汁で染め重ねたもので、黄色の強い茜色を呈する。青白橡はカリヤスの煮汁で染めたのちムラサキの根の抽出液で染め重ねたもので、オリーブグリーン系の色が出る。

⑼ハゼノキ（黄櫨）

ハゼノキはウルシ科ウルシ属の木本植物である。古代日本では、ハゼ一四斤の樹皮とスオウ一一斤分の心材の煎汁に、灰汁・酢などを媒染剤として混ぜて染めたものは、嵯峨天皇以来、天皇の袍《ほう》（上着）に用いられた。

ハゼノキの実の束を水に一晩ひたしたあと、水切りをして、連枷《れんか》（＝唐竿）でたたき、ハゼノキの実を房から落とす。実を石碓《うす》で搗いて細粉とし、ふるいにかける。これを蒸し器で蒸す。そして布にくるんだまま圧搾機で蠟を絞りだす。さらにこれを大鍋で加熱、冷却したものを削って天日でさらして白蠟を作る。

ハゼノキの木蠟は、和蠟燭として近世期の藩における重要な財源となった。江戸時代に西日本の諸藩で木蠟をとる目的でさかんに栽培された。また、江戸時代中期以前は時としてアク抜き後、焼いて食された。このほか、すりつぶしてこね、ハゼ餅（東北地方のゆべしに近いものと考えられる）として加工されるなど、救荒作物としても利用された。現在も、食品の表面に光沢をつけるためのほか、坐薬や軟膏の基剤、ポマード、石鹸、クレヨンなどの原料として利用される。ハゼノキから蠟を精製するために、多くのたたき技術が介在することは明らかであろう。

(10)カリヤス（苅安）

カリヤスはイネ科ススキ属の多年草で、全草を細かく切って煎じて黄色の染料を抽出する。おもに庶民の着る衣服を染めるのに利用された。古代には伊吹山産（滋賀県）のものがよく知られていた。

(11) ウコン（鬱金）

ショウガ科ウコン属の多年草であるウコンはポリフェノールのクルクミンを多くふくむ。根茎を水洗いして皮をむき、五、六時間煮て、二週間ほど天日で乾燥したものを細かく砕き、粉末状にしたものを利用する（図2）。ウコンは黄色の着色料として染料、香辛料、食品に多く使われ、カレーがその代表である。

図2　秋ウコンの根茎部とたたいて粉状にしたウコン粉

　このウコンとおなじウコン属のキョウオウとを区別するために前者を秋ウコン、後者を春ウコンと呼ぶ。また、ウコンは肝臓薬や切り傷の外用薬としても使う。ミクロネシアではウコンはラーン（raang）と呼ばれ、魔よけのためにウコンの粉を水で溶いて体に塗ることがある。「ウコンを塗る」こともラーン（raang）である。とくに、男性が遠洋航海に出かけるさい、家族や親族の女性たちは泣きながら夫や息子の体にウコンを塗りつけ、航海の無事を祈った。ミクロネシアではチューク諸島、ヤップ諸島でウコンが栽培され、チューク産のものはテイク（tayiuk）と称され、一九一五（大正四）年に実業家の森小辯《こべん》の収集したものが現在、国立民族学博物館に収蔵されている。(3)

(12)動物性の染料

動物性の染料としては貝紫やコチニールが知られている。貝紫は古代紫、あるいは帝王紫（ロイヤルパープル：royal purple）と呼ばれ、アッキガイ科の巻き貝の鰓下腺《さいかせん》（パープル腺）から得られた分泌液に由来する。この分泌液を太陽光にあてると、液は黄色から紫色に変わる。人びとは、貝をたたいて鰓下腺を抽出した。古代には地中海のフェニキア人が多く採集した。乱獲によって減少したが、現在でも紅海沿岸のスーダンではラクダを使って採集がおこなわれ、カイロなどに運ばれる。(4)

もう一方のコチニールは昆虫由来の紅色の色素で、カメムシ目カイガラムシ上科に属するアジア産のラックカイガラムシ、メキシコ産のコチニールカイガラムシ、そして南欧産のケルメスカイガラムシから抽出したものである。カイガラムシの雌個体の体内にある色素化合物はアントラキノン誘導体のカルミン酸（カーマイン）である。カーマインの鮮やかな赤色の染料は枢機卿のローブや英国軍人の軍服を染めるために用いられた。

2　顔料

顔料は水や油に溶解しない。原料の鉱物や土を砕いて粉末状にし、展色材である固着材と溶剤とを混合して液体状の製品を作る。塗料、インクのほか、織物、化粧品、食品、合成樹脂などの着色に広く使われる。

⑴顔料と色

先史時代の洞窟や遺跡には、天然顔料の塊（ナゲット）や顔料を塗布した人骨、顔料で描いた図像が発見されている。とくに酸化鉄が顔料とされていたことが確認されている。このなかには、赤鉄鉱、褐鉄鉱（針鉄鉱・鱗鉄鉱をふくむ）、磁鉄鉱、磁赤鉄鉱などがある。(5) 酸化鉄の顔料はふつうオーカー（orchre）ないし黄土《こうど》（yellow orchre）と呼ばれる。黄土は水和酸化鉄であり、シエナ（sienna）は水和酸化鉄、珪酸アルミニウム、マンガンをふくむもので、マンガン成分のために黄土よりもやや褐色を呈する。シエナを焼成したものはバーント・シエナ（burnt sienna）と呼ばれ、赤みを増した色合いに発色する。

おなじ赤色の顔料であるベンガラ（bengala）は酸化第二鉄や水酸化第二鉄を主要な発色成分としている。前者は砕いて粉砕したものを使う。後者は加熱して酸化したのちにたたき砕く。

ベンガラはオランダ語で、日本語の「弁柄《べんがら》」は輸入元のインド・ベンガル地方に由来する。ベンガラは黄土を焼いて作るか、鉄の硫化化合物を酸化して得られる硫酸鉄の水和物である緑礬（りょくばん、ろうは）から作られる。緑礬を焼成したものを冷却後、水洗いして石臼で三日ほど挽いて細粉にする。これを水に溶かして、ベンガラ成分を沈殿させる。この工程を数十回くり返して、純度の高いベンガラを得る。これを板に塗って天日乾燥する。ベンガラと一口にいっても、ふくまれる成分のちがいから発色する色は明るい茶色から茶褐色、暗い紫色までになる。

赤色の顔料にはベンガラのほか、朱《しゅ》（辰砂《しんしゃ》）と鉛丹《えんたん》がある。前者は硫化第二水銀で日本古代には丹《に》と呼ばれ、『魏書』東夷伝倭人の条に、邪馬台国に「其山　丹有」とあり、硫化第二水銀の産地であることがわかる。丹は天皇や高貴な人物を埋葬した古墳の内壁、木棺・石棺、壁画に彩色された。赤い色は邪悪なものを寄せつけない呪力があるとされた。後者は四酸化三鉛であり、日本の平安時代の建築物にある朱色の柱は鉛丹を主原料とする塗料で塗装された。奈良興福寺の阿修羅像には鉛丹が塗られ、さらに朱が上塗りされていることが判明している。

いわゆるアンバー（umber）は茶色の土であり、酸化鉄以外に二酸化マンガンをふくんでいるものでは、マンガン量が多いほど黒い顔料となる。アンバーを焼成したものはバーント・アンバー（burnt umber）と呼ばれ、赤っぽい色が出る。また、ケイ酸鉄をふくむものは緑色がかったローアンバー・グリニッシュ（low amber greenish）になる。

(2) 先史時代の顔料

顔料の利用史は、人類にとり時代をはるか昔にさかのぼる。ザンビアの首都ルサカ近くのツイン川岸にある洞窟から酸化鉄とそれを粉砕するのに用いたと思われる道具が発見された。時代は四〇～三五万年前で、原人（ホモ・エレクトゥス）段階のものであり、顔料の使用例としては最古のものとされている[6]。

中東のレヴァント地方（シリア、レバノン、ヨルダン、イスラエル）における中部～上部旧石器時代の多くの洞窟遺跡は、ネアンデルタール人および初期新人（ホモ・サピエンス）のものである。このうち、イスラエルのカフゼー洞穴（Qafzeh Cave）から塊状のオーカーが最小でも八六個見つかった。随伴する石器のなかには、片面に太く深い溝とそれにやや並行する沈線が描かれ、他面にそれらと直行する方向で激しくこすることで生じたくぼみをもつ例がある。また、色痕ののこっている石器や石核から剥片を剥離したあとのルヴァロワ型石核のくぼみに赤色の塗料がのこされており、オーカーを入れる容器にした可能性が示唆されている[7]。

南アフリカ・ケープタウンのブロンボス洞穴（Blombos Cave）は現在の海岸線から一〇〇メートルの距離で高さ三四・五メートルに位置する。この洞窟から出土したアワビの貝殻二枚につめられた粘土には黄土がふくまれていた。しかも、貝殻の周辺には石英や木炭、砕いたアザラシの骨、砥石、石をたたき割るためのハンマーストーン、炉跡などが見つかっている。遺跡の周辺一帯には考古学的な遺物はなく、この場所が顔料を製作する工房であった可能性は大きい。時代は約一〇万年前の現世人類段階にあたる。

顔料のオーカーはまず石の上ですりおろすか、砕いて粉状にされた。顔料は水に溶けないので、アザラシの骨を焼いて油を抽出し、炭とともに混ぜてこれに海水か真水か尿が加えられた(8)。オーカーは絵を描くほか、身体装飾に使われたと推定されている。

ヨーロッパでは中部旧石器時代のフランス、ル・ムスティエ洞穴やラ・シャペル・オ・サン洞穴があげられる。これらの洞穴から出土したネアンデルタール人骨にはオーカーがふりかけられている。スペイン北部のアルタミラ洞穴やフランス南西部のラスコー洞穴の壁画は後期旧石器時代（一万七〇〇〇年前）のものであり、赤色で彩色されている。ウクライナのメジリチ（Meïrichi）遺跡第1号住居（一万八〇〇〇年前）は九五個のマンモスの下顎骨や四〇〇もの牙や頭骨、長骨を使って建造されたものである。この住居の入り口にあるマンモスの頭骨には赤色顔料で模様が描かれており、魔よけの意味が想定されている。

タッシル・ナジェール（Tasili n Ajjer）は、アルジェリア南東部の山岳地域で、古いトゥアレグ語で「水のあふれる台地」を意味する。ここにある岩壁画は中石器時代からアラブ人の侵入する一一～一二世紀にかけての八〇〇〇年にわたり継続的に描かれた。時代により、描かれる対象は「狩猟民の時代」、「ウシの時代」、「ウマの時代」、「ラクダの時代」と変化しており、時代に応じた環境の変化（砂漠化）が想定されている。タッシル・ナジェールでは顔料として黄土色のページ岩（ケツガン）が使われた。このページ岩に含有される酸化鉄の量と種類によって、黄色から褐色、赤色の顔料が得られる。

二〇一八年二月、『*Science*』誌に、スペインのラ・パシエガ洞窟、マルトラビエソ洞窟、アルダレス洞窟の三カ所で、ネアンデルタール人の手形、はしご状の模様、赤い丸などが描かれた遺跡が発見され、放射性ウラン・トリウム法により壁画が六万五〇〇〇年前にネアンデルタール人によって描かれたものであることがわかった[9]。さらにこれらとは別に南東スペインのクエバ・デ・ロス・アビオネス（Cueva de los Aviones）遺跡から、孔の開いた二枚貝に彩色した遺物が見つかっている。時代は一一万五〇〇〇年前のものとされており、旧人段階から顔料が使われた可能性がたいへん大きい[10]。

(3)日本の先史・古代の顔料

日本では縄文以前の旧石器時代における顔料の利用を確認する資料はない。しかし、新石器時代の縄文時代と引きつづく弥生時代、古墳時代・奈良時代になると顔料を利用した木製品、土器のほか、古墳の装飾にもさまざまな色の顔料が利用されたことが判明している[11]。

縄文時代には、土器は食物を煮炊き、貯蔵するためのものであり、外側に顔料で装飾をほどこすことはなかった。しかし、土製品には儀礼用の土器、土偶、けつ状耳飾り、土製仮面、木製品の櫛や飾り弓、石製品の石刀、腕輪などに装飾がほどこされた。顔料としてはベンガラや辰砂が主要な原料であり、いずれも原石をたたき砕いて粉末状にしたものが用いられた。

展色材（色素を固着させるバインダー）としてはウルシの利用が大きな特徴である。たとえば、若狭湾の鳥浜貝塚（縄文前期〜中期）出土の土器には土器を焼成後にベンガラで赤く彩色したものがある。おなじ鳥浜からはツバキの幹を加工し、ウルシとベンガラを混ぜた顔料で赤く色づけした櫛が見つかっている（図3）。赤い色以外では黒色のウルシを塗ったものがあり、炭を使ったものとされている。なお、北海道の縄文前期の東釧路貝塚からネズミイルカの頭骨を五頭分、口吻を中心にむけて放射状に配列した遺物が出土しており、このイルカの骨にはベンガラが塗布されている。

図3　焼成後にベンガラで赤く彩色した土器（左）、ツバキの幹を加工し、ウルシとベンガラを混ぜた顔料で赤く色づけした櫛（右）（福井県・鳥浜貝塚）（福井県立若狭歴史博物館蔵）

　弥生時代には稲作農耕が開始されるが、縄文時代に引きつづいて、土器や木製品に赤漆や黒漆で彩色することもおこなわれた。九州地方では甕棺葬がおこなわれ、甕棺の内部にベンガラや丹（辰砂）の顔料が塗布された。死者の遺体にも赤い粉をふりかけたと思われる風習もあり、赤色が血ないし生命を表すものとして葬送儀礼で死者の再生を祈ったか、あの世で生きることを願ったものと思われる。

古墳時代になると、弥生時代から引き継いだ棺や石室におけるベンガラの利用に加え、埴輪の彩色が多く見られるようになる。九州地方に多い装飾古墳において、前時代にくらべて多くの色を使った彩色装飾がのこっている。これには、赤（ベンガラ）、黄（黄色粘土）、白（白色粘土）、緑（岩石の粉末）、青（岩石の粉末）、黒（酸化鉄・マンガンをふくむ鉱物ないし炭や墨）が彩色用に用いられた[12]。

ところが、奈良県の高松塚古墳における装飾壁画には、それまでとは異なった顔料が用いられていることがわかった。それらは赤（ベンガラと朱）、黄（黄土）、白（漆喰）、緑（孔雀石を砕いた岩緑青）、青（藍銅鉱を砕いた岩群青）、黒（墨）であり、これ以外にも金箔、銀箔、白色と朱の顔料を混ぜあわせた淡紅色がふくまれている[13]。

(4) 墨と硯

墨（ink）も黒色顔料の一種であり、カーボンブラック（carbon black）を指す。伝統的に墨は煤《すす》から作られた。煤を採煙するために油煙と松煙の方法がある。油煙は、ナタネ、ゴマ、キリ（アブラギリの種子から採油）、ダイズ、ツバキなどの油を土器に入れ、イグサの灯芯を浸して火をつけて燃焼させ、炎の先から一〇センチほど離した土器の上蓋につく煤を集める。松煙はアカマツの表皮に傷をつけて松脂を出して集める。松脂の乾燥後、細い棒状にしたものを障子張りの部屋で燃焼させ、障子についた煤を掃いて集める。いずれの場合も、煤に膠《にかわ》（動物の皮革や骨髄を煮て固めたコラーゲン物質もしくはゼラチン）と煤の匂いをとる香料（龍脳、麝香、梅花香）を加えて固形墨のもととなるペーストを準備する。これを木型に入れて乾燥させ、墨として成型する。

膠はタンパク質であり、温度が高いと腐敗するので墨作りは冬季の作業となる。膠には鹿膠（シカの皮）、三千本（ウシの皮）、兎膠（ウサギの皮）、魚膠（ニベの皮）などがあり、それぞれ墨として使う場合の接着力や腐敗度にちがいがある。墨は黒色が原則であるが、煤のカーボン以外の顔料を加えて、さまざまな発色の墨が「彩色煙墨」として製造されていることを紀州松煙工房代表の堀池雅夫氏によるネット情報から知った。

現在の墨は直方形のものであり、石製の硯ですって墨汁を作る。硯には墨汁をためる墨池《はくち》と墨をする墨堂《ぼくどう》がある。しかし、かつての墨と硯はいまとおなじようなものではなかった。秦代（紀元前二二一～紀元前二〇六年）の墓から出土した墨は黒鉛製で、石製の硯と磨り石があったことから、硯の上で黒鉛をすりつぶして墨を作ったと推定されている。のち、墨を小さく丸めた墨丸を硯の上でたたきつぶして墨の粉を作ったようだ。後漢（二五～二二〇年）における墓の壁画には円形の硯に円錐形の墨がおかれた様子が描かれており、現代とおなじような固形墨が登場していたと考えられる。漢代には墨は松煙から作られ、宋代まで続いた。しかし、南宋以降は油煙が台頭し、明代には著名な墨匠を輩出した。油煙墨が用いられるようになるのは、江南地方における菜種栽培が影響をおよぼした可能性がある。

一方、日本では二〇一五、二〇一六年に弥生時代後期（一～二世紀）のものと見られる国内最古級の硯の破片二個が福岡県糸島市の三雲・井原《いわら》遺跡で出土した。この遺跡は『魏志倭人伝』にある「伊都国《いとこく》」の都とされ、当時、文書があつかわれていたことを裏づけるものと評価された。硯の破片は六×四・三センチ、厚さ六ミリと、五・四×三・九センチ、厚さ五ミリの石製板状のもので表面に使用痕があった。硯に墨の粉か粒を磨り石ですりつぶして使ったと思われる。

奈良時代になると、平城京址から出土した大量の木簡つけ札には、墨書きで産品名、数量、産地などが書かれている。当時から全国で墨書きが徹底していたことがわかる。日本では竹簡は使われなかったが、墨書土器は奈良・平安期の遺跡から数多く見つかっている。たとえば、神戸市の深江北町遺跡出土の墨書土器がそうだ。墨書土器から古代史における地域社会と役所のあり方、文字とことばの関係から新基軸の研究が提案された。(14) さらに、墨の利用技術に着目した全国レベルの比較研究も必要だろう。

⑸油絵具・水彩絵具・日本画絵具

水彩絵具は顔料に展色材のアラビアガムを加えて顔料を固着させるもので、透明水彩絵具と不透明水彩絵具に分かれる。前者は透明度が高く、後者はガウシェ（gouche）と称され、下地が見えず、隠蔽性が高い。また、後者における顔料の量は前者よりも多い。アラビアガムのほか、アクリル樹脂、膠、卵黄、カゼインなどを展色材として加えたさまざまな絵具がある。耐水性、乾燥の速さなどがそれぞれ異なる。

日本画で使われる岩絵具は、辰砂、藍銅鉱、孔雀石、岩群青、岩緑青などや半貴石（瑪瑙、水晶、紫水晶、瑠璃、トルコ石、赤鉄鉱、月長石、虎目石、黒曜石、方曹達石、蛍石など）を砕いて作った顔料である。岩絵具に膠を混ぜて指先でのばす。岩絵具よりも粒子の細かい泥絵具は水干《すいひ》絵具とも呼ばれ、胡粉（貝殻の炭酸カルシウム）、白亜（石灰岩の一種）、石膏などの白い粉に染料を染めつけたものである。

油絵具は、顔料に乾性油を加えて被膜を作る絵具で、乾性油が空気中の酸素と化学反応を起こすことを利用する。乾性油には、桐油、芥子油、胡桃油、紅花油、亜麻仁油、向日葵油などがあり、空気中で完全に固まる。

以上に見たように、顔料の製造は原料となる鉱石を粉砕して粉状にする工程が基本となっている。また、展色材や固着材、あるいは溶媒となる油脂の精製には動物の骨髄や植物の種子を砕いて搾油する作業が不可欠であり、顔料が洞窟壁画から現代の絵画におけるまで一貫してたたき技術のうえに成立してきたことは明らかだろう。青金石《せいきんせき》（ラピスラズリ）はアフガニスタン産の鉱石で群青色の顔料となり、ウルトラマリンの名がある。古代エジプトの時代から、J・フェルメールの「青いターバンの少女（真珠の耳飾りの少女）」（一六六五年）を経て、その群青色の魅力は現代に至るまで画家のみならず多くの人びとを魅了してきた。宝飾品として愛でるのではなく、その色を絵画や壁画など別の媒体に絵具として投影した芸術家のあくなき追及があったといえるだろう。

〈註〉

（1）馬場篤、大貫茂（写真）『薬草500種　栽培から効用まで』（誠文堂新光社　一九九六）

（2）辻村喜一『万葉の山藍染め』（染織と生活社　一九八四）

（3）印東道子『島に住む人類　オセアニアの楽園創世記』（臨川書店　二〇一七）

（4）縄田浩志「ラクダ牧畜民による海岸部の資源利用　スーダン東部ベジャ族の採集・漁撈活動の事例分析から」（『エコソフィア』５：119〜134ページ　二〇〇〇）

（5）ロナルド・ルイス・ボネウィッツ（青木正博訳）『岩石と宝石の大図鑑　岩石・鉱物・宝石・化石の決定版ガイドブック』（誠文堂新光社　二〇〇七）

（6）The earliest use of pigments (circa 400.000 BCE–350.000 BCE). *Jeremy Norman's History of Information.com*, 2004-2018).

（7）安斎正人「西アジアの旧石器時代に関する覚書（1）」（『特定領域　平成一七年度研究報告』12〜22ページ　二〇〇六）

（8）Henshilwood, C. S. *et al.*: A 100,000-Year-Old Ochre-Processing Workshop at Blombos Cave, South Africa. (*Science* 334(6053): 219–222, 2011.), Shea, J. J.: The Middle Paleolithic of the East Mediterranean Levant. (*Journal of World Prehistory 17(4)*: 313–394, 2003).

（9）Hoffmann, D. L., Standish, C. D., García-Diez, M., Pettitt, P. B., Milton, J. A., Zilhão, J., Alcolea-González, J. J., Cantalejo-Duarte, P., Collado, H., Balbín, R. de, Lorblanchet, M., Muñoz, J. R., Weniger, G.-Ch., Pike, A. W. G.: U-Th dating of carbonate crusts reveals Neandertal origin of Iberian cave art. (*Science* 359 (6378): 912–916, 2018).

（10）Zilhão, J. *et al.*: Symbolic use of marine shells and mineral pigments by Ibelian Neandertals. (*Proceedings of the National Academy of Sciences* 107(3):1023–1028, 2010).

（11）Hovers, E. *et al.*: An early case of color symbolism: ochre use by modern humans in Qafzeh Cave. (*Current Anthropology 44(4)*: 491–522, 2003).

（12）山崎一雄「彩色壁画の顔料」（乙益重隆編『装飾古墳と文様』古代史発掘8　講談社　一九七四）。山崎一雄『古文化財の科学』（思文閣出版　一九八七）

（13）安田博幸「高松塚古墳の壁画顔料について　その化学的調査（高松塚壁画古墳特集）」（『仏教芸術』（87）：20～23　一九七二）

（14）平川南『墨書土器の研究』（吉川弘文館　二〇〇〇）

二　箔とたたき

金属製品は、鋳金《ちゅうきん》、鍛金《たんきん》、彫金《ちょうきん》に分けることができる。金属の材料としては、金・銀・銅・黄銅・錫・鉄などのほか、白金、アルミニウム、真鍮などがある。金属のもつ特性を大きく溶解性、展延性、削穿性に分けると、鋳金、鍛金、彫金の技術はそれらの特性を結合したものといえる。たたきの技術は鍛金にほかならず、たたくことで薄く広がる金属の展性と、針金のように引きのばせる金属の延性を利用したもので、その工程はそれぞれ鎚金《ついきん》、打物《うちもの》、鎚起《ついき》と称される。完成品は鍛造品と呼ばれる。一方、常温でたたいてのばすのが箔である。鍛造は金属を高温にしてたたいて強く鍛えることを指す。箔はとくに美術・工芸分野で汎用されてきた。

1　金箔・銀箔

金箔は純金のほか、少量の銀と銅を加えた合金を一三〇〇度の高温で融解したものを冷却し、地金として使う。これを圧延機で幅六センチの帯状の延金《のべきん》とする。延金は「こっぺ（小兵）」と称され、これを五センチ角に切ったものを澄打紙《ずみうちがみ》（稲藁製の紙でニゴと呼ばれる）にはさんだものを数百枚重ねて、澄打機で打ってのばす。のびると面積が大きくなるので、それを裁断してさらに厚さが一〇〇〇分の一ミリ（一ミクロン）になるまで打ちのばす。この過程で、のびた金片は小兵から荒金《あらがね》、小重《こじゅう》、大重《おおじゅう》と呼び名が変わる。なお、澄打紙はつぎにふれる箔打紙よりも太くて強い繊維からなっている[1]。澄打ちで金は三ミクロンまでにのばされる。

金片を澄打紙からハトロン紙にはさみかえて艶消しをし、九〜一〇枚に裁断し、それを一枚ずつ一八〇〇枚の金箔打紙《きんぱくうちし》にはさみ、この束を革で包み、箔打機で何度も打って薄くし、一〇センチ角になるまでのばす。これを小間《こま》と呼ぶ。

金箔打紙には兵庫県西宮市塩瀬町の名塩産の雁皮紙《がんぴし》が用いられてきたが、石川県内産のものも使われる。金箔打紙は二〇センチ角に切り、灰汁に浸けて数百枚重ね、これをたたいたものを乾燥する。さらに灰汁につけて重ねてたたき、乾燥する。この過程を五回以上、一五回までおこなったものが打紙として使用される。金箔打紙で数回金をたたくと金ののびがなくなることがあり、打紙を灰汁につけ、柿渋や卵を加えて金箔ののびを増す。

打ち終わった金箔をミツマタ製の「広物帳《ひろものちょう》」に一枚ずつ丁寧に検品してはさんでいく。金箔を鹿革張りの板に竹箸でおき、三寸六分（一〇・九センチ）角の規定の大きさに裁断する。これの一〇〇枚ぶんが一セットとなる。これで〇・一〜〇・二ミクロンの極薄の金箔が完成する。一グラムの金が二八〇〇メートルにのびたことになる。

金箔をのばすたたきの回数は手鎚による作業にしろ機械にしろ半端ではない。しかも、用いられる箔打紙自体の調整にも十数回におよぶたたき作業が必要とされる。銀箔も〇・一五ミクロンまで薄くのばすことができるが、手間は軽減される。銀箔の場合、黒鉛やパラフィンを塗布した和紙のあいだにはさんで箔打ちをおこなう。

2　箔と文明

金箔（gold leaf）は古代エジプトでも使われていた。紀元前一三〇〇年代前半の第一八王朝第一二代のファラオであるツタンカーメンの王墓から発見されたミイラと数々の副葬品のなかでも黄金のマスクは世界を驚かせた。棺自体に厚さ二・五～三ミリの金箔が貼られていた。木製ベッドにも金箔が貼られていた。このほか、杖、矢、盾、植物の種子などの副葬品がある。金の精錬から金箔打ち、金の装飾品作りなどがおこなわれていたことは壁画にも描かれている。メンフィスのネクロポリスであるサッカラ（Saqqara）にあるメレルカ（Mereruka）の墓の壁画として描かれている。時代は紀元前二三〇〇年ころである。(2)

日本では金箔・銀箔の使用は古く、高松塚古墳の石室壁画がある。奈良時代の「内匠式《たくみしき》」を見ると「白鑞工」とあり、白鑞《しろめ》、つまり錫箔を打つ専門工人が当時いたことになる。錫箔の大きさは方八寸（約二四センチ）とある。

箔はのちの時代、木彫の仏像や仏画などの装飾、屏風・襖の下地としての箔押し、料紙（文書・典籍・写経のための紙）や扇子の装飾に用いられてきた。装飾の技法として、金箔を細かくふった砂子《すなご》、金箔を大きめに破った破《やぶ》り箔《はく》、金箔を四角に切った切箔《きりはく》、金箔を細長く切った野毛《のげ》などがある。

これ以外の工芸品への利用として、漆工芸の箔絵《はくえ》、染織では摺箔《すりはく》、縫箔《ぬいはく》、金糸《きんし》、銀糸《ぎんし》、銅製品に金箔を張る鍍金《ときん》とおなじような効果のために使われる。工芸ではないが、日本料理や日本酒に金箔を使うこともある。日本では石川県の金沢が金箔製造の全国生産量をほぼ一手に引きうけて発展してきた(3)。第一次大戦時からヨーロッパへと輸出され、第二次大戦中は一時的に金の利用が制限されたが、戦後復興のなかで大きく発展してきた。

金箔は京都をはじめとした全国規模での日本の工芸・染織や建築、陶芸、日本画の世界になくてはならないものである。金箔は国内だけでなく、欧米諸国や東南アジアへも輸出されている。中国、韓国、タイ、ミャンマー、インドなどのアジア諸国でも金箔は使われている。とくに、芸術・宗教分野での使用が顕著であり、東南アジアの上座部仏教寺院に安置されている仏像に金箔を貼る慣習がタイ、ミャンマーにある。病気の治癒や家族の安寧を金箔に託する人びとの思いは、ツタンカーメンの棺に貼られた金箔と深いところでつながってはいまいか。

〈註〉

（1）山岸忠明「澄打紙に求められる基本的性質の解明について」（『平成22年度金沢箔技術振興研究所　受託研究』二〇一〇）

（2）James, T. G. H.: Gold Technology in Ancient Egypt-mastery of metal working methods(*Gold Bulletin* 5(2): 38–42, 1972).

（3）下出積與『加賀金沢の金箔』（北國出版社　一九七二）

三　鍛冶とたたき

鍛冶は金属を精錬するための工法であり、金属器の発明以来、武器や農具をはじめとして生産と軍事面でたいへん重要な役割を担ってきた技術である。鍛冶師は英語でブラックスミス（blacksmith）と称するが、このスミスは「打つ」を示す古英語のsmipや古代チュートン語（Teutonic）のsmeithan（鍛える）に由来する。スミスには、表1にあげたようにいくつも類別する用語がある。金、銀、錫、白目を扱う業種が専門化されていたことがわかる。ただし、英語でブラックスミスは鉄・鋼鉄の鍛冶師というより、鍛冶師を一般に指すことのほうが多い。さらに細工をほどこす作業で金属の表面に独特の文様や装飾をたたき具で創出する彫金の分野がある。ここでは、鍛冶と彫金についてたたき技術の展開を俯瞰して

表1　スミス（鍛冶屋）の類型

（"Types of Smiths" Wendy Edsall-Kerwin 2012 Feb. 23）をもとに作成

Smithの種類	対象金属
Blacksmith	鉄・鋼鉄
Arrowsmith	矢じりを鍛える
Bladesmith	ナイフ・刀剣類を鍛える
Coppersmith(Brownsmith)	銅を鍛える
Goldsmith	金および銀細工（おもに宝飾用）
Gunsmith	銃器
Locksmith	錠前
Pewtersmith	白目（錫と鉛の合金）
Silversmith(Brightsmith)	大型の銀製容器
Tinsmith(Tinnerもしくは Tinker)	軽量の金属製品、とくに錫製品
Swordsmith	刀剣のみを扱う
Whitesmith	白色合金（錫・白目）の鍛錬もしくは研磨する人

みよう。

1　鉄器文化の拡散

人類の技術史が石器時代から錫と銅の合金である青銅を使う青銅器時代、そして鉄器時代へと発展したとする図式でいえば、金属を高温で融解し、たたいて精錬する技術が生まれた。青銅の場合、錫と銅の比率のちがいが金属の性質に影響を与えた。錫の成分が多いほど白銀色の光沢が増し、硬度は上がる一方、銅が多くなるにつれて赤銅色に変化し硬度も下がる。武器や農具として使う場合は硬度のあるほうが望ましいが、銅成分の多い青銅製品も装飾用や祭祀用具として使われてきた。日本の銅鐸や銅矛、古代中国の鼎などの例がある。

青銅器時代の開始時期は地域ごとに異なっている。中国では、紀元前三一〇〇〜紀元前二七〇〇年ごろに黄河最上流部で青銅器文化がさかえ、のち紀元前一六〇〇年ごろに殷王朝が成立し、青銅器時代は春秋時代（紀元前七七〇〜紀元前四〇〇年ごろ）まで継続した。メソポタミア・エジプトでは紀元前三五〇〇年ごろから青銅器時代に入った。インドでは、紀元前二六〇〇〜紀元前一八〇〇年ごろにインダス川流域でインダス文明が栄えた。ヨーロッパでは紀元前二三〇〇年以降、紀元前八〇〇年くらいまで青銅器時代が続いた。

鉄鉱石や砂鉄は錫や銅にくらべて世界中に遍在し、鉄の利用技術が広く拡散するもととなった。ただし、地域や時代によって鉄器利用のありかたは異なる。最古の鉄器文化は紀元前一五世紀ころ、アナトリア高原を版図とするヒッタイトがもったとする定説がある。しかし、トルコのアンカラ南方にあるカマン・カレホユック遺跡で出土した紀元前一八世紀（アッシリア帝国の植民地時代）の小さな鉄片が鋼《はがね》であったことが判明し、ヒッタイト起源に疑問が呈された。鋼は製鉄によって抽出される銑鉄《ずくてつ》よりも硬度がある。この技術がヒッタイトの数百年前にあったとしても、カマン・カレホユックはヒッタイトが領有した地域であり、先住者の技術が継承された可能性がある。

少なくともヒッタイトは、紀元前一四〇〇年ころに炭を使って鉄を鍛造し、鋼鉄を作る技術を確立していた。ヒッタイトは製鉄技術を背景にして強国としての地位を形成したが、紀元前一一九〇年ころに東地中海からアナトリアをふくむ地域に大規模な社会変動が起こった。西方からの侵入者による抗争、気候変動にともなう食料危機、大地震による災害などの複合要因が考えられる。ヒッタイトの滅亡で、国家の保有していた製鉄技術が外部へと拡散していく大きな変化が生じた。社会史研究のF・ブローデルはこれを「鉄は解放者」であったと評している。(1)

鉄器文化はアナトリアからメソポタミア、エジプト、ギリシャ世界へと広がった。その後、東方のインド、中国、ユーラシア、西方および南方のヨーロッパ、アフリカへと伝播した。ただし、石器時代から青銅器時代を経て鉄器時代に移行した現象は世界中で起こったのではない。青銅器と鉄器がほぼ同時代に受容された日本や、石器時代から突如として鉄器時代に移行したオセアニア、南北アメリカがある。

2 鉄と鋼鉄

製鉄による鋼（鋼鉄）の精製技術について整理しておこう。鉄鉱石を木炭と燃焼させるさいにふいご（鞴）で空気をおくり、鉄鉱石と化合している酸素を燃焼時に発生する一酸化炭素と結合させて二酸化炭素とし、還元鉄（銑鉄《ずくてつ》）を抽出する。銑鉄の融点は一二〇〇度で、炭素を四〜五％ふくんでいる。この段階で、鉄鉱石にふくまれる二酸化ケイ素、酸化アルミニウム、酸化カルシウム、酸化マグネシウムなどの金属酸化物が塊状、粒子状に存在する。これが鉱滓、スラグ（slag）であり、ハンマーや鋳造用のエアーハンマーでたたいて圧力を加え、金属内部のスラグの除去、結晶の微細化、結晶の方向を整えた強度増加を進め、目的に応じて鉄を成形する。以上の工程は現代では高炉を用いておこなわれる。これを鋳型に入れたものが鋳鉄である。

つぎの製鋼段階では、空気を加えて銑鉄を燃焼させ、銑鉄中の炭素を二酸化炭素にかえる。ただし、この段階でも二酸化ケイ素、酸化カルシウムのほか、燃焼中に一部の鉄が酸化鉄になる。

これをふくめたスラグは比重が軽く上部にたまるのでこれを除去して鋼を抽出する。この後、高温の鉄を急冷する焼き入れと焼きもどしをおこなうことで鉄の粘り強さ（靱性）が増す。鋼は炭素を〇・〇四〜二・一％をふくむ鉄を指すが、炭素量が〇・六％までは鋼鉄の硬さによく反映されることが図4からわかる。

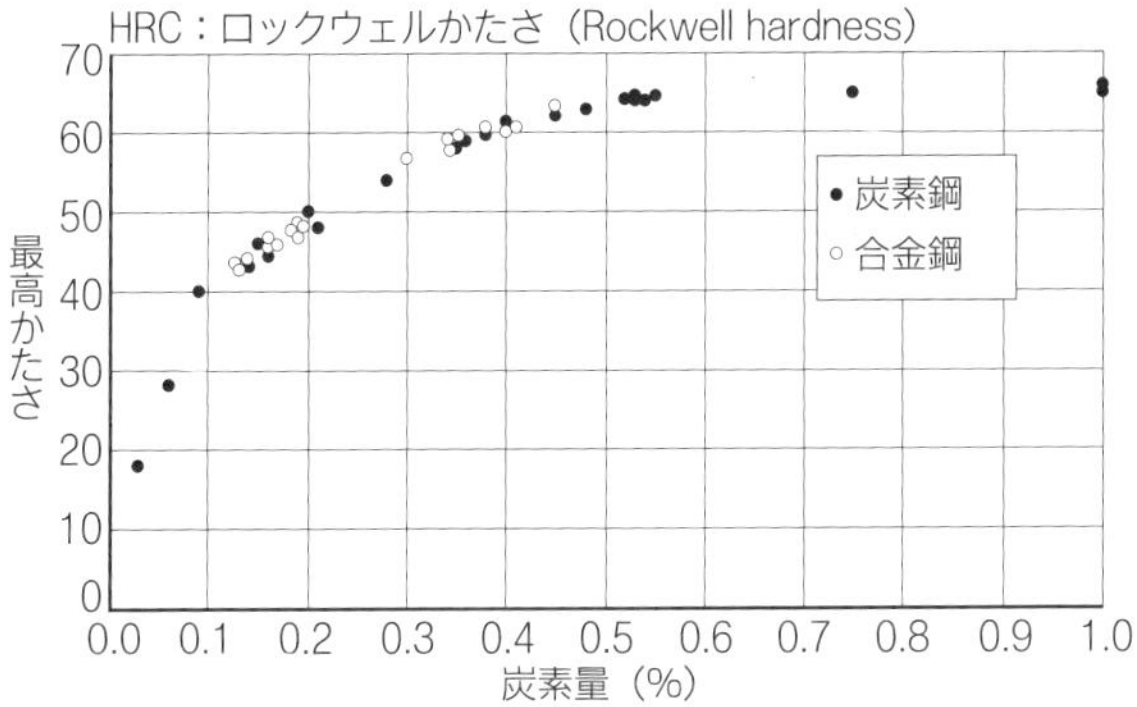

HRC はかたさを表す尺度。先端半径 0.2 mm かつ先端角 120 度のダイヤモンド円錐を使い、150 kgf の力をかける。HRC=100 − 500h で示される。h は基準面からの永久深さ（mm）である。HRC が 80 なら、h は 0.04mm となる。

図4　鋼の鉄炭素量と焼入かたさの関係

3　日本の製鉄と鍛冶

日本における製鉄技術は弥生時代にさかのぼる。広島県三原市の小丸《こまる》遺跡（弥生時代後期）から一九九五年に二基の製鉄用円形炉が発見された。一基の炉のそばからスラグや弥生式土器が見つかっている。もう一基の穴の左右には溝があり、スラグを流しだしたものと推定された。小丸遺跡とともに、広島県では京野《きょうの》遺跡（山県郡北広島町）や西本6号遺跡（東広島市）なども製鉄遺跡の可能性が高い(2)。

さらに、時代をさかのぼる赤井出遺跡(福岡県春日市)は弥生時代中期(一世紀ころ)のもので、青銅製の鋳型、製作中の鉄製品、鉄製の斧や鎌、鉄片などが多数出土した。この遺跡は製鉄用ではなく鍛冶のためのものとされている。日本で製鉄・鍛冶が本格化する五～六世紀前は、鉄鉱石や銑鉄を大陸から輸入して鍛冶がおこなわれた。

もちろん、鉄器自体は縄文時代晩期(紀元前四～紀元前三世紀)から日本に導入されており、石崎曲り田遺跡(福岡県糸島市二丈町)から板状鉄斧が出土している。弥生前期(紀元前二～紀元三世紀)以降も丹後半島の扇谷《おうぎたに》遺跡(京丹後市峰山町)の環濠から鉄斧やスラグが見つかっている。古墳時代(四～五世紀)になると、輸入鉄を精錬する鍛冶だけでなく、独自に製鉄をおこなうようになったと考えられる。輸入鉄ではなく鉄分の多い湧水池に多く見られるパイプ状ベンガラが利用された可能性も示唆されている(3)。

少なくとも六世紀前半までに製鉄がおこなわれていたことが広島県の世羅《せら》カナクロ谷遺跡(世羅郡世羅町)、戸の丸山遺跡(庄原市)、白ケ迫《しらがさこ》遺跡(三次市)、島根県の今佐屋山《いまさややま》遺跡(邑智郡邑南町市木)、羽森《はねもり》第3遺跡(雲南市)、岡山県の千引カナクロ谷遺跡(総社市)などの製鉄遺跡からわかった。鍛冶集団が集住して製鉄・鍛冶に従事したことが、五世紀中葉の大成《たいせい》遺跡(広島県庄原市)、遠所《えんじょ》遺跡(京丹後市)などから推定できる。大成遺跡からは、炉の送風口にあたる羽口《はぐち》や鉄製品、スラグ、砥石などが発掘された。スラグも精錬時と鍛冶段階のものが見つかっている。

日本のたたら製鉄は砂鉄・鉄鉱石を利用した低温製鉄の技術であり、六世紀に大陸から技術がもたらされたが詳細は不明である。当初は空気を送ることなく、スラグの多い海綿状の鉄であったので、再度燃焼したものをたたき、鉄分とスラグを選別し、純度の高い鉄を精製した。のち、送気式のふいごを用いることで鉄の還元が促進された。さらに、得られた銑鉄を加熱してたたき、赤熱した鉄を攪拌することで空気とふれさせることにより炭素量を減らした。

中世以降は、砂鉄や鉄鉱石を熱して炭素分の多い銑鉄《ずくてつ》を鋼にする工程が二つあった。一つは、大鍛冶場のなかの左下場《さげば》で炭素を除去するために高熱で銑鉄を燃焼させる。さらにこれを本場《ほんば》に移して鉄を加熱して脱炭素化したものをたたいて鍛える。こうして錬鉄（割鉄《わりてつ》）や鋼（左下鉄《さげがね》）ができる。錬鉄における炭素量は〇〜〇・二％程度で、融点は一五三〇度と銑鉄にくらべて高い。この製法は「銑押《ずくお》し」と呼ばれる。

もう一つは、不純物の少ない粒の大きな砂鉄を用いて精錬する。砂鉄の粒が大きいので炭素還元が遅く、炉の底に炭素の少ない鉧《けら》の大きな塊ができる。これをとりだして用途に応じて使い分ける。これが「鉧押《けらお》し」である。いずれもスラグを除去する点では諸外国とおなじで、日本で鉱滓は「のろ」と呼ばれた。砂鉄の種類による製鉄法のちがいについては今後とも精査すべきであろう。[4]

4 鍛錬の技法

製鉄段階で、炭素量の多少が鉄の硬度や粘りの特性に重要な意味をもつことがわかる。最終的に用いられる道具や機械製品、工芸品の成型法などに大きな影響を与えた。前項でふれたとおり、鍛金は金属の展延性を利用したさまざまな技法を指す。鍛金は常温でおこなうものと高温下でおこなう場合がある。前者には、板金の表裏から鎚（槌）で打ちだし、文様を浮きださせる鎚起技法、金属板を折り曲げ、ろうづけなどにより立体的に成形する板金技法、仏像などの原型の上に薄い板金を重ね、上からたたいて原型の形を転写する押だし技法などがある。日本では仏教美術で鍛金技術が古代から汎用されてきた。

高温下でおこなわれる鍛金の代表が製鉄と鍛冶である。たとえば、包丁や日本刀の製造には精錬過程で複雑な工程が関与した。鋼を高温で熱したものをたたいて炭素を出し（脱炭）、あるいは鋼に炭素を加えて（吸炭）、硬度と粘り強さを加減することがおこなわれた。

日本刀は古代から現代のものとおなじような製法が踏襲されてきたのではない。刀は一般に「折れない」、「曲がらない」、「よく切れる」ことが必須条件とされているが、刀の均質な鋼からすべての条件を満たすことはできない。古代の刀は古刀《ことう》と呼ばれ、用いられた鋼の成分は均一ではなく、また十分に鍛錬されたとはいえない。この点でかつては無垢鍛え（丸鍛え）の刀が用い

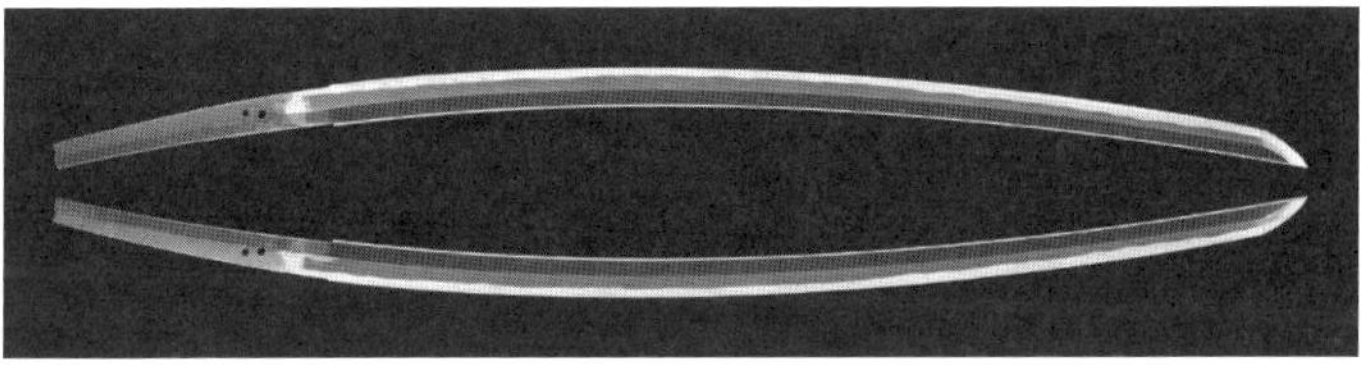

図５　大和則長（以下切り）の銘のある太刀。鎌倉時代末期作。刃長＝70cm、反り＝2.6cm。刃文は小互（小さく波打ってみえる）の目乱れ、地金は板目肌（木の年輪が流れたようにみえる）に柾目（縦方向へまっすぐに目の通ったもの）。大和尻懸派は直刃基調に互の目乱れが混じったもので、則長を祖とする（森記念秋水美術館蔵）

られた。

一般に日本刀では刃の部分と内部の芯の部分が異なった性質をもつ鋼を組み合わせて使う鍛冶技術が発達した。折れやすい日本刀では役に立たないので、折れないが切れる機能をもたせるための工夫といえ、ふつう「造りこみ」と称される。表層は皮鉄《かわがね》、内部の芯にあたる部分は芯鉄《しんがね》、刃の部分は刃金《はがね》と称され、これら三つの部分を鍛接して、折れにくく切れ味のよい日本刀が主流となった。鍛冶で三つの部分をたたいて鍛接する手法は、甲伏《かぶ》せ、まくり、三枚合わせ～九枚合わせなどを基本として、刀工に応じた独自の造りこみが考案された。図５には重要美術品である鎌倉時代末期作の「大和則長《やまとのりなが》」を示した。

鍛冶のさい、何種類もの金鎚が使用される。刀匠の田中貞豊氏によると、大鎚は重さ五・五キロ、打撃面の長さ一八センチ、柄の長さ九八センチで、鍛錬と素延べ用に用いる。大鎚でたたく人は「先手」、火床《ほど》で鋼を扱う人を「横座」と呼ぶ。小鎚には三種類あり、小型の小小鎚は重さが一・一キロ、頭の長さ一二センチ、柄の長さは二五センチである。中型の中小鎚は重さ一・四キロ、頭の長さ一三センチ、柄の長さは二八センチある。いちばん大きい大小鎚の重さは二・一キロで、頭の長さは一四・五センチ、柄の長さは二八センチある（図6）。

小小鎚は、おもに素延べ、火造り、焼き入れ後の鉄の調整用である。中小鎚はおもに鍛錬、素延べ、火造りに用いる。大小鎚は、おもにテコつけ（鋼を鍛着させてたたくための先端部は平たい六〇センチ程度の道具）など、強くたたいて鍛着させるのに用いる。

鍛冶で鎚を打つ作業は熟練とタイミングを要する。たたく強度や角度、横座との息、小鎚のたたき方にしても、刃と棟のあいだにある稜線である鎬造《しのぎづく》りに鎬がかたよらないように打つうえでの技量が要求される。最後の銘切り段階で使われる鎚は重さ二五〇グラム、柄の長さ二六センチ、頭の長さ一〇・五センチの小型のもので、これも小型の鏨《たがね》を使って打ちこむ。

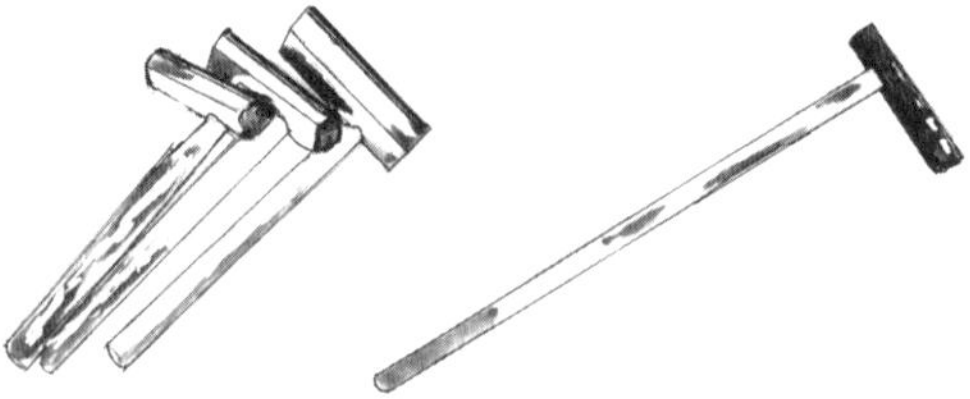
図6　鍛冶につかわれる小鎚（左）と大鎚（右）

大型の金鎚は玄能《げんのう》と呼ばれ、一キロ以上の大型のものから一〇〇グラム程度の豆玄能までがある。頭の部分の両端が平らなものを玄能、一方を細長くしたものを金鎚と呼ぶが、たたく面の大きな金鎚を片口玄能と呼ぶこともある。

5　製鉄遺跡と鬼伝説

岩手県中部の大槌町は、北上山地から三陸沿岸の大槌湾に至る町で、大槌川と小鎚川がほぼ東流する。小鎚川流域にある金糞平《かなくそだいら》遺跡、大ケ口櫓沢《やぐらさわ》遺跡、明神平遺跡などは古代の製鉄遺跡として知られている（図7）。塩浜方美・松橋暉男著の『遠野上郷大槌町物語陸中海岸に秘められていた史実と伝承』には、鍛冶と関連して大槌川、小鎚川の名前の由来に関する伝承がある(5)。

「大和高取より移り住みし鍛冶屋あり。いつの頃よりか、毎夜この家の仕事場を窺い見る鬼の現われ、やがて屋の柱を揺するなどの狼藉を働く。鍛冶屋ついに怒り、手に持ちし大槌・小鎚にてその鬼を叩きしという。（中略）……、ついに鍛冶を廃業せんと鬼を打ちし大槌・小鎚を家の前を流るる川中に打ち捨てり。（中略）

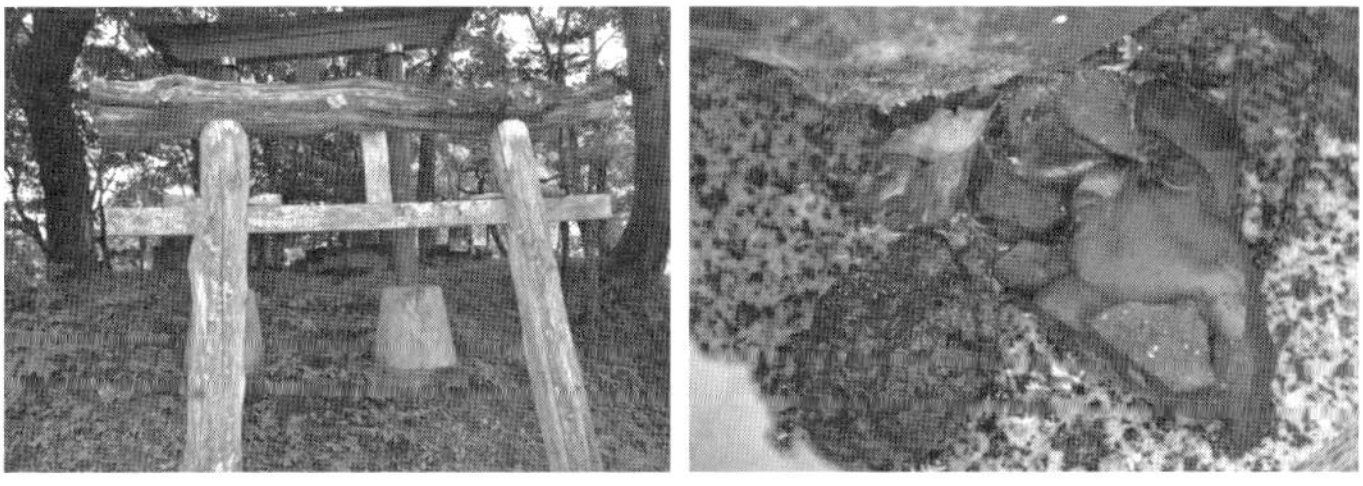

図7　小鎚川上流にある小鎚明神（左）。そばの小川周辺にあった鉄屑（右）

……、これより土地の人、誰言うとなく小鎚の沈みし川を小鎚川、大槌の漂い着ける川を大槌川とよび慣わすようになれりとぞ。」

小鎚川流域における鍛冶では、ふいごを用いる製鉄技術が知られていた。『大槌烱屋《どうや》鍛冶絵巻』にもふいごが描かれている。(6) 大槌町、金沢金山のふいごを使う様子を示す近世期の絵図にもそのことが示されている。先述した大槌の「鬼伝説」は周辺地域における伝説とどうちがうのか。東北各地では、原始修験道との関連で金の採掘人を鬼とする説、(7) 鍛冶屋の守護神「鍛冶神」の掛図に登場する鬼、蝦夷を鬼として鬼地名の周辺に分布する金鉱山の存在を指摘する説(8)などがある。宮城県には鬼石、鬼形、鬼ノ田などの鬼地名が三四カ所あり、そのうち二三カ所に鉱山がある。小野寺正人は刀鍛冶の主人が、赤鬼と青鬼の相槌にあわせて口に銜えた鉄を打っていたとする伝説を紹介している。(9) 古代から中世・近世までの時代、大槌の山は現代とはちがった様相をもっていた。大槌・小鎚の鬼伝説も鍛冶屋とのかかわりがあり、今後、大槌で「鬼伝説」から地域をアピールすることも重要ではないだろうか。

6　彫金とたたき技術

本節の最後に彫金とたたき技法についてとりあげよう。いったん作られた地金に繊細な文様や装飾をほどこして芸術性、美的価値、象徴性を与える工程が彫金である。ふつう彫金は英語でメタル・カーヴィング（metal carving）ないしエングレーヴィング（engraving）、またはチェイシング（chasing）と称される。字義からは「刻む、彫る」になるが、実際は地金に木槌やハンマーと鏨《のみ》などでたたく技法が重要な要素となっている、彫金は調理用具、仏具などの実用品から工芸品、ジュエリーやリングなどの宝飾品、芸術作品に至るまで多様な分野で活用されてきた。彫金技術はとくに京都で古代から発達し、江戸時代には江戸の町で多様な発展をとげた。現代では全国各地に伝統工芸産業として彫金技術が息づいている。

富山県の高岡は旧加賀藩時代から彫金技術がさかんとなった。だが、農具や生活用品などを中心としたため、高度な製作技術を要する彫金はすたれることとなった。しかし、明治期以降、とくに彫金が発達し、万国博覧会などに出品することで、日本の彫金技術の高さを世界に広めた。明治期から大正期には三〇名ほどのすぐれた彫金師を輩出することとなった。戦後にはふたたび技術者が減り、高度経済成長期に記念品となる安価な銅製のメダル生産が脚光を浴びたが、彫金のデザインや高度な技術は用いられなくなった。幸い、一九七〇年に高岡銅器が国の伝統的工芸品として指定をうけ、現代につながることとなった。高岡の銅器の彫金技法を調べた島田宗吾によると、彫金技術は大きく（1）彫る、（2）打つ、（3）嵌《は》めるという一連の技法から構成されるという[10]。本書との関連でいえば、(2)の打つ工程が注目される。高岡では、鏨《のみ》だけで、「彫り鏨」六種類、「打ち込み鏨」一五種類が使い分けられ、彫師ごとにさまざまな工夫がなされる。彫りこむ作業とたたく作業とともに、いったんたたいて作った溝に貝殻などをはめこむ象嵌作りにおいても、貝を溝に埋めこむさいにたたき技法が用いられた。

高岡だけの例ではないが、たたき具には独特の名称がある。金鎚でも、たたき部分が短い石留め鏨や彫り鏨を打つのに使う「オタフク鎚」、断面が丸にちかく、左右で面の大きさが異なるもので、鎚目模様をつけるさいに使う「イモ鎚」、鎚の左右で面の大きさが異なり、刻印用の「唐紙《からかみ》鎚」と打撃面をツルツルにして地金の変型や鎚目模様つけに使う「ならし鎚」に分かれる(図8)。「荒らし鎚」は打撃面を石や彫り鏨で「荒らし」を入れ、独特の槌目模様を作りだすためのものである(図9)。金鎚以外に、木槌やプ

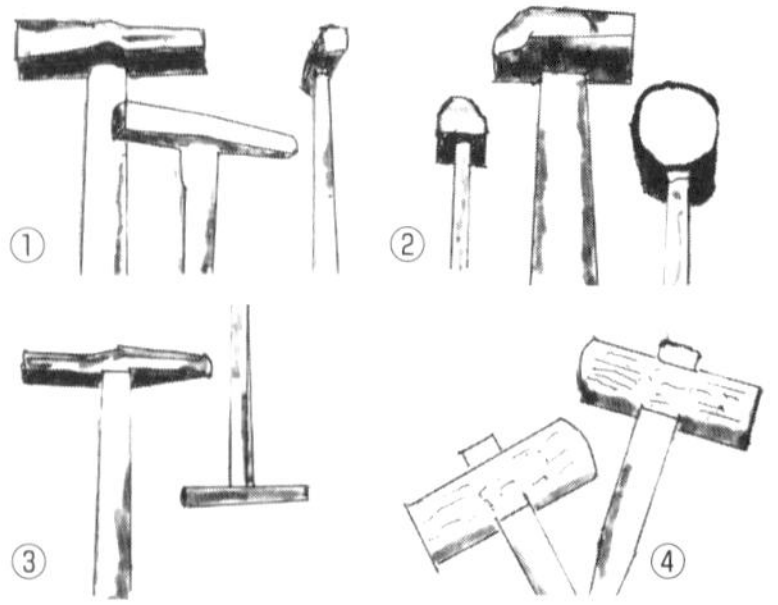

図8　たたき具としての鎚(槌)① 唐紙鎚、② オタフク鎚、③ イモ鎚、④ 木槌。太い方を「鑑(かがみ)面」、細長い方を「唐紙面」と称する

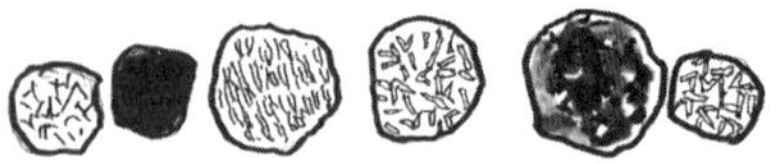

図9　荒らし鎚。たたく面を石や鏨でたたいて「荒らし」をつけ、地金をたたいて独特のテクスチャーを作るための金鎚。たたき面のみを表示

ラスティック製の槌は金属をたたいても痕がのこらない。ただし、木槌の面はかたいので、厚い地金や硬い地金の変形に使われる。

このほか、「リベットハンマー」、「チェーシングハンマー」、「皮槌」、鏨の先端部が丸くなった「矢坊主」、リングを真丸く仕上げるため、先細りの金属棒にリングを通してハンマーでたたく「芯金」（テーパー：taper）がある。

彫金では多様な種類のたたき具が使い分けられる。また、地金をおく台にしても、金床、玉台、溝台などがあり、さらに用途に応じて細かく使い分けられている。古墳時代以降から仏具や仏像に用いられてきた彫金技術は長い伝統と変容をふまえて現在に至っている。

〈註〉

（1）フェルナン・ブローデル『地中海の記憶　先史時代と古代』（藤原書店　二〇〇八）
（2）東広島市教育文化振興事業団編『西本6号遺跡発掘調査報告書』（文化財センター調査報告書 第9、11　東広島市教育委員会　一九九六）
（3）山内裕子「古代製鉄原料としての褐鉄鉱の可能性　パイプ状ベンガラに関する一考察」（『古文化談叢』70：243～252ページ　二〇一三）
（4）舘充「わが国における製鉄技術の歴史　主としてたたらによる砂鉄製錬について」（『鉄と鋼』91（1）：2～10ページ　二〇〇五）
（5）塩浜方美、松橋暉男『遠野上郷大槌町物語　陸中海岸に秘められていた史実と伝承』（あるちざん　一九八〇）
（6）網野善彦、石井進編『蝦夷の世界と北方交易』（『中世の風景を読む』第一巻　新人物往来社　一九九五）。東北歴史博物館『特別展「仙台藩の金と鉄」展覧会図録』（東北歴史博物館　二〇〇三）

（7）若尾五尾『金属・魂・人柱その他　物質と技術のフォークロア』（堺屋図書　一九八五）。門屋光昭「北の鬼の復権」（『えみし　えみし文化ゼミナール　第10回　北上山地から古代文化を探る』えみし学会　一九九九）

（8）小野寺正人「宮城県の鬼地名について」（『東北民俗』22：22〜29ページ　一九八八）

（9）小野寺正人「北上山地の鬼地名と伝説　宮城県登米郡東和町の場合」（『東北民俗』31：1〜8ページ　一九九七）

（10）島田宗吾「高岡銅器の彫金技法」（『高岡短期大学紀要』20：257〜272ページ　二〇〇五）

四　たたきと武器

自然界の動植物や鉱物・岩石をたたく行為と技術は、生活のさまざまな面で大きな役割を果たしてきた。本章の最後に、木の棒や金属製の道具が生活・文化・芸術のためではなく、戦闘における武器（weapon）として利用されてきた点について考えてみたい。もちろん、狩猟や漁撈においては、対象の動物や魚をたたく、突き刺す、毒を使うなどの方法が広く用いられてきた。対象が人間の場合、たたく道具は武器となるが、狩猟具・漁撈具とのあいだに本質的な差異はない。狩猟・漁撈以外にも、植物をたたくための道具がその応用版として人間への武器として使われることがある。この点で、たたきの対象が人間か動植物であるかは問題とならないのだろうか。

1　たたき具と武器

Ⅰ章で見たように、植物をたたく道具として、木槌、木の棒、タパ・ビーター、サゴ・ビーター、木杵、石杵、すりこぎ、金属の庖丁などがあった。このうち、武器としても応用可能なものはなんだろうか。手で握る石杵やサゴ・ビーターは操作が容易でなく、確実に相手を殺傷することは一般にむつかしい。

対象が動物の場合、相手を殺傷することがたたき道具の機能としても重要である。本書では、生きた動物をたたくこん棒(サケ、アザラシ、オットセイ)やハカパイクのほかはたいした事例をとりあげていない。もちろん、たたく以外に、動物を死に至らしめる道具はいろいろある。たたく道具だけが人間の武器として用いられたとする仮説は当面、成立しない。とはいえ、動物をたたく技術が人間に拡張された可能性はのこされている。以下、たたき道具を例示として、人間同士の戦闘におけるたたき道具の意味を考えてみたい。

(1)唐竿とフレイル

たたき具と武器の候補としてまずあげたいのは、穀物をたたいて脱穀する道具の唐竿《からさお》である。長い竿の先端に回転する木の棒をとりつけ、竿を上下して回転する先端部分を穀物に打ちつける。唐竿は車ん棒、クルリ棒・ボ打棒などと呼ばれる。唐竿を表す英語はフレイル(flail:連接こん棒)であり、むつかしい用語でディスアンビギュレーション(disambiguation)と称する。

意外にも、フレイルは農業で使われる唐竿として以外に、武器としての用法がある。フレイルは長い竿ないし棒先に鎖やひもで円筒状の打撃部をとりつけたものか、短い柄の先に円形上の打撃部を鎖やひもでとりつけた武器で歩兵が用いた。中国ではすでに戦国時代の『墨子』には早くから防御用の武器として用いられていた記述がある。また西欧では、中世後期（一三〇一～一五〇〇年）にドイツや中欧でフレイルが用いられた。この場合も、農民の使った農具としてのたたき具が武器として使われた。実際、英国の農民がコムギの束をフレイルでたたく一四世紀の図がのこされている[1]。一五世紀のボヘミア地方でプロテスタントのフス派（Hussaite）の信者たちは農民に武装させていた。そのさい、農民の歩兵が武器としたのはまさにフレイルであった[2]。

フレイル使用の背景を考えよう。一一世紀の西欧では、防具の重装化が進み、より強力な武器が求められるようになった。そこでかたい防具に対しても効果を発揮する打撃武器の開発が進むなか、フレイルが本格的な武器として発展した。その後、より騎兵戦に向いた長槍（パイク）が主要な武器となった。

生産用具が武器となった例として、日本でも農民がクワやスキ、竹槍（＝狩猟具）を手にして戦った。豊臣秀吉による刀狩り以降、農民が武器をもつことはなかったわけだが、江戸時代の百姓一揆では、大地用の農具や狩猟具が権力に向けた武器に転用された。

(2) メイス

フレイルとは少し形態の異なる打撃用の武器がある。その一つがメイス（mace）であり、金属ないし木製こん棒の先に鋭利な先端部を埋めこむか、球状でまわりにスパイク状の突起を多くも

図10　19世紀後半にスーダンで用いられたメイス。打撃部は大理石製で、ワニの前脚部分で支えられており、全長は50.8cm

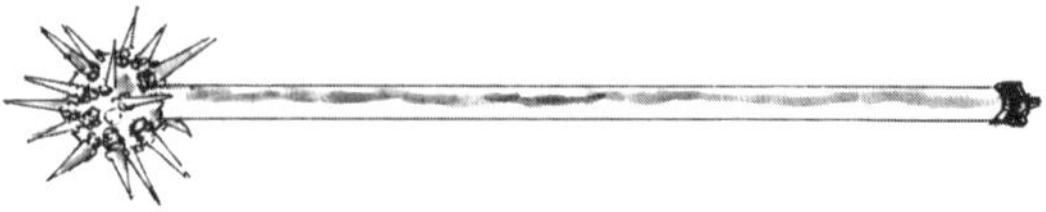

図11　先端部に金属製の鋭いスパイク状突起をつけたメイス。これでたたくと、鎧を貫く破壊力があった

つものや、こん棒に鎖をとりつけ、その先に鋭利な球の打撃部をもつものがある。先端部には、石、銅、青銅、鉄、はがねなどが用いられた。

　メイスの起源は古く、旧石器時代にすでに（おそらく木製の）こん棒の先端に黒曜石やチャートを装着したものが使われた。新石器時代以降、メイスの先端部に装着されたと思われるフリント製のもの（北アイルランドのノウス墳墓）や青銅器時代には孔の開いたものを数多く装着したものが使われている。ただし、それが狩猟具ないし武器であるのか儀礼用のものかは確定されていない。まして、穀物をたたく道具の先駆となったものとは考えにくい。

　古代エジプトやメソポタミアでは、石に孔を開けた先端部に木の棒をつけたメイスが用いられた。ナシに似た形態からピリフォーム（piriform）型と称される。図10には一九世紀後半のスーダンにおける大理石製のナシ型メイスを示した。のちに、青銅器や鉄器の発明によってメイスの先端部に金属を装着する技法が発達した。メイスの先端部に突起をつけたものは頑丈な鎧をも貫通する威力があった

図12　ヴィシュヌ神が右下（写真左側）の手にもつカウモダキ。カンボジア・プラサット・クラヴァン（©カスバ / PIXTA（ピクスタ））

（図11）。

古代インドでもガダ（gada）と呼ばれるメイスが戦闘に用いられたことが叙事詩『マハーバーラタ』および『ラーマーヤナ』に記載されている。ヴィシュヌ神は、カウモダキ（kaumodaki）つまりメイスを四本の手の一つにもっている。それ以外に、円盤の武器であるスダルシャナ・チャクラ（sudarshana chakra）、シャンカ（shankha：コンチシェル）を保持し、パドゥマ（padma：スイレン）の上に鎮座している（図12）。

一方、古代ローマでは、兵士は戦闘のさいに鎧を装着していたことと、歩兵は長い槍と短刀を使ったことから、メイスは有効な武器として使用されなかった。ただし、ペルシャでは重装備の騎馬兵から軍隊が構成されており、メイスは馬上から敵に打撃を与える有効な武器として活用された。

一〇世紀以降の中世ヨーロッパでも、メイスは兜や鎧を身に着けた敵を打撃具で殺傷する目的

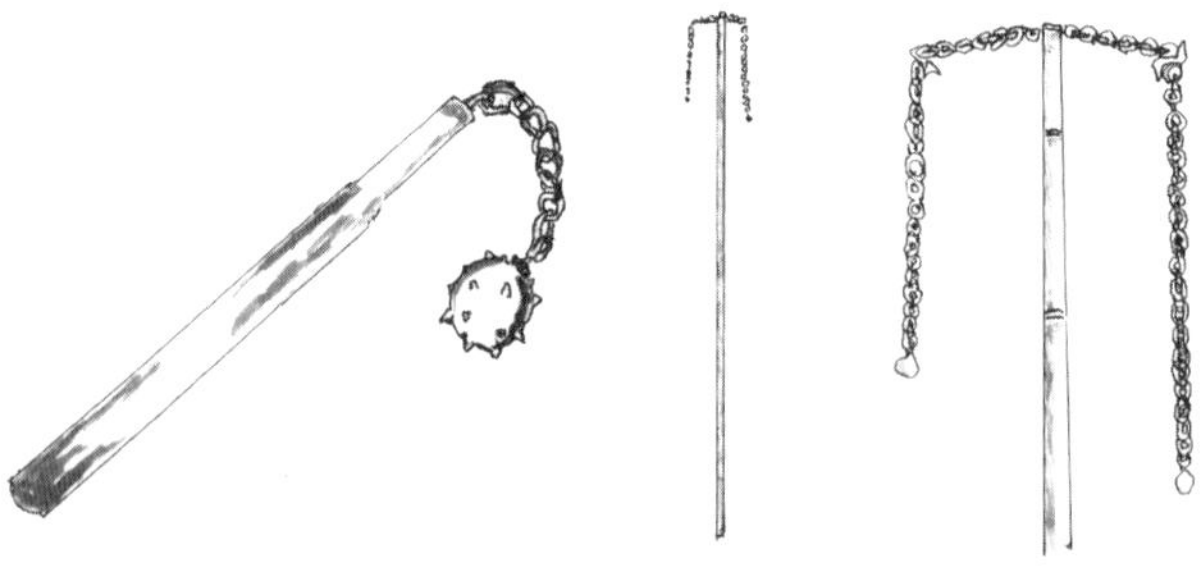

図13　中世ヨーロッパのモーニングスター（左）と日本の契木（右）

に使われた。剣やナイフなどの突き刺し具は相手の鎧には通用しないが、メイスは打撃によって血を流すことなく、敵を倒す破壊力があった。この時代のメイスは金属製であった。

⑶モーニングスター

モーニングスターは武器の軽量化と打撃力を高めるために生まれた。モーニングスターはドイツ語でモルゲンスターン（Morgenstern）と称される。もともとの意味は「明けの明星」だが、この場合は武器を指し、木の柄の先に装着した金属製のたたき鈍器の部分が球形でスパイクを多く備えたものである（図13・左）。モーニングスターの武器は前述したフレイルに類似する。この武器の起源も狩猟や漁撈に起源するとは考えにくい。たたくイメージからすれば、鋭利な殺傷具よりも鈍器といえるものである。中世ヨーロッパのもので柄の長いものは二・〇～二・三メートルで、先端部のスパイクは五四センチ程度であった。

日本でもカシなどのかたい木の棒に鎖で鉄製の分銅をとりつけた契木《ちぎりき》が知られている。分銅は球状のもののほか、細長い棒状のものがある（図13・右）。

⑷トンファーとヌンチャク

トンファーは琉球の古武術で用いられる木の棒で、約四五センチの長さがあり、棒の一端近くに、握り部分となる短い棒が垂直につけられている。基本的に二本一組で、接近戦をおこない、攻撃と防御をくり返す戦闘用武器である。起源については、中国武術の「拐《かい》」と呼ばれるトンファーよりも大きい武器が琉球に伝わって小型化されたとか、石臼の挽き棒から発明されたという説がある。

トンファーと異なり、おなじ長さの二五〜四五センチ程度の短い二本の棒を紐や鎖でつないだもので、これを振り回して相手をたたくか、防御に用いるのがヌンチャクであり、琉球やノィリピンで知られる。その起源は明らかでないが、穀物を打ちたたく唐竿や、琉球で馬に使う木製のくつわ（ムーゲー）に由来すると見なす考えがある。馬のくつわは非常時に武器として使われたとするものである。

ヌンチャクは、かつてブルース・リー主演の香港映画でおなじみとなった。中国武術では長さのちがう鉄ないし木製のこん棒を縄や鎖でつないだ梢子棍《しょうしこん》が武術の流派を超えて広く使われた。

朝鮮半島でも、ピョンゴン（鞭棍：pyeongon）と呼ばれる武器があり、一八七センチ程度の長いこん棒に鎖ないし縄で短い四六センチのこん棒をとりつけ、長いほうのこん棒を手にして振り回す。朝鮮王朝第二二代王の正祖時代の一七五九年に編纂された武術書『武藝新譜』にも、一八種類の兵器の一つとして「鞭杆」があげられている。ヌンチャク、梢子棍、鞭杆は、農業で使う唐竿を応用したものである可能性は大きい。

2 オセアニアの伝統的武器

金属器が武器として使われる傾向は世界的であるとばかり考える必要はない。たとえば、オセアニア世界では、西洋人の来訪する時代まで金属器は知られていなかった。鋭利な鉄器がなくとも、戦闘や争いがなかったわけでは毛頭なく、権力闘争、超自然的な力の獲得、土地争いなどがもとになった部族間の戦闘は常態であった。もちろん、部族間だけでなく、到来した西洋人への攻撃も頻繁であり、一八世紀に三度目の航海をおこなったJ・クックはハワイ人との争いにより一七七九年に殺害された。西洋人のもたらした鉄器やマスキット銃は戦闘に用いられた。また、一九世紀にはナマコが商品として売れることが判明して、ナマコをとる漁場の利用権をめぐる紛争と戦闘も起こった。メラネシアのソロモン諸島では、首狩りが頻繁におこなわれた背景には商品産物の獲得競争があった。

巨石像モアイで知られる太平洋東端のイースター島でも、長耳族と短耳族とのあいだで部族間戦闘があり、長耳族の崇拝していたモアイが倒され、以後建造されなくなった[3]。ただし、発掘された四〇〇例以上の黒曜石は武器としてではなく、農耕や調理、石彫り用で、四六九体発掘された人骨も黒曜石の武器で殺傷されたと思われるものはわずか二体であった[4]。人口減少は戦闘ではなく、西洋人のもちこんだ疫病が原因と考えられている。

一方、タヒチ、ハワイ、サモア、トンガ、ニュージーランドでも部族間戦闘が多発し、数々の武器がのこされている[5]。かつて用いられた戦闘用武器は、世界中の民族学博物館に収蔵・展示されている。展示された標本から、実際の戦闘の場面を想定するのはたやすいことではない。少なくとも、個々の戦闘場面では弓矢でしかけるように距離をおいた戦闘だけでなく、接近戦がおこなわれた。距離をおいて相手を威嚇、殺傷するためには、弓矢以外に投げ槍やスリング（投石器）が用いられた。接近戦では、槍、矛、こん棒、ダガー（両刃の短刀）、ナイフ、握り具などが用いられた。なかでも、オセアニアは世界中でもこん棒のセンターといえるほど多様な形態のものが知られている。以下、たたきをともなうこん棒を中心にした武器についてとりあげよう。

オセアニア世界のなかでも、とくにフィジー、サモア、トンガ、クック諸島などで戦闘用の武器として木製のこん棒が用いられた。接近戦で相手に打撃を与えるこん棒の先端部は球状でいぼ

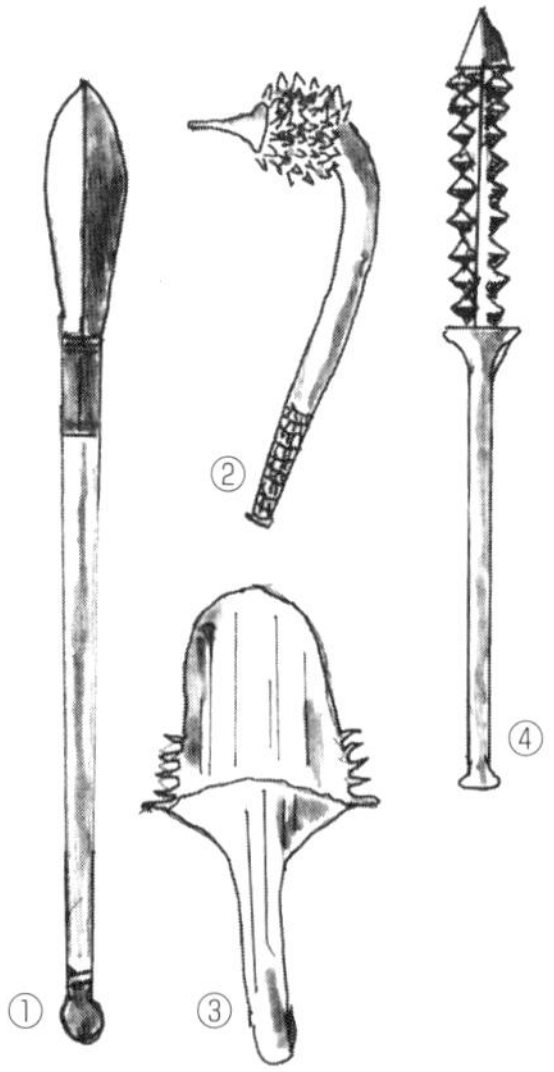

図14　ポリネシアにおけるこん棒。
① トンガ、②③ フィジー、④ サモア

状突起のあるもの、湾曲した柄の先端がこぶ状、三角形ないし扇形のもの、櫂状のものなど多様である（図14）。こん棒の使用が卓越しているポリネシアでは、戦闘のさいの機敏な動作や正確な打撃、戦闘能力が必要とされ、個人としての戦闘能力の向上やそれによって得られる名声が重要な動機づけになった。フィジー、サモア、トンガだけで比較しても、フィジーの投てき用のこん棒（ウラ：ulla）、細長くて軽く扱いやすいサモアのこん棒（ニファ・オティ：nifa otti）、のこぎりのように切れこみの入った重厚なトンガのこん棒（ニファ・オティ）など顕著なちがいがある。しかも、こん棒には精巧な文様を彫りこんだものがあり、マルケサス諸島のこん棒（ウ・ウ：u'u）同様、実際の戦闘以外に儀礼において使用されたものもある。

オセアニアではこん棒の効果に適した堅固な樹木が用いられた。メルバウあるいは太平洋鉄木は耐久性のあるものである。フィジーにおけるヴェシ（vesi）は、マメ科で堅牢な樹種である。

ニュージーランドのマオリ族は木製以外に、鯨骨、安山岩、ヒスイなどのこん棒を用い、それらは一般にパトゥ（patu）と称される。マオリ族のこん棒については、Ⅲ章の図16をあわせて参照していただきたい。

これに対して、ハワイ、タヒチではこん棒の発達は見られない。むしろ、ミクロネシアのカロリン諸島、ギルバート諸島と同様、サメの歯を装着した武器がよく知られている。これらを使用するさいには、相手をたたくというよりも、鋭利なサメの歯で切りつける、傷を負わせるものであった（図15）。

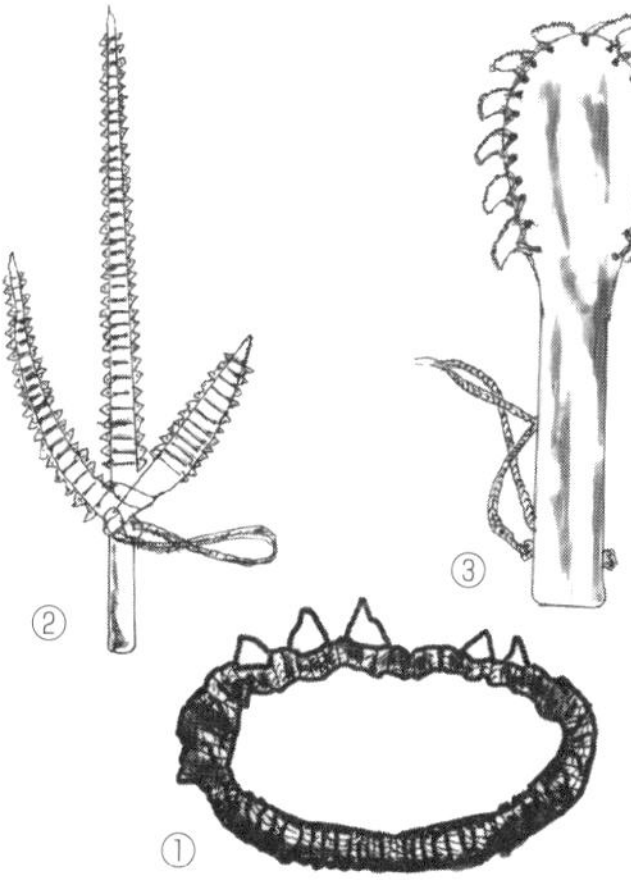

図15　サメの歯付きの武器。①にぎり具（サタワル島）、② こん棒（ギルバート諸島）、③ こん棒（ハワイ諸島）

中南米でも、アステカ、マヤをはじめとする文明圏で木製のこん棒が使われた。こん棒には黒曜石の石刃を埋めこんであり、マークワァウィトル（macuahuitl）と呼ばれた。黒曜石の刃はレーザーよりも切れ味のよいものであった。

古代インド叙事詩『ラーマーヤナ』に登場するハヌマーンは四つのサルの

顔と一つの人間の顔をもつ存在で、手にはメイスの強力なこん棒をもつ。木製ないし金属製の柄の先端部は石や金属製のたたき部からなっている。また、インド北東部のナガランドに住むナガ諸族は先端が鋭利な斧状のダオ（dao）と呼ばれるこん棒を首狩りに用いた[6]。

3 スポーツにおけるたたき具と身体技法

スポーツの世界では、人間が競争相手を手でたたく以外に、道具でたたく・打つ競技がある。たとえば、日本の相撲においてはいくつものたたきの技法がある。張り手は、相手を振り回すように横から打つもので、おもに顔面をねらう。突っ張りは真っすぐに手を突きだして胸をねらう。

手を使って相手をたたく技法は手刀打ち、チョップ、あるいはナイフハンド・ストライク（knifehand strike）と称され、柔術、柔道、合気道、プロレスリングなどの格闘技で見られる。掌の小指側の側面で相手のこめかみ、頸部などを狙ってたたくのが手刀打ち、掌の親指側でたたくのが背刀打ち、掌の手首寄

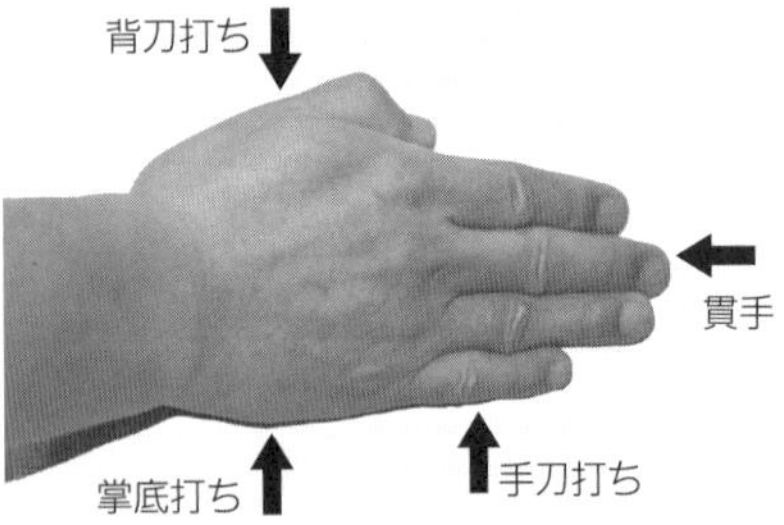

図16　格闘技における手のたたき技法

りのかたい部分でたたくのが掌底打ちで、おもに顔面をねらう。中国拳法の八卦掌が代表例である。指先で突くのが貫手《ぬきて》である（図16）。プロレスリングでは、力道山の空手チョップ、アントニオ猪木の闘魂ビンタなどがよく知られている。空手の世界では、積みあげた瓦を平手や拳で割る競技がある。ただし、瓦は熨斗瓦《のしがわら》と呼ばれる、割って使う切れ目入りのものである。ボクシングでもグローブをつけているとはいえ、握り拳で相手をたたき、なぐるスポーツである。

道具を用いて相手をたたく場合が剣道の竹刀による「面」、「胴」、「小手」などに対するたたき打ちの技である。広義の球技では、球を手ないし手にした道具でたたく、打つ場合がある。バレーボールは球を手でたたいて相手のコートに入れる。それをブロックする場合もボールをたたいて応戦する。バット、棒（スティック）、クラブなどでボールを打つ競技は野球、ホッケー（フィールド・ホッケー、アイス・ホッケー）、ゲートボール、ゴルフなどで見られる。卓球やテニスでもラケットでボール球を打って相手のコートに入れる。

以上のように、スポーツの世界では、戦闘におけるたたきに類似した競技がおこなわれる。手を使う空手、相撲、ボクシングなどの競技では、競技のためとはいえ、相手に決定的な打撃を与えることで勝利を獲得するわけであり、戦闘行為につながる攻撃的なたたき動作がふくまれている。

4　たたきの刑罰

江戸時代の日本では犯罪人に対する刑罰は、身分や罪状に応じてさまざまな種類のものが詳細に決められていた。なかでも、男性庶民による盗みや博打犯などの軽い罪に対して罪人の身体を箒尻《ほうきじり》でたたく刑が執行された。時代からすると、一七二〇（享保五）年に採用され、一時期廃止されたが、一七四九（寛延二）年に復活した。たたきの箒尻棒は竹を二本、麻苧《まお》で包んで、その上にこよりを巻いたもので長さは五八センチ程度であった。牢屋の同心が牢屋の門前において、罪人の肩から尻にかけて背骨をのぞいてこの箒尻でたたいた。たたく回数は五〇回と一〇〇回があり、前者は軽敲《かるきたたき》、後者は重敲《おもたたき》と称された。町民、農民の罪人ともに、家主、名主、組頭を呼んでたたきの現場を見せ、処刑後引きわたされた。たたきの刑罰は武士や僧侶には適用されなかった。また、女性や一四歳以下の若者男性の罪人に対しては、過怠牢《かたいろう》と称して、たたきの刑に代えて一定期間、牢屋に入れる措置がとられた。

日本以外でも身体をたたく刑罰は広く見られる。現代ではイスラーム諸国やシンガポール、マレーシアなどで「鞭打ち」が罪人の処罰で適用されている。罪状は窃盗や秤のごまかしなどの軽犯罪にかぎられる。シンガポールでは籐製の鞭が用いられる。サウジアラビア、インドネシアなどのイスラーム圏でも、イスラーム法「シャリーア」に反する行為に対して、鞭打ち刑が適用される。イスラーム教への侮辱として一〇〇〇回の鞭打ちを五〇回ずつ、二〇回に分けて執行される例があった。インドネシアのアチェ州でも、同性愛行為や姦通罪には一〇〇回の鞭打ち刑がほどこされた。バングラデシュでは強姦された女性もが一〇一回の鞭打ち刑を受けた例がある。江戸時代の軽犯罪の場合とくらべて、宗教的な教義に反するイスラーム圏での刑罰は重いといえるだろう。

学校においても、体罰として身体に鞭打ちをする例が英国の寄宿学校であり、現代の学校教育における「パワハラ」の例としても議論がある。家庭内のしつけとして、幼児のお尻をたたく習慣が欧米であるが、家庭内暴力（DV）の問題が広まるなかで人間へのたたき行為は深刻な様相を呈する現代の病理となった。

相手をたたく行為は罰を与えるもので、日本では歌舞伎の『勧進帳』にその例がある。源頼朝から逃れ、義経ら一行は加賀国安宅の関で検問を受けた。関所の役人が一行のなかにいたひとりの強力《ごうりき》に疑いをもった。弁慶は役人の詰問に対して毅然として「おお、疑念晴らし、打ち殺し、見せ申さん。」として強力に変装した義経を金剛杖で激しくたたいた。関所を守る富樫右衛門はそれを見て、弁慶の思いを察して一行を通過させた。

性的な刺激のために相手を鞭打つSM行為もあり、苦痛ではなく快楽の世界でもたたく行為は絶大な効果をもつとされている。犯罪人への刑から倒錯した世界まで、人間に対するたたきの行為は苦痛を与えるだけでなく、人間の情念と感性に訴える意味をもっていることを確認しておきたい。

〈註〉

（1）Sir Geoffrey Luttrell Men threshing sheaf of wheats with flails.『*Luttrell Psalter*』(ca.1325–1335)(Add. MS 4213. Figure 74v., British Library).

（2）Mair P. H.: *Opus Amplissimum de Arte Athletica (Cod.icon. 393)* (Magnus Haaland, 2012). Wagner, E.: *Medieval Costume, Armour and Weapons.* (Courier Corporation, 2014).

（3）秋道智彌『ハワイ・南太平洋の謎』（光文社　一九八九）

（4）Hunt, T. L., Lipo, C. P.: Revisiting Rapa Nui (Easter Island) "Ecocide." (*Pacific Science* 63(4): 601–616).

（5）Oliver, D. L.: *Oceania: The Native Cultures in Australia and the Pacific Islands.* (2vol.)(University of Hawaii Press, 1989). Montague, L. A. D.: *Weapons and Implements of Savage Races: Australasia, Oceania, and Africa.* (Forgotten Books, 2016).

（6）Hunt, T.L. and Lipo, C.P.: Revisiting Rapa Nui (Easter Island) "Ecocide." (*Pacific Science* 63: 601–616, 2009). Church, F. and Ellis, G.: A use-wear analysis of obsidian tools from an Ana Kionga. (*Rapa Nui Journal* 10(4): 81–88, 1996). Church, F. and Rigney, J.: A microwear analysis of tools from site 10–241, Easter Island-An inland processing site. (*Rapa Nui Journal* 8(4): 101–105, 1994).

（7）Hu, S.: *Ilex* in Taiwan and the Liukiu Islands. (*Journal of the Arnold Arboretum* 34(2): 138–162, 1953).

五　石工とたたき具

石は、石器などの道具製作用の素材としてだけでなく、建材として古来利用されてきた。実際、人類は大地を切り拓いて壮大な建築物を構築してきた。自然石の切りだしにはじまり、城壁・王宮・神殿・墳墓・石窟寺院などから道路・橋・護岸などのインフラ整備に至るまで、たたいて成形した石を積みあげ、巨大かつ重厚な建造物を構築する技術が駆使されてきた。古代エジプトのピラミッドやスフィンクス、メソアメリカのマヤ文明におけるピラミッドや神殿、アフガニスタンのバーミヤン石窟、日本の姫路城の例をあげるまでもなく、世界遺産となった巨大建造物は、人類が石を使って産みだした技術の結晶といえる。

石の切りだし（採掘場を丁場という）から石材の荒削り・細工・彫りこみなどさまざまな石材加工作業にかかわってきたのが石工《いしく》であり、基本的にはたたき技術が活用されてきた。石工は英語でメイソン（mason）ないしメーソンリー（masonry）と呼ばれ、古代からメガ構造物を下支えする担い手となってきた。現代では、チェンソー、ギャングソー（連成鋸）、ビーズソー（数珠状ダイアモンド埋めこみ鋸）、自動研磨機など、石材加工は機械化されてきたが、かつては手仕事による地味な作業が数万年以上のあいだ、連綿と続けられてきた。ここでは、石工による石の加工に使われた伝統的なたたき技術について検討してみよう。

1 先史・古代の石切り

人類史を概観すると、古くはシリア南西部のゴラン高地から凝灰岩製のヴィーナス女性小像が発見されたとする報告がある。時代からすると、八〇万年前の原人段階のものとされたが、意図的に加工されたものかどうか不明な点がある。時代は下るが、旧石器時代のヴィーナス像（Immodest Venus figurines）が一八六四年ごろ、南西フランス・ドルドーニュのロージェリーバース（Laugerie-Basse）岩陰遺跡で発見された。頭部と脚はなく、陰部を誇張した上部旧石器時代のものである。おなじ場所から野生のウシ（aurochs）のペトログリフが発見されており、岩壁を石で刻んだことは確実である。また、オーストリアのヴィーレンドルフから発掘された著名なヴィーナス像は二万八〇〇〇～二万五〇〇〇年前のものとされている。最古のヴィーナス像は二〇〇八年、ドイツで発見された。マンモスの牙を彫ったもので、三万五〇〇〇年前にさかのぼるとされている。

人類による石製の彫像物から巨大な神殿や墳墓まで、鉄器が使われるまでは圧倒的にかたい石で対象の石から不要な部分を剥離するアブレイション技法（abrasion）が用いられた。かたい石を石器として、凝灰岩、砂岩、石灰岩、大理石などのやわらかい石に加工がほどこされた。のち、青銅器が使われるようになっても、石の加工には十分な効果を与えることがなかった。しかし、鉄器のたたき具が使用されてからは、ハンマー、鑿、ヤスリなどによる多様な石材加工法が花開くこととなった。

古代エジプトで建造された巨大なピラミッドの素材となった石材のサイズは、五〇〜八〇センチのものが全体の八割強を占めていたことがわかっている。おなじサイズの石を加工することがピラミッド建造上の基本的な作業であり、たたき技術はマニュアル化されていたことになる。直方体の石材を作るさい、「石の目」を読みとり、それに沿った線上に数個の「くさび」を均等に打ちこんでゆき、切りだすことがおこなわれた。これはウェッジ（wedge）技法にほかならない。古代エジプトでは、木製のくさびが使用されたと考えられている。打ちこんだくさびに水をかけ、木の膨張力を利用して石を割ったとされている。ただし、古代エジプトでは石灰岩や花崗岩などの石切りに青銅製の利器が用いられた可能性をエジプト研究者の吉村作治が指摘している[1]。鉄はピラミッドの建造された時代にほとんど出土していない。むしろ青銅はシナイ半島産のものが利用できた。融点も低く、石切り場で摩耗・破損した青銅をるつぼで溶かして鋳型に入れて再利用できたと吉村は考えている。

一七九九年に発見されたロゼッタ・ストーンにはヒエログリフ、デモティック（民衆の言語）、古代ギリシャ語の三通りの言語で碑文が刻まれている。石材は花崗閃緑岩であり、時代は紀元前一九四年のものとされており、鉄器が碑文を彫りこむさいに使われたと推定される。

図17　イースター島の巨大石像・モアイ（左）と打製石器・トキ（右）

太平洋東端にあるイースター島にはモアイ（Moai）と呼ばれる巨大な石像が造りかけのものをふくめて九〇〇体ほどのこされている。石材は島の東部にあるラノララク火山の露頭部を切りだしたものが使われ、凝灰岩製の石材を玄武岩や黒曜石製の打製石器によって加工された。石斧はトキ（toki）と称された（図17）。モアイ像のほか、イースター島には岩盤上や露頭の岩にペトログリフ（岩面陰刻画）やレリーフ（浮き彫り）が数多くのこされている（図18）。島の西端にあるオロンゴ岬に多くの鳥人の浮き彫りがあり、[2] 周辺から、石斧、鑿、黒曜石の薄片、彫刻刀状黒曜石の利器などが見つかっている。[3] これらを使って石に彫刻したことは確実であろう。

カンボジアのアンコール・ワット遺跡は一二世紀のヒンドゥー教寺院であり、二〇〇四年に世界遺産（文化遺

図18　イースター島における鳥人のペトログリフ（左）とレリーフ（右）。レリーフは島の西部にあるオロンゴ岬の絶壁の岩に数多く彫りこまれており、かつてここで鳥人儀礼がおこなわれたことを示している

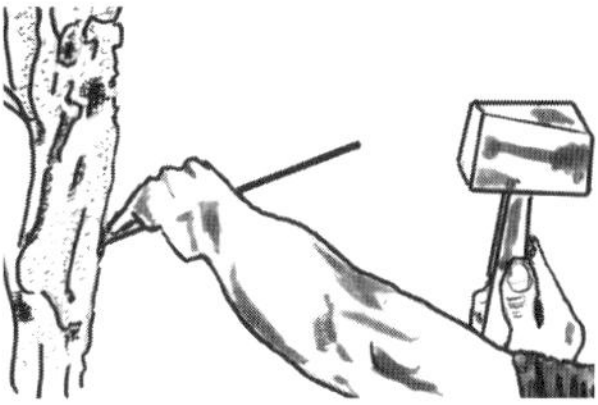

図19　アンコール・ワットにおける石彫り塔（上）とアンコール・トムの第一回廊における浮き彫りで、槌と鑿でたたく様子が分かる（下図の点線内）。右図は石像の彫刻に用いられる細い鑿と木槌

産）となった（図19）。アンコール・ワット北東部にあるクーレン山の南東麓、ベン・メアレア寺院西に東西約四・五キロ、南北約二キロにわたり多数の採石場跡がある。ここからアンコール・ワットまで寺院建築の素材となる砂岩の

石材が運ばれた。重量のある石材を運ぶさい、採石場である程度の加工がほどこされたと推定されている。(4) 石材の運搬については、アンコール・ワット遺跡の敷石にうがたれた二つの孔の存在から、ひもを通して運んだと推定されている。なお、一二世紀のカンボジアでは石材の加工に金属製の鑿が使われたことを長年、現地で遺跡の保存に尽力されている上智大学の石澤良昭教授から聞いた。石澤によると、砂岩を加工するためにさして堅牢でない、村の鍛冶屋が作るような鑿が出土しているという。

古代マヤ文明においても、巨大なピラミッドが造成された。紀元前四〇〇年以降の「先古典期後期」にマヤ低地南部のエル・ミラドール遺跡にあるラ・ダンタピラミッドは高さ七〇メートルを超えるマヤ文明最大のピラミッドである。石積みのピラミッドは石器だけを使って切りだしから成形、積みあげがおこなわれ、加工用の石器には黒曜石やチャートが用いられた。(5)

2 日本の城と石切り

日本でも先史・古代以来、さまざまな石造物が造られた。縄文時代にはまだ鉄器は知られておらず、打製・磨製石器には石や骨を使って石材の加工がおこなわれた点は世界と共通している。石器や石皿以外に注目すべきは、全国で数多く出土している配石遺構である。なかでも、秋田県大湯《おおゆ》環状列石（鹿角市十和田大湯）は野中堂と万座の二遺跡からなり、いずれも河原石を環状に配列した祭祀遺構であり前者の直径は四二メートル、後者で五二メートルあるストーン・サークル（stone circle）遺跡である。万座遺跡の原石はほとんどが淡緑色の石英閃緑玢岩であり、一方、伊《い》勢堂岱《せどうたい》遺跡（秋田県秋田郡鷹巣町）の環状列石は白、緑、黄と石の色も多彩である。自然石を加工することなく配列した場合もあるが、組石をきれいに磨いた痕跡もあり、立石にしても加工がほどこされた可能性があり、今後精査すべき課題であろう。

古代以降になって、全国の寺院建築では石段、参道、基壇、礎石などのために石材が幅広く利用された。石工は灯籠や狛犬、石仏など、手のこんだ石材加工にも従事した。とくに仏教がさかえた鎌倉時代に、五輪塔、宝篋印塔《ほうきょういん》、石灯籠などが造られた。ついで、室町〜戦国時代には築城の石垣積み技術が発達した。石材の加工程度により、加工しない石を積みあげる野面積《のづらづ》み、表面の凹凸面を平らにして接合面を増した打込み接《は》ぎ、方形に整形した石を積みあげる切込み接《は》ぎがある。後者の二例の方法は戦国時代から一七世紀以降に発達した。(6)織田信長による築城のさい、くさびで石を割る技術が用いられ、大きさの異なる石を石切り場で採掘することができるようになった。その一方、安土・桃山時代には「茶の湯」の慣行が流布するなかで、蹲《つくばい》や灯籠などの石造品が京都・大坂を中心として造られた。江戸時代になり、江戸城の築城後に、江戸にのこされた大量の石材は仏閣や神社における灯籠、狛犬、石段などの建造用に使われた。(7)

① 首里城
② 今帰仁グスク
③ 具志川グスク（久米島）
④ 桃林寺（石垣市）

図 20　沖縄における石積み。① 遺構石積の上に復元石積が積まれている、② 灰色の石灰岩製、③ 安山岩と石灰岩製、④ 石灰岩製の石垣

沖縄で琉球王朝成立前のグスク時代には、各地でグスク（城）が建造された。時代からすると、織田信長の時代より一五〇年も早い。グスクの石壁には琉球石灰岩が使われており、首里城、琉球王国の歴代国王の墳墓である玉陵《たまうどぅん》のほか、家の石垣や石畳道、石橋、石門などに広く使われている。[8] 首里城や各地のグスク（中城城、勝連城、今帰仁《なきじん》城など）、玉陵などは二〇〇〇年に「琉球王国のグスク及び関連遺産群」として世界遺産に登録されている（図20）。北部の今帰仁城の城壁はかたい灰色の石灰岩製で、首里城や勝連城の白い石灰岩とは趣きが異なる。[9]

表2　石材加工における「仕上げ」の分類

（www.mikunisangyo.co.jp/stone4.html）

仕上げの区分	方法とたたたき道具
割肌仕上げ	原石をたたいて割った割肌をそのままで表面仕上げしたもの
鑿切り仕上げ	割肌を鉄鑿と金鎚で削り、コブを取り平坦に仕上げたもので、コブの高低差で「荒鑿切り」「中鑿切り」「上鑿切り」に分かれる
ビシャン仕上げ	ビシャン（ピラミッド型の刃を群状にしたハンマー）で表面を平らにたたいたもの。ビシャンの目数は25目・64目・100目に分かれ、数が多いほど緻密な仕上げとなる
小たたき仕上げ	ビシャンでたたいた後に、さらに先端がくさび状のハンマーで、約2ミリの平行線上に細かい粒の刻み目をつけたもの
ジェットバーナー仕上げ	石表面に冷却水を散布しながら、加熱用バーナーで表面を焼射し、結晶を弾かせて仕上げる
本磨き仕上げ	細かい砥石で研磨し、さらに艶出し粉を用いてバフ（布）で艶を出す仕上げ

3　石切りとたたき具

石材の加工では、ハンマーとコヤスケや鑿で大きな石の「荒取り」と称する模《かたど》りに使う場合から、仕上げの段階でいくつものたたき道具と工程が区別されている。コヤスケは先端部が細くなっており、ハンマーで先端部を石材にあてて切れ目をつけ、荒取りすることを「コヤスケを取る」と称する（図21）。

図21　石割用のコヤスケ。石を荒取り加工することを「コヤスケを取る」と称する

原石から切りだす石材の形を決めるさい、「墨かけ」によって印が石につけられた。石材生産の三国産業株式会社（本社大阪府堺市）の

情報によると、[10]石材の「仕上げ」には出来ばえから大きく六つに分けることができる。「割肌仕上げ」、「鑿切り仕上げ」、「ビシャン仕上げ」、「小たたき仕上げ」、「ジェットバーナー仕上げ」、「本磨き仕上げ」である（表2）。このなかで、小たたきは両刃・片刃の鑿を使って丁寧に仕上げると石に味のある仕上がりとなる、熟練を要する作業である。

たたき道具そのものは、各種の鑿と金鎚（ハンマー）のセットからなる。鑿の種類が多く、自然石をたたくための「はつり鑿」、たたき用の鑿は刃の断面が六角系の「追《お》入《い》れ鑿」と長方形の「向待《むこうまち》鑿」がある。

丸鑿は切れ刃が凹面に湾曲したもので、丸穴や曲面状のくぼみを彫る。石だけでなく木の彫刻までを想定すると、刃の幅（三厘〜八分）と湾曲の深さ（極々浅丸から浅丸、深丸、極深丸）まで九八種類の丸鑿がある。しかも、外丸（裏丸）や内丸があり、角度も八〇度から二〇度と多様な鑿がある。三角鑿も角度が四五度、六〇度、九〇度、一二〇度とある。

鑿をたたく鎚（槌）にも、金鎚、小鎚、玄能、石頭、ピシャンと呼ばれるハンマーで、打撃面が肉たたき具に似たゴツゴツした突起面のもの、仕上げの微調整に使う先の尖ったツツキなどがある。

ハンマーを使わず、鑿だけを腕力で石に押しあてて細工をする場合に使われるのが薄鑿であり、柄と穂が長く、穂の断面は薄手の六角形をしている。

〈註〉

（1）吉村作治「古代エジプトにおける金属材料　鉄と青銅の役割」（『JRCM NEWS』162：1〜2ページ　二〇〇〇）。大城道則『図説ピラミッドの歴史』（河出書房新社　二〇一四）

（2）秋道智彌「鳥人の形象論　扮装と変身」（秋道智彌編『交錯する世界　自然と文化の脱構築　フィリップ・デスコラとの対話』京都大学学術出版会　113〜151ページ　二〇一八）

（3）Heyerdahl, T., Ferdon, E. N. Jr., Mulloy,W., Skjolsvold, A. and Smith, C. S.: *Archaeology of Easter Island. Reports of the Norwegian Archaeological Expedition to Easter Island and the East Pacific* 24(1) (Forum Pub. House, 1961).

（4）下田一太「クメール建築の砂岩採石技法に関する考察」（『日本建築学会計画系論文集』79：705号：2543〜2551ページ　二〇一四）。Carò, F., Im, S.: Khmer Sandstone Quarries of Kulen Mountain and Koh Ker-A Petrographic and Geochemical Study. (*Journal of Archaeological Science* 39(5): 1445–1454, 2012).

（5）青山和夫『マヤ文明　密林に栄えた石器文化』（岩波書店　二〇一二）。青山和夫『古代マヤ　石器の都市文明』（諸文明の起源11　京都大学学術出版会　二〇一三）

（6）田淵実夫『石垣』（ものと人間の文化史15　法政大学出版局　一九七五）

（7）三谷一馬『定本　江戸商売図会』（立風書房　一九八六）

（8）金城貴子「沖縄の石造文化」（『沖縄　いしの考古学　沖縄埋蔵文化財センター企画展図録』沖縄埋蔵文化財センター　二〇一一）

（9）今帰仁村教育委員会『今帰仁城跡発掘調査報告Ⅲ』（今帰仁村文化財調査報告書第25集　今帰仁村教育委員会　二〇〇八）

（10）www.mikunisangyo.co.jp/stone4.html

Ⅵ　たたき技術革命——人類進化論の新基軸

一　たたき技術の展開

たたく行為は、対象を破壊・変形し、成分を分離・精製する技術である。たたきが瞬時に、あるいは反復されるなかで対象に与える変化は人間の身体動作と深くかかわっている。たたきは、人間の行為の慣習化（＝ハビトゥス化）にほかならない。反復動作は世代を超えて伝承され、たたきの行為は労働歌ともなった。たたきの行為では素手、両手・両脚が使われる。手はたたき具を把握できるが、脚は踏むだけに使われる。ワイン造りのブドウ踏みやソバ粉踏み、ムギ踏みや脱穀作業は、みずからの身体の一部である脚を「杵」とする原初的なたたき行為にほかならない。たたきには音をともなうことが多く、たたきのサウンド・スケープを作りだした。たたきによる音は音楽として世界中で花開いた。

序章からV章までのなかで見たように、たたきの技術は、食物加工とアク抜き、薬、矢毒猟・魚毒漁・トリモチ猟、衣服（樹皮布）、皮革の加工、道具製作、染料・顔料の調整、土器の成形、布ざらしと石鹸、嗜好品、化粧品、製鉄と精錬、彫金工芸と芸術作品、石造建築・石像、さらには戦闘においても汎用されてきた。たたき技術は、猿人段階における打製石器の利用以前の類人猿段階までも遡及することができる。現世チンパンジーにおける、石を道具とするナッツ割り行動がその例証となる。本章では、たたきの技術がこれほど広い領域にわたることから、その意味を人類の歴史のなかで位置づける作業を試みたい。

1　たたき技術の多元性と特殊性

たたきの対象となる自然物は多岐にわたる。植物の場合、たたきの技術は根、樹皮、葉、花、種子などの部位に応じて多様かつ広範囲に用いられてきた。とくに、樹皮、種子などのかたい部分をたたいて有用・有毒成分をとりだすためのたたきは不可欠の技法であった。植物の葉や海藻などもたたくことで、食、薬、毒、染料として幅広く利用されてきた。植物の部位と利用目的とのあいだには特別なつながりや傾向はない。たとえば、植物の種子をたたいて、中のデンプンは食物に、油脂分は灯油やろうそくに利用される。さらに種子成分は魚毒、染料、薬となる。

動物では、筋肉・脂肪・内臓などのやわらかい部分と、長骨や頭骨、皮革や毛皮などに対して、たたき技法が用いられてきた。しかし、肉や脂肪と、骨、皮や毛皮とでは、利用目的が大きくちがっていた。骨の場合、対象の頭部をたたいて殺すほか、骨髄や脳髄をとりだすためにたたきの技法が用いられた。肉のたたき技術は食用を目的とする場合がほとんどである。皮革や毛皮の場合は、繊維をやわらかくするか切断するためである。動物の場合のたたき技術は部位別に特化しており、植物の場合とは大きくちがう。

鉱物や自然石、非金属の場合、切断、粉砕、融解、精錬など、たたきにより、対象の成形・細工がほどこされるほか、対象の結晶構造が変化する例があった。土器を作るにはろくろや縄状の粘土を積みあげる方法があるが、たたきの技法は土器作りの仕上げ段階のものであった。金属のたたきによって製造された武器や農具は戦争や農耕に使われたが、銅鐸、銅鼓のように儀礼や芸術分野でも大きな役割を果たした。青銅や鉄から製造されたたたき具は汎用性が高く、摩耗や破損する程度は青銅で劣るが、鉄の出現は技術上、革命的な転機となった。

たたきの技術に用いられる道具や技法も多岐にわたっている。脱穀やナッツ類をたたき砕く石皿と石杵、臼と杵、磨り石、樹皮布製作用のビーター、製紙用の繊維たたき具、薬を調整するための薬研と乳鉢・乳棒、箔や鋳鉄の精錬用のたたき具・鎚（槌）、石を割り、石像・石仏、浮き彫り・ペトログリフを製作するための鏨《たがね》、鑿《のみ》、金鎚など、利用目的に応じて多様で特徴的な道具が製作された。材質も、木、石、陶磁器、金属、骨、貝殻、プラスティックなど多様であり、時代とともにたたき具の材質も変化する例があった。一方、たたき具として自然界にある石や木切れを用いる場合もあり、こうしたアドホック（ad hoc）な場における道具は記述されることなく、考古学・歴史学上の遺物として同定されることもなかった。

たたきの道具が特定目的に適用されたかどうかは精査する必要があった。たとえば、ミクロネシアでは、サンゴ石灰岩製の石杵が、デンプンのたたき、薬の調合、タコの身をやわらかくほぐすなど、多様な用途に使われた。石や木の棒に溝を彫りこんだ樹皮布用のビーターは道具として特化したもので汎用性はなかったかもしれない。石器製作において、剥片石器の製作も技能を要するたたき技術の成果であり、黒曜石から細石器の石鏃《やじり》を製作する技法も高度なたたき技術を駆使したものである。工具としての打製・磨製石器も特異的なものであった。

以上のように、たたき技術は人類の胃袋から美の世界まで透徹した役割を果たした。しかも、たたき技術の結晶ともいえる石器製作はすでに数十万年以上前に開花していた。

2　エスノボタニーから見たたたき技術

エスノボタニー（ethnobotany）は「民族植物学」を指す。地域の文化や民族ごとに育まれてきた植物利用の体系を記述し、その独自性、普遍性を追求する分野である。植物学とちがうのは、西洋科学に依拠したリンネの人為分類や生態学、生化学などの自然科学的な知見にかならずしも基盤をおかない点である。このことから、民族植物学を非科学的とする批判はあてはまらない。経験知と試行錯誤の蓄積は近代的な自然科学の成果よりもはるかに長い時間をかけて継承されてきた。しかも、外界からの植物学的な技術や知識も受容ないし拒絶し、内的な変容と成熟を経てきた点は評価すべきあろう。

本書に即して注目したのは、特定の植物におけるたたき技術の適用範囲と植物の部位による多様な利用実態である。五つの具体例をもとに検討した結果を以下にまとめておこう。

(1)イチジクの仲間

アフリカ、とくに南アフリカ各地で、大型の葉をもつイチジクの仲間であるフィクス・ルテアの果実は食用とされる。樹皮は撚糸《よりいと》生産に欠かせないもので、たたいてほぐした繊維から撚糸が作られる。樹液はトリモチとなった。モザンビークでは樹皮をたたいて樹皮布が作られ、重要な交易品となった[1]。アンゴラで本種の材は木製の鉢として使われた。南アフリカ東部の湿潤地帯でこの木は街路樹として、あるいは公園や広場で広く植栽された。苗木は交易品としてあつかわれ、経済的な有用性は明らかである。

(2)マルハハナダマ

マルハハナダマ(丸葉花球)はアカネ科の落葉高木である。この樹木は装飾用に栽培され、苦みのある果実はオーストラリアのアボリジニにより食用とされる。ニューギニアではコウモリやヒクイドリが、マレーシアではテングザルが食用としている。材は切りやすく、黄色からオレンジ色をしており、チーズウッド（cheesewood）の名前がある。耐久性はあまりないものの、床材、木枠、木彫品を作るのに適している。家具やカヌーの用材となるほか、製紙用の原料ともなった。また、樹皮は魚毒として使われ、たたいたものを流れのない河川に流して魚をとる。樹皮は食べると嘔吐を起こすので、たたいて水と混ぜた溶液を胃痛や動物に咬まれたさいに服用して毒を出した。フィリピンでは外傷の治療に用いられる。樹皮は染料ともなる。薬学の研究によれば、この樹木は抗マラリアならびに抗ガンの薬効があるとされている。この例では、樹皮が魚毒、染料、薬、製紙用となるほか、幹は用材として、果実は食用となる。

(3)ゴバンノアシ

ゴバンノアシはサガリバナ科の常緑高木である。果実の中の種子をたたき砕いたものは魚毒として広い地域で利用されるが（Ⅳ章三節参照）、東南アジアではゴバンノアシを食用ないし薬とする事例がある。インドシナでは若い果実を長時間煮て食用とされる。種子からデンプン質を抽出するため、籐のトゲを使ってすり砕いて水を加える。ミルク状になった液体をヤシの皮製容器に移し、沈殿したデンプンを加熱して食べることができる。

薬としても多様な処方がある。葉をたたいたものは水疱瘡や皮膚のかゆみに湿布する薬となる。マレーシアでは葉は高血圧によく、樹皮を煎じた汁はリューマチや水疱瘡の薬となる。果実は喘息や下痢に効く。さらに、樹皮はのどの痛みがあるときや皮膚の腫物に直接貼りつける。樹皮を粉砕した粉は鼻から吸入する鼻薬として使われる。種子を煎じたものは咳や副鼻腔炎、気管支炎に効くとされる。種子は魚毒となる有毒成分をふくんでいるが、虫下しや難産の妊婦に使うほか、皮を剥いだ種子を小麦粉や脂と混ぜたものを下痢用に使う。また眼病に種子を直接患部にあてる処方もある。

葉を煎じた汁はヘルニア治療に服用される。葉を熱して腹部に押しつけて胃痛用とするほか、若い葉をリューマチやできものの患部に貼って痛みを和らげる。種子は砕いて水と混ぜて、虫下し用に服用するほか、乾燥した種子を砕いて水と混ぜ、風邪、インフルエンザ、のどの痛み、気管支炎用に使う。若い種子はたたいて外傷に塗布するほか、マラリアのために肥大化した脾臓の部分に塗りつける。樹皮を煎じてその液を便秘薬とするほか、てんかん症にも使う。ここまで見れば、ゴバンノアシは万能薬とまでいいたくなる。

ゴバンノアシの乾燥果実はミクロネシアのグアム島でプテン（puteng）と呼ばれ、軽いのでヒョウタンとともに網の浮きとして使われた。また魚毒漁はグアサ（guasa）と称された。なお、グアム島のチャモロ（Chamorro）族はゴバンノアシを砕くさい、石皿（ルソン：lusong）と杵（ロモック：lommok）を使った。皿と杵はふつう安山岩かサンゴ石灰岩製で、木製の杵（ファヤオ：fayao）が使われた。(2)

⑷トチノキ

トチノキはムクロジ科の落葉広葉樹で谷筋などに多く生育する。Ⅰ章でふれたとおり、日本では手間がかかるもののアク抜きをして食用とされる。粉状に粉砕したものをコメといっしょに搗いて栃餅にする。山間部ではトチの粉を救荒食として保存することもある。(3) アク抜きするまえに砕いたものを魚毒として使う例はない。トチノキの実を粉にしたものは胃痛、腹痛、止血などに使用される。骨折・関節などの手術後に服用する薬ともなる。たたくわけではないが、トチノキの若芽から出る粘液を「たむし」の治療に使うこともある。種子には血糖値を下げる成分も検出されている。農山村では貴重な食料源であったが、一方できれいな杢目をもつ大木になるため、用材としても重要な樹種で、一枚板のテーブル、木鉢、木臼として利用された。また、トチノキの花はミツバチが吸蜜する割合が高く、養蜂業にも寄与する樹木であった。

⑸ククイ

ククイ（kukui）はハワイ語であるが、東南アジア原産で、オセアニアに人類が拡散する過程で移植された。ククイはインドネシア語でクミリ（kemiri）、バリ語でティンケー（tingkih）と称される。

ハワイ諸島では、ククイから油を抽出するため、大量の実が石皿でたたいて砕かれた。首長ク

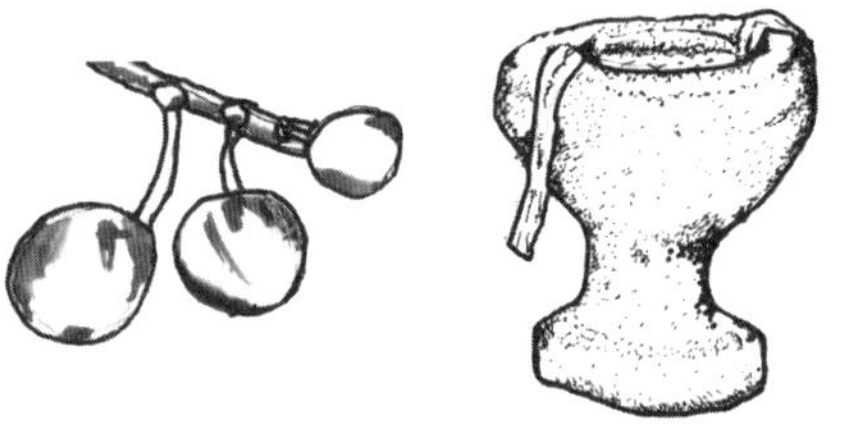

図1　ククイ・ナッツと灯油としての利用。灯芯はタパ製

ラスの人びとはポホ・ククイ（poho kukui）と呼ばれる石製のランプをもっていた。これは小型の石の真ん中をたたいてくりぬいて作ったもので、くぼみにククイ油を入れて、灯芯にはタパに使う繊維をよじったものが使われた（図1）。ククイがキャンドルナット（candlenut）と呼ばれるわけだ。ククイの樹皮からは赤色の染料（イリ・ククイ）が抽出される。ハワイで染料のことをワイホ・オル・ウ（waiho'olu'u）と称する。ククイの染料はハワイの人びとの入墨の染料としても利用された。ククイの木の枝や幹から表層を削りとって水に浸して染料となる成分を溶出する。タンニンをふくむので、漁網や皮革製品のなめしにも用いられた。ククイでコーティングした網は魚に見えにくくなると信じられている。また、ククイの実を燃やしたときに出るすすを染料と混ぜたものがカヌーの防水用として塗布された。ククイの実をそのまま木材にこすりつけると、ニス代わりになる。ククイの葉と白い花とともに実は数珠状にしてレイ（首飾り）とされた。ククイはブタの好む食物でもあった。ククイの実を口で咬み、唾液とともに海面に吐きだすと、海面がなめらかになるので海中を見るために使われた。この慣行は日本でも菜種やフカの油を海面に流して使ったことと似ている。

表1　植物の利用目的とたたき技術の応用

	イチジク	マルハハナダマ	ゴバンノアシ	トチノキ	ククイ
食料	●F	○F	●F	○F	
薬		○B	○BL	○FY	●B
染料		○B			○B
魚毒			○F		
樹皮布	○B				
なめし					
網の浮き					○F
灯油					●F
トリモチ	○B				○F
鉢	●T			●T	
用材	●T			●T	
撚糸	○B				
庭木	●T				

F：果実（種子をふくむ）　B：樹皮　L：葉　Y：若芽　T：幹　○：たたき技術あり　●：たたき技術なし

ククイ油は木材や樹皮布の保護用に有用でもあり、サーフィンで使うサーフボードの保護にも役立てられた。若いナッツは便秘によい。若木の樹液はとくに子どもの水ぶくれ、皮膚の腫物や発疹に効く薬として用いられた。また、現代ではククイ油はマッサージ用のオイルとして使われている[4]。

以上の五例を表1にまとめた。植物の種類により、たたき技術のみ、あるいは部分的にたたきの技術が用いられる場合がある。樹皮はほとんど、たたく技術が利用目的にかかわらず適用されるが、幹にはたたき技術は使われない。用途別に見ると、三～七種類とバラツキがある。用途数が多いほど利用できる部分は多いが、ククイのように種子と樹皮のみを多様な生活目的に使う事例もあり、これらの例をふくめて、世界中で植物利用の体系を比較する膨大なエスノボタニーの研究可能性が今後ともに広がっているといえるだろう。[5]

〈註〉

（1）Burrows, J., Burrows S.: *Figs of Southern & South-Central Africa.* (Umdaus Press, 2003).

（2）Tolentino, D.: *Ancient Chamorro Fishing Tools.* (Guampedia, 2014).

（3）名久井文明「トチ食料化の起源　民俗例からの遡源的考察」（『日本考古学』22：71〜93ページ　二〇〇六）

（4）バーバラ・サンティッチ、ジェフ・ブライアント（山本紀夫監訳）『世界の食用植物文化図鑑』（柊風舎　二〇一〇）。松山利夫、山本紀夫編『木の実の文化誌』（朝日新聞社　一九九二）

（5）Burkill, I. H.: *A Dictionary of the Economic Products of the Malay Peninsula.* (The Governments of Malaysia and Singapore by the Ministry of Agriculture and Cooperatives, 1966). 堀田満ほか編『世界有用植物事典』（平凡社　一九八九）

二　『天工開物』とたたき技術

1　『天工開物』を紐解く

人類史のなかでのたたき技術の問題を、ここでは中国・明代における技術文化の百科全書である『天工開物』をもとに、たたき文化の記述について考察を加えたい。宋應星による『天工開物』の成立は一六三七年とされている。本書は三巻一八章からなり、あらゆる産業技術を網羅したものであり、「五穀を尊び金玉を卑しむ」順に配列されている(1)。一七世紀の時点で中国文明におけるたたき技術を総覧し、日本の江戸時代との比較をおこないたい。なお、以下ではたたき技術に着眼した部分のみをとりあげる。

『天工開物』では、たたき技術の詳細な説明が記載されており、図も多く、本書でこれまでとりあげてきた「たたき具」を検討するうえでも役立つ。『天工開物』によると、臼と杵にはいくつもの種類があり、それぞれの用語が対応している。たとえば、イネの脱穀には「礱《すりうす》」を使う。これには木製と土製のものがあり、それぞれ松の木を使う木礱と黄土を使う土礱に分かれる。二枚の礱の接合面には細かく歯が刻まれている。日本の磨り臼よりも大型の特徴がある。また、挽くさいに上臼に回転用の軸をつけて手で回すのではなく、支持具を前後に動かす方法がとられる。糠をとるには「舂《つきうす》」や「碾《てん》」を用いるとある。さらに、水力を用いた搗きは「碓《からうす》」で、「礱」の役目も果たし、「水碓」とも記述されている。乾燥した籾は「碾」に入れるだけで「礱」にかけないですむ。「舂」は「うすづく」とも書かれている。「磑《がい》」は台石の中央部から木の軸を通じて垂直に固定された転輪の石の輪をウシ、ウマなどに曳かせて転輪を回転させて穀物を挽くものである。このほか、「打枷」とあるのはいわゆる唐竿を指す。手杵は竪杵で日本のものとおなじである。

いずれもなじみのない用語が多い。唐臼、唐竿、竪杵は日本のものとおなじであるが、「礱」の使用法は日本にはないと思われる。また、水碓にしても、複数の横杵を使っている点で横杵を一つだけ使う日本の例とは異なっている。以下、個々の例に即してたたき具の使用例をまとめてみよう。

(1) 穀類

穀類の脱穀では、礱、碾、碓、水碓、舂、枷などいくつもの方法がある。イネだけでなく、コムギ・オオムギ、ヒエ・アワなどの雑穀の生産地が中国では異なっており、たいへん興味がある。しかも、木礱、土礱などは挽いた穀類の量で使用が不可能になるなど、道具の消耗についても明記されている。リョクトウ（緑豆）はすりつぶしたものを水と混ぜ、沈殿したものを乾燥させた。リョクトウの粉は盪片（薄い皮状のもの）・搓索（豆そうめん）として珍重された。

⑵衣服

棉布の花を採集して種子をとりさり、弓を張って棉を打ち、繊維をほぐす「弾棉」がおこなわれた。

⑶染色

ベニバナを染色に用いるさい、露をもった花を摘みとり、これをよく搗いて水洗いする。布袋に入れて黄色の汁を搾りとる。さらにこれを搗いて酸栗（水に浸けて酸っぱくしたものと思われる）やコメのとぎ汁で洗い、袋に入れて汁を絞りだす。カワラニンジン（青蒿）で一晩おおいをして、こねて薄い餅状にして陰干しにして蓄える。エンジュ（槐）の花を木の下に籠をおいて集め、水で煮たてて乾燥してこねて餅状にする。石灰を少し入れて天日にさらしながらかき混ぜて保存する。これに藍澱《らんでん》を混ぜて緑色の染料とする。

⑷調整

原文では「粹精」とある。粹は「砕く」、精は「精白」を意味する。天は人間に五穀を与えたが、すぐれた部分は内部にあり、外側は黄色い衣装を着けている。イネは糠をよろいとし、ムギは麩《ふすま》を衣服としている。これらを精白、製粉する技を人間は身につけてきたが、臼や杵を作った人は、天が人間の仮の姿で現れたものと位置づけられている。イネの脱粒には稲穂を木槌でたたくか、石板に穂をたたきつける、あるいは、ウシに石のローラーを曳かせる。籾殻は礱を、糠をとるには舂を用いるか碾を使う。この碾は薬研とおなじと訳者の藪内清はコメントしている。

(5)製陶

口の開いた甕を作る場合、上下半分ずつをろくろで造り、接合面をあわせて木槌で内と外からたたいて固める。口の小さな瓶などは木槌が使いにくいので、金剛圏状の丸瓦を内からあて、外から木槌で打つと接合しやすいという。

(6)鍛造

金属から製品を作るさい熟鉄を用いるとあるが、これはV章でとりあげた錬鉄に相当する。融点が高く、焼いてやわらかくして、たたいて鍛える。鉄製品だけでなく銅製品の記載があり、とくに錨の鍛造、鉦（鑼《どら》）や鐲《たく》（銅鼓）の製造では、大勢の人が金鎚をもって音の出るまで冷えた銅をたたく。鐲の場合、少し起伏をもたせてたたいていると、雄と雌の音に分かれる。銅はたたくことで特有の白い色を発し、やすりをかけると黄色の光沢が現れる。

⑺ 製紙

竹紙を作るさい、切った竹をため池に一〇〇日以上浸けてからとりだして槌でたたいて表皮をとりさる。石灰を加えた溶液で八昼夜、煮る。さらに洗浄後、灰汁を入れて煮だして別の容器でふたたび灰汁を加えて煮る。この作業を一〇日ばかり続けて、臼に入れて搗くとドロドロの状態となる。これを漉いて紙とする。

以上の例にあるそれぞれのたたき技術は中国のなかでもおなじ地域に見られるのではなく、江南地方にあたる江蘇・江西・浙江だけでなく、雲南・四川・福建・広東・広西から、湖北・山西・山東・陝西、甘粛まで広がっている。これは農作物のように気候による栽培種や季節のちがい、鉱物・土のように産地が限定されるものまでがふくまれていることによる。同一時代に広大な地域にまたがって技術を比較した点でも、江戸時代前期に相当する時代におけるアジアの技術文明を比較する視点が浮かびあがる。

日本の江戸時代前期と比較すると、リョクトウ、棉を利用した衣服、製陶法などは日本にはない技術と思われる。ただし、竹紙は一見なじみのないようだが、『正倉院文書』にある「竹幕紙《ちくばくし》」が竹紙に相当するとされている。ベニバナを染色する技術は細部では異なるものの、紅餅を作る工程は共通している。前述したように、挽き臼で家畜を使い、縦にした臼を使う工程はユニークである。しかし、日中間でのたたき技術が多方面にわたっていることも共通点としてあげることができる。中国の例では複数の人間が作業をする情景や周囲の景観なども図示されているが、日本でも江戸時代の『日本山海名物図会』（一七五四年刊）には詳細な図が採録されており、図の説明も詳細にあり、中国の例を模倣したものかは別として日中での近世技術比較論は今後も楽しい課題であるといえるだろう。

〈註〉

（1）宋應星（藪内清訳注）『天工開物』（東洋文庫130　平凡社　一九六九）

三　たたき技術と新石器時代

1　南島語と「たたき」の語彙

たたくことを表す英語のクラップ（clap）、ビート（beat）、ハック（hack）などの用語の祖語（もととなる言語）について、台湾を起源地として東南アジア・オセアニア、マダガスカルに広がる南島語（オーストロネシア語）で再構成した語彙について検討した。

表2には、台湾のパイワン語（Paiwan）、フィリピンのカパンパンガン語（Kapampangan）、セブアノ語（Cebuano）、ボントック語（Bontok）、タガログ語（Tagalog）、ビサヤ語（Bisaya）、インドネシアの古ジャワ語（Old Ja-

表2　「たたく」を表すオーストロネシア諸語

民族	現地語	意味
Paiwan	ts-m-abtsab	手をたたく
	ma-tsabtsab	平手で何度も人や壁をたたく
Bontok	tatab	たたき切る、bolo*で刻む
Kapampangan	tabtab	サトウキビを切る
	tabtab-an	たたき切る
Tagalog	tabtab	切る、たたき切る
Cebuano	tabtab	たたき切る
Bisaya(Bukit)	nantab	草を切る
Old Javanese	tatab	打つ
Javanese	tatab	たたく
	tatab-an	たたきあう
Manggarai	tatab	押しこむ
Ngadha	tata	粉々にする、打つ、殺す
Rotinese	tata	割く、たたき切る

Paiwan: 台湾、Bontok, Kapampangan, Tagalog, Cebuano, Bisaya: フィリピン、Old Javanese, Javanese, Manggarai, Ngadha, Rotinese: インドネシア東部のフロレス諸島。*bolo: 斬首用の刀剣

vanese）、ジャワ語（Javanese）、マンガライ語（Manggarai）、ガダ語（Ngadha）、ロティ語（Rotinese）についての「たたく」にかかわる用語を示した。これによると、タブタブ（tabtab）、タタブ（tatab）、タタ（tata）など共通する語が多く見うけられる。なお、台湾のパイワン語で**ts-m-abtsab**は「手をたたく」、**ma-tsabtsab**は「何度も相手や戸をたたく」の意味である。

つぎに、フィリピン・ルソン島北部山岳地帯の言語であるコルディリエラ語（Cordilleran）に注目すると、稲作関連の語彙をとりあげたL・リードの研究があり、多様な語彙が収録されている[1]。コルディリエラ語の話者の暮らす山岳地帯では石積みの壮大な水田稲作の棚田が造成されており、一部は世界遺産ともなっている（図2）。この論文のなかでとりあげられてい

表3　フィリピン諸語におけるたたき文化に関連した語彙の祖語

祖語		現地語	意味
PAN	*Sem(e)y		イネ科植物
PPH	*hemay		イネ科植物
PCo	*dayaket		（イネ・タロイモ・キャッサバ）モチ品種
PPH	*bayu		イネを臼と杵で搗く
PPH	*lebek		サトウキビを臼と杵で搗く
PAN	*lesuŋ	*ba:yu	臼
PPH	*qaSelu	*lebbek	杵
PnuCo	*ʔasud	*lusuŋ	2〜3人が交互に搗くこと
PCCo	*bina:yu	*ʔaʔalu/ʔaʔlu	搗いたイネ
PPH	*(O, q)eta	*ʔeta	（籾をとった）イネの種子
PPH	*tahep	*taʔep	籾とコメの選別
PAN	:lu(N)[t]uh	*lu:tu	コメを（炊いて）調理する

PAN：原オーストロネシア語、PPH：原フィリピン諸語、PCo：原コルディリエラ語、PnuCo：原中核コルディリエラ語（Reid 1991）をもとに作成

る、「イネをたたく」、「脱穀する」、「搗く」など、たたき技術に関連した技法や道具の関連語彙を表3に示した。表からは稲作に特化した用語のみで、イネ以外の植物におけるたたきの語彙がまったくなく、研究上、限定的といえる。

さらに、たたく行為に関する祖語について検討してみよう。先述のように、東南アジア・オセアニア地域の主要な言語は南島語（オーストロネシア語）と呼ばれる。オーストロは「南の」、ネシアは「島」を指す。南島語の祖語はPAN（プロト・オーストロネシアン：Proto-Austronesian）と表記される。その下位分

図2　フィリピン・ルソン島北部のコルディリエラにおける棚田

表4　オーストロネシア諸語におけるたたき文化に関連した語彙の祖語

祖語		意味
PMP	*tugtug	たたくことやその音
PAN	*bakbak	強くたたく音
PMP	*bekbek	穀物をたたいた粉状のもの
PAN	*palu-palu	たたき用のハンマー・たたき具
PWMP	*taltal	たたくことでやわらかくする
PPh	*asud-án	いっしょにたたく、またはその場所
PMP	*dekdek	たたいてつぶす
POC	*pupuk	たたくさいの音
PWMP	*seseg	たたいてつぶすこと
PPH	*piqpiq	河原石の上でたたいて洗濯する

PMP：原マラヨ・ポリネシア語、PAN：原オーストロネシア語、PWMP：原西部マラヨ・ポリネシア語、PPH：原フィリピン諸語、POC：原オセアニア諸語

図3　藁たたきの木槌。愛知県北設楽郡下川村（左）、青森県北津軽郡小泊村（右）（国立民族学博物館蔵）

類にいくつもの言語群がある。それらをふくめてたたきに関連した祖語を表4にあげた。祖語の前には（*）の標で表記する決まりがある。

表から、「たたく」や「たたくさいのリズミカルな音」はトゥグトゥグ（PMP: *tugtug）、たたいて粉状になった穀物はベクベク（PMP: *bekbek）、たたきの道具はパルパル（PAN: *palu-palu）、たたいてやわらかくすることはタルタル（PWMP: *taltal）、たたき砕くことはデクデク（PMP: *dekdek）、強くたたく音はバクバク（PAN: *bakbak）やププック（POC: *pupuk）、たたいて砕くことはセセグ（PWMP: *seseg）、河原の石に洗濯物を打ちつけて洗うことはピクピク（PPH: *piqpiq）などの畳語《じょうご》（反復語）がある。表には示していないが、このほか魚毒のデリスはトゥバ（PAN: *tuba）、おなじく果実を魚毒漁に使うカキの木はカヌマイ（PPH: *kanúmay）、搗いたコメはブラス（PPh: *b⟨in⟩eRas）、ココナツ・ミルクといっしょに搗いたタロイモはモニャク（POC: *moñak）、微細な粉状にしたものには語尾にデック（*-dek）をつける。力まかせにたたいた状態はトゥトゥエン（PWMP: *tutu-en）などの用例がある。

以上の点からすると、日本の稲作では「たたく」用語数はコルディリエラ語とおなじ程度であるが、日本ではたたきの道具や製品について豊かな情報が蓄積されている。脱穀・籾摺り・籾とコメの選別、モチ搗きなどの工程だけでなく、稲藁をたたく木槌までがある（図3）。藁を使った民具は衣食住や儀礼、家畜の飼料、工芸などの広い範囲におよび、日本の生活文化に欠かせないものであった[3]。富山湾に面する氷見では中世末期以来の台網（大型定置網）は稲藁で作られた。農村でイネの収穫後に家内仕事として藁縄が作られ、漁村に売られた。漁民は藁縄を編んで台網を作った。網の重石にも俵に砂をつめたものが使われた。網を季節ごとに切り替えるさい、切断された使用済みの網は海底に沈み、腐食してプランクトンを育むことで生態系の維持にも役立った。農村と漁村がうまくつながり、持続的な生業がおこなわれていたわけだ[4]。

以上のように、言語的なアプローチからたたき文化を再構成する試みは重要であり、「たたく」を表す動詞や「たたきの音」に関する語彙は重要なヒントを与えてくれる。ただし、言語学では、たたく対象が何を指すのかはほとんど明らかにされていない弱点があった。

〈註〉

（1）Reid, L. A.: Terms for Rice Agriculture and Terrace Building in Some Cordilleran Languages of the Philippines (1991). Pawley, A. K. and Ross, M. D., eds. *Austronesian Terminologies: Continuity and Change*, 363–388. (Pacific Linguistics C-127. 363–388, Australian National University,1994).

（2）Blust, R., Trussel, S.: *The Austronesian Comparative Dictionary* (Web edition, www.trussel2.com/ACD, ongoing: 2010–).

（3）宮崎清『藁1』（ものと人間の文化史55-I　法政大学出版会　一九八五）。宮崎清『藁2』（ものと人間の文化史55-II

法政大学出版局　一九八五）。斎藤たま『わらの民俗誌』（論創社　二〇一一）

（4）小境卓治「漁師が育んだ氷見の歴史　資源管理につながった台網漁」（『水の文化』29：26〜29ページ　ミツカン水の文化センター　二〇〇八）

四　照葉樹林文化とたたき技術論

照葉樹林帯はヒマラヤ山地中腹（一五〇〇～二五〇〇メートル）からネパール、ブータン、アッサムの一部を通り、東南アジア北部山地、雲南・貴州高地、長江流域の江南山地、西南日本に至る地域に特有の植生である。その名前にもあるとおり、照葉樹には葉の表面に光沢をもった樹木が多い。たとえば、カシ、シイ、タブノキ、クスノキ、チャノキ、ツバキなどがその代表である。現代日本では西日本各地の山地、社叢林、離島などで広く見られる。

照葉樹林帯における野生・栽培植物とその特徴的な利用形態を明らかにしたのが中尾佐助である。[1]照葉樹林文化論は、この植生帯に特徴的な文化が認められることを生態学的、生物地理学的な基盤から提起された仮説であり、学界から注目を集めた。[2]その後も照葉樹林文化に関する多くの書物や論文が出版されてきた。[3]

1　たたき技術とその複合

照葉樹林文化論のなかで、ドングリを水でさらす技術が重要な要素であることが指摘されてきた。この点に着目し、私は植物の葉や茎、あるいは種子にふくまれる有用・有毒成分を抽出するため、植物をたたきつぶす、有用・有毒成分を分離する、水と混ぜて希釈する、水中に拡散させる、一連の技術が編みだされてきたとして、植物利用の技術をとらえる「たたき洗い」説を提唱した(4)。

「たたき洗い」説は魚毒を念頭においているが、それ以外に樹皮布、薬、染料、アク抜き、トリモチ、製紙、精錬など、たたきの技術は生活や産業の多方面にまたがっている。これらのたたき技術に関する情報は民族誌や歴史学の記述に依拠しており、時代をさかのぼった起源論の議論ではない。先史考古学的な物的証拠は石器や土器以外に少ないこともあり、先史時代のたたき技術の総体について十分な証拠を探すことは一般論からしてむつかしい。

しかし、本書で見たように、南中国の珠江流域や東南アジアの新石器時代の遺跡から石製の樹皮布たたき棒が出土している(5)。さらに、石皿と石杵の利用と土器の内面に付着した炭化物の安定同位体分析から、何がたたきの対象で、何が煮炊きされたかが判明しつつある。顔料の利用は旧石器時代にさかのぼること、岩石をたたき砕くとともに、骨や種子から採取した油で溶かしたこともわかってきた。

ここで提示したいのは個々のたたき技術が独立発生したものではなく、複合的に多様な用途に転用されたとする仮説である。たたきの技術を通じて、有用・有毒成分の分離と抽出、粉化、植物・動物繊維の分断化などが多様な目的に応じて連鎖的・複合的に起こったと考える視座を提起したいのである。

たとえば、たたき砕いた種子が食用とされるとともに、魚毒、矢毒、薬、染料、洗剤とされる例や、石製たたき具が薬、タコ、タロイモ、タコノキの繊維をたたくために汎用されるサタワル島の例、カップストーンの多目的利用（ハワイ島、樹皮布たたき具が魚毒漁や土器の成形に使われたとする仮説（台湾とサラワク））もあった。たたいたものの多様な利用、たたき具の汎用性については、現地調査が不可欠であり、文献や遺物だけからではわからない。たたき技術の重層性は仮説とはいえ、きわめて魅力あるテーマといえるのではないか。

2　縄文・弥生時代のたたき技術

たたき技術が多分野で活用されるようになったとする仮説は、何度も対象をたたく行為か慣習化された結果、その応用範囲が広まったとする前提に依拠している。世界の先史時代すべてを対象とした議論は現状ではむつかしい情況にあるが、さいわい日本の縄文・弥生時代の先史考古学の蓄積がある。ここで縄文時代のたたき技術がどのような分野で実践されたのかを再構成してみたい。

具体的な証拠となる遺物がのこっている例は縄文・弥生時代を通じてそれほど多くはないものの、多方面にわたっている。表5に示したように、縄文時代では堅果類の砕きとアク抜き用の石皿・石杵、凹石・磨り石、サケたたき棒、櫛用のウルシと顔料などがある。

弥生時代では、土器成形用の木製たたき具、矢毒ないしは薬のためのトリカブトを精製する小型土器、甕棺に装飾する辰砂・ベンガラの顔料、硯石、鍛冶・製鉄などがある。凹石・磨り石と獣皮なめし用の局部磨製石器（打撃部のみが磨製の打製石斧）は縄文時代をさかのぼった後期旧石器時代に存在したもので国内で一二〇例ほどが知られている。

たたき具の明確な証拠がないものの、たたき技術が用いられた対象として薬、染料、トリモチ、魚毒、石鹸などの可能性が想定される。

表5　縄文・弥生時代におけるたたき技術の展開

時代	たたき技術の有無		対象	たたき具
縄文時代	アク抜き	○	堅果類	石皿・石杵、凹石・磨り石*
	皮なめし	△	獣皮	局部磨製石器*
	サケたたき棒	○	サケ	木製たたき棒
	ウルシ・顔料	○	櫛	？
弥生時代	土器成形	○	土器	木製たたき具
	矢毒/薬	△	トリカブト	小型土器
	顔料	○	辰砂・ベンガラ	甕棺
	硯	○	墨	？
	鍛冶・製鉄	△	鉄鉱石	鉄製の斧や鏃、鉄片

○：あり　△：ある可能性　？：不明　＊：旧石器時代

3　樹皮の多目的利用とたたき

植物へのたたき技術は食用のものだけに適用されたのではない。種子や根茎の場合、魚毒（オニグルミ）や矢毒ないし薬（トリカブト）、染料、薬に適用された。木本植物の樹皮や靭皮繊維は、魚毒漁、トリモチ猟、染料、薬、製紙、樹皮布など利用目的は多岐にわたっており、たたきの技術以外に煮つめる、水にさらすなど複合的な加工技術が用いられる。豊富な水と容器はいうまでもなく、灰汁、石灰、胡粉など、化学反応を進めるための媒体が用いられた。

以上のほか、たたき技術は皮なめし、縄、運搬用具、漁具、各種の容器・籠に汎用されてきた[6]。日本では三内丸山遺跡の出土品にあるように、つる製のヤマブドウの樹皮は重要な生活用品となった。シナノキの樹皮を水にさらして内皮をさき、なえて縄や紐を作る技法は縄文時代までさかのぼる可能性がある。名久井文明によると、東北地方では樹皮の皮を採取する方法には「剥離法」と「抜きとり法」があり、後者では木槌でたたいてサクラとオニグルミの樹皮を抜くことができるとしている[7]。

日本で樹皮布が使われた証拠はないが、縄文時代（前期と後期・晩期、弥生時代中期まで）に編布（アンギン）の遺物が見つかっている。これには、三内丸山遺跡、押出《おんだし》遺跡、鳥浜貝塚のものがあり、編み台・編み錘のセットを用いたもじり編みがおこなわれた。押出遺跡・鳥浜貝塚の例では、イラクサ科カラムシ属のアカソ（赤麻）が使われた。アカソは茎の繊維を使うが、茎を蒸して表皮をむき、内側の繊維を使ったであろうから、たたきの技法はないと考えられる。編布の存在を示す土器底面の圧痕が検出されているものの、弥生時代に機織り技術が導入されたことですたれた。[8] ただし、チョマ（青麻《あおそ》）、ヤブマオ（藪苧麻）の繊維は近世期に高級な上布として織られ、「越後上布」、「小千谷縮」、「近江上布」が知られている。琉球でも「八重山上布」、「宮古上布」が貢納品となった。

北東アジアでも、白樺《しらかば》の樹皮は大中小の器、つまり大は衣服入れ、中は食品入れ、小は縫い針入れの製作に用いられた。このほか、樹皮船・ゆりかご・家屋の外壁・車の屋根・楽器（笛）の材料、焚きつけやタールの原料などに利用されてきた。[9]

民族学的な貢献と先史・考古学による研究の融合は今後とも追及されるべきだが、縄文時代に堅果類・根茎類の砕きとアク抜き技術が広範に知られていた事実と多様な樹皮利用の民族誌の資料は、先史時代から食料以外のモノに対してたたき技術が応用されたことが十分に考えられる。

〈註〉

（1）中尾佐助「照葉樹林文化と稲作文化　植物栽培からみた東アジア文化論」（『探検と冒険』第2巻　朝日新聞社　一九七二）

（2）上山春平編『照葉樹林文化　日本文化の深層』（中公新書　一九六九）。上山春平、佐々木高明、中尾佐助『東アジア文化の源流　続・照葉樹林文化』（中央公論社　一九七六）

（3）佐々木高明『照葉樹林文化の道　ブータン・雲南から日本へ』（日本放送出版協会　一九八二）。中尾佐助、佐々木高明『照葉樹林文化と日本』（くもん出版　一九九二）。佐々木高明『日本文化の基層を探る　ナラ林文化と照葉樹林文化』（日本放送出版協会　一九九三）。佐々木高明「照葉樹林文化論　中尾佐助の未完の大仮説」（『中尾佐助著作集第Ⅳ巻　照葉樹林文化論』北海道大学図書刊行会　二〇〇六）。佐々木高明、秋道智彌、阿部健一「照葉樹林文化論のひろがり」（『科学』75（4）：428〜438ページ　二〇〇五）。佐々木高明『照葉樹林文化とは何か　東アジアの森が生み出した文明』（中央公論新社　二〇〇七）。秋道智彌「照葉樹林文化論を考える」（ヨーゼフ・クラナー編『日本とは何か　日本民俗学の二〇世紀』東京堂出版　368〜385ページ　二〇一四）

（4）秋道智彌「魚毒漁の分布と系譜」（吉田集而編『生活技術の人類学』平凡社　66〜98ページ　一九九五）。秋道智彌「植物加工のテクノロジー」（秋道智彌責任編集『週刊朝日百科　植物の世界』96号：226〜229ページ　朝日新聞社　一九九六）。秋道智彌「たたき文化論」（秋道智彌責任編集『週刊朝日百科　植物の世界』96号　251〜256ページ　朝日新聞社　一九九六）

（5）Cameron, J.: Treans-oceanic transfer of bark-cloth technology from South China-Southeast Asia to Mesoamerica? (*In Islands of Inquiry: Colonization, Seafaring and the Archaeology of Maritime Landscapes*. ANY F. Press, pp. 203–218, 2008).

（6）名久井文明『樹皮の文化史』（吉川弘文館　一九九九）

（7）名久井文明「東日本における樹皮利用の文化　加工技術の体系と伝統」（『国立民族学博物館研究報告』18（2）：221〜301ページ　一九九三）

（8）松永篤知「東アジア先史時代の植物質編物の研究」（平成二四年度名古屋大学大学院文学研究科　学位（課程博士）論文　二〇一二）

（9）井上治「北東アジアの白樺樹皮文化　環境・社会・伝統・歴史からの北東アジア学」（『北東アジア研究』22：81〜106ページ　二〇一二）

五　たたき技術革命への道標

1　たたき技術の三角形モデル

　たたき技術を基盤とする水さらし、加熱、発酵、乾燥などの工程は食物加工だけでなく、生活の多分野におよんでいることは再三ふれてきた。利用目的を個別に検討すると煩雑になるが、これを大きな枠組みで整理するため、料理の三角形モデルを想定して検討した。

　料理の三角形モデルはC・レヴィ＝ストロースの提唱したもので、人類の料理は「生のもの」、「火にかけたもの」、「腐ったもの」の三要素からなるとし、たがいに対

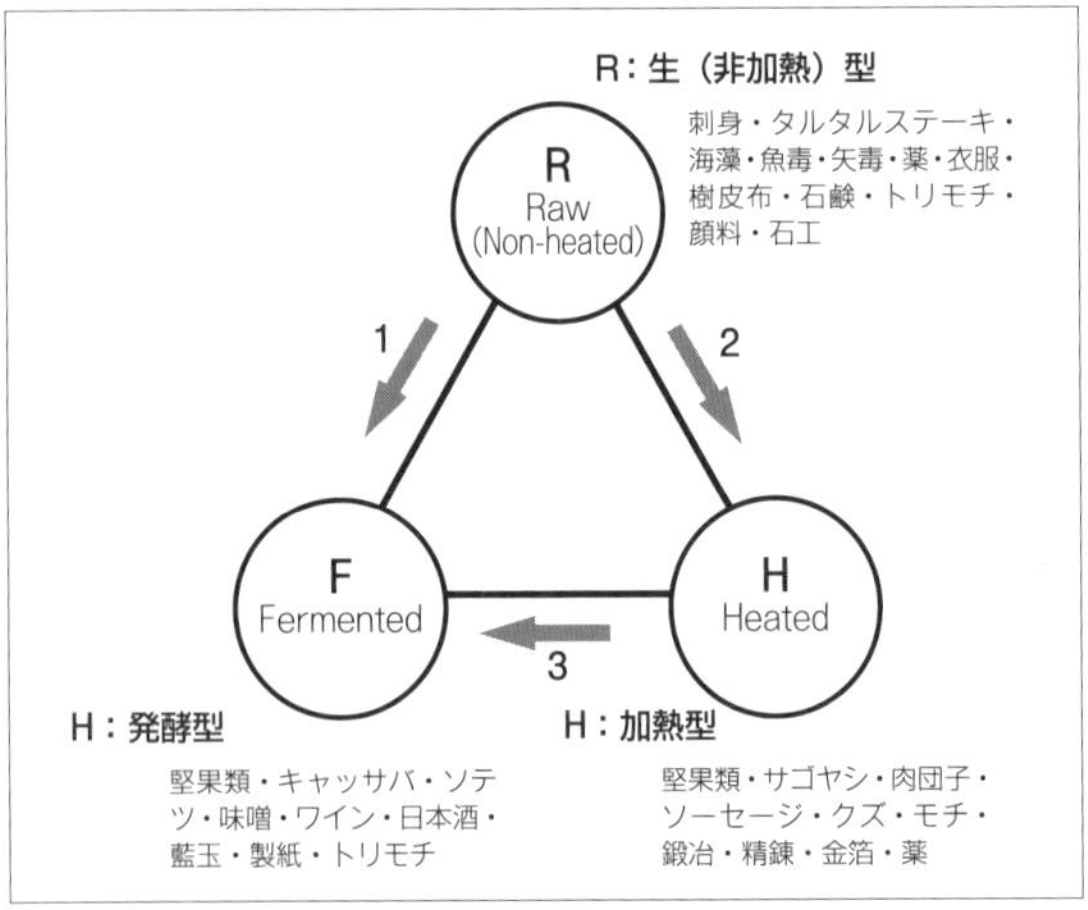

図4　たたき技術の三角形モデル。常温でたたいたものを発酵(1)、加熱(2)、さらに酸・アルカリ処理、乾燥・凍結処理(3)をほどこす過程を指す（レヴィ＝ストロース 1968）をもとに作成

立する三組の関係が料理の考察の基本になるとした[1]。私は「腐ったもの」の項に「発酵したもの」をあてはめたほうが料理を考察するうえで有効であることを提案した[2]。

図4には、生の状態（R: Raw）、加熱処理した状態（H: Heated）、発酵させた状態（F: Fermented）の三項からなる「たたき技術の三角形」モデルを示した。なお、岩石や鉱物は原石状態のものをR、加熱したものをHとした。加熱後に発酵する場合は最終生成物をFとした。この図に本書でとりあげたすべてのたたき技術による産品や生成物をあてはめてみた。以下、詳細について記述する。

(1) 生（非加熱）型のたたき技術

食料としては、魚や肉のたたき、海藻・山菜（ミズ）などがある。染料、鉱物の顔料、石工の作業、トリモチ、魚や動物の皮を用いた衣服、樹皮布、石鹸などは常温での非加熱状態でのたたき技術の応用例である。植物のなかには生状態のものをたたいて魚毒、矢毒、薬とする例がある。岩石や鉱物をたたいて粉状ないし成形して利用する場合も非加熱型のたたき技法である。

(2) 加熱型のたたき技術

加熱前ないし加熱後にたたく事例も食物に多く見られる。堅果類やサゴヤシはたたき砕いたものを加熱して食用とする。鍛冶や精錬、金箔などは、加熱後ないしは加熱直後にたたいて靭性を増し、あるいは金属の延性・展性を利用してたたいて薄い箔を作る。加熱ないし天日で乾燥後、たたいて砕き、薬として利用されるものもある。

(3) 発酵型のたたき技術

アイヌがニセウ（ドングリ）やオオウバユリをたたきつぶしたものを天日にさらし、発酵させてアクを抜く。沖縄ではソテツを砕いたものをコウジカビで発酵させ、アクを除去する。アフリカでもキャッサバをつぶしたものを嫌気発酵させてアクを抜く。トウモロコシを搗いて水と混ぜたウソロは発酵させて飲用される。製紙のさい、紙の材料を水で加熱して放置し、発酵が進んだ段階でたたく技術がある。藍玉《あいだま》は、乾燥したアイの葉に水を打ちながら三カ月ほど発酵・熟成させたすくも（蒅）を臼で搗き固めて固形化したもので藍染用に使われる。ヨーロッパのトリモチも材料を加熱して発酵させた後にたたいてトリモチ成分を分離する。

以上の例にあるように、たたき技術はそれだけで完結するというよりも、水さらし、加熱、発酵、乾燥、凍結・解凍、酸（酢酸）処理、アルカリ処理（灰の利用）、脱炭・吸炭などの工程を通じてはじめて有効な意味をもつことが多い。この点でいえば、たたきの技術は人類の技術体系のなかではほんの小さな工程に過ぎない。しかし、きわめて広い領域にわたって適用される技術・

技法でもあり、人類の技術の基盤を形成すると位置づけてよい。植物学・民族植物学者の堀田満は、毒抜きを例示として、「単位技術」の組み合わせと位置づけ、採集狩猟段階から農耕段階までの発展系列として図示している[3](図5)。

2　アジアのたたき技術複合

ここで、たたき技術の展開をアジア的なひろがりで考える布石について指摘しておこう。縄文・弥生時代のたたき文化の実態、三角形モデル、毒抜きを例示とした堀田満のシェーマをふまえ、研究の焦点を中国南部から台湾、フィリピンに絞って考えてみたい。

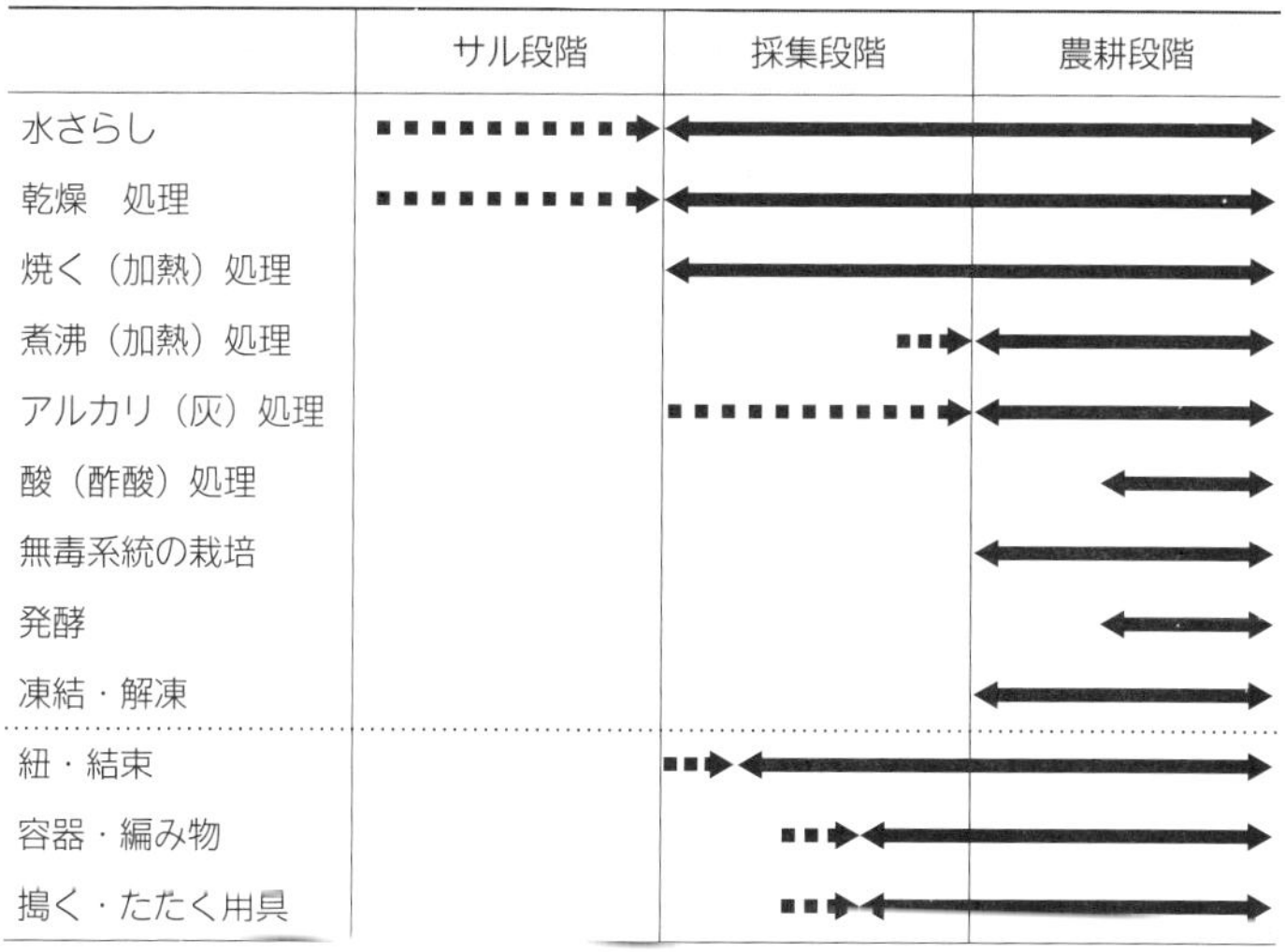

図5　毒抜きの単位技術と使用道具の展開

（堀田　1995）をもとに作成

私はかつて「たたき洗い」説を提案したさい、民族誌に見られる魚毒漁、樹皮布、染料、薬、石鹸、トリモチ、食物の水さらしなど一連のたたき技術に注目した(4)。具体例として、地域を東南アジア・オセアニアに絞り、採集狩猟民と農耕民をとりあげた。インド洋側のマダガスカルも南島語族にふくまれるのでこのなかに入れて考えた。

特徴点を指摘すると、インド北東部のナガ（Naga）諸族ではトリモチ用の樹皮を煮つめる例が多い(5)。ボルネオ島のサラワクではデリス属植物を魚毒とし、サゴヤシのデンプンを利用する。人類学者の松原正毅は、魚毒漁と樹皮布製作が技術として連動する説を提案した(6)。採集狩猟民の例として、マレーシアのオラン・アスリ（Orang Asli）、サラワクのプナン（Punan）、アンダマン諸島民（Andaman Islanders）をとりあげ、矢毒・魚毒の利用や野生のヤムイモのアク抜きにたたき技術が用いられることがわかった(7)。カロリン諸島やポリネシアで、クワズイモやコンニャク属のイモのアク抜きにたたき技術が用いられていた。一方、コンニャク属のイモの有毒成分はマレーシアのネグリートがイポー毒として使う。アフリカでも矢毒として使われる。

私は前述の論文で、台湾の高山族が魚毒、樹皮布、染料、薬、石鹸用にたたき技術を汎用してきたことを見いだしたが、トリモチと食物の水さらしについてはふれていなかった。しかし、トリモチの原料となるモチノキ属植物が台湾に分布するうえ(8)、狩猟用ではないものの、トリモチが使われている(9)。台湾ではタロイモ（水芋と畑芋）が重要で、水さらしの必要のない品種が食されているが、[10]ヤマノイモ科のタシロイモはアク抜きが不可欠である。塊茎をすりつぶし、真水に浸してから何度も洗ってアクをとり、乾燥して小麦粉状に加工して食用とされる。タシロイモはポリネシアン・アロールートとも称され、その名前は植物学・民族学の田代安定が台湾から日本へ明治・大正期に導入したことによる。

したがって、台湾の原住民はたたきにかかわる主要な技術を有していることになる。南中国の珠江流域で最古の樹皮布ビーターが発見されたことと、[11]台湾へ大陸から移住した集団と、台湾からフィリピン方面へと移住した集団の問題が遺伝学、先史考古学、民族植物学、比較言語学などの学際研究がおこなわれている。たたき技術の研究にとってこの地域の重要性はいうまでもない。[12]今後のさらなる資料の収集が大きな鍵となるホット・スポットである。

〈註〉

（1）C・レヴィ＝ストロース「料理の三角形」（伊藤晃、青木保ほか訳『レヴィ・ストロースの世界』みすず書房　一九六八）

（2）秋道智彌「アジアのナレズシと魚醤の文化」（滋賀県ミュージアム活性化推進委員会編『みんなで語る「ふなずし」の歴史』57〜105ページ　滋賀県ミュージアム活性化推進委員会　二〇一五）

（3）堀田満「食用植物の利用における毒抜き」（吉田集而編『生活技術の人類学』42〜65ページ　平凡社　一九九五）

（4）秋道智彌「魚毒漁の分布と系譜」（吉田集而編『生活技術の人類学』66〜98ページ　平凡社　一九九五）

（5）Mills, J. P.: *The Lhota Naga*. (MacMillan and Co. Ltd. 1922). Mills, J. P.: *The Ao Naga*. (MacMillan and Co. Ltd. 1922) Mills, J. P.: *The Rengma Naga*. (Spectrum Publications, 1980).

（6）松原正毅「焼畑農耕民ウキとなれずし」（『季刊人類学』1（3）：129〜154ページ　一九七〇）

（7）Kuchikura, Y.: Subsistence ecology among Semaq eri hunter-gatherers of Peninsula r Malaysia. (Hokkaido Behavioral *Science* Report.1). Man, E. H.: *The Aboriginal Inhabitants of the Andaman Islands*. (Sanskaran Prakashak, 1975). Shiva, V.: *The Vandana Shiva Reader (Culture of the Land)* (University Press of Kentucky, 2014).
（8）Hu, S.: *Ilex* in Taiwan and the Liukiu Islands. *Journal of the Arnold Arboretum* 34(2): 138–162, 1953.
（9）八木橋伸浩「台湾原住民族角力事情覚書」（『玉川大学リベラルアーツ学部研究紀要』7：31～44ページ　二〇一三）
（10）橋本征治「台湾蘭嶼におけるタロイモ栽培」（『関西大学東西学術研究所紀要』40：55～77ページ　二〇〇七）。小西達夫『タロイモは語る　今知られていること、伝えること』（東京農業大学出版会　二〇一三）
（11）Li, D., Wang,W., Tian,F., Liao,W., Bae, C. J.: The oldest bark cloth beater in southern China (Dingmo, Bubing basin, Guangxi) (*Quaternary International* 354: 184–189, 2014).
（12）Ko, A. M., Chen, C. Y., Fu, Q., Delfin, F., Li, M., Chiu, H. L., Stoneking, M., Ko, Y. C.: Early Austronesians:Into and out of Taiwan (*The American Journal of Human Genetics* 94(3): 426–436, 2014).

六　たたき技術の進化論

たたきの技法と技術は多方面にわたっており、くり返したたたく身体動作は慣習的な行為として社会に定着したことが想定される。たたく行為は主体である人間にとり、食物の食べやすさ、道具や衣服の柔軟性、居住環境における心地よさを創出した。また、たたきの技法は有毒成分を除去し、強靭な金属や極薄の金箔を精製した。城郭や道路などの石材を使った構造物の見直しには石材をたたいて成形する作業は不可欠であった。顔料を使った壁画は先史時代から芸術的表現を生みだした。衣食住の基本的な生活面から、武器、宗教儀礼、芸術に至るまで、たたきの技術が介在する側面とその意義ははかり知れない。もちろん、たたきの行為によって対象は破壊され、死に至る場合がある。たたきは生命を断ち、繁殖を阻害する意味を必然的にもっていた。

石や岩石・鉱物などの無生物をたたいて石器を作り、城郭や建築物の石垣や壁を建造するさいには、正確なたたき技術が不可欠であった。顔料を作りだすような場合、人間はことさら憐憫の情やためらいを覚えることはまずないが、それでも世界には石や岩に霊が宿るとする観念は皆無ではない。メラネシア地域では石に霊的な力であるマナ（mana）が宿っていると考えられており、アニミズムの観念として存在論的な意味が付与されている[1]。詳しく調べたわけではないが、アニミズム信仰をもつ人びとの社会では石をたたき割るような行為がどのようにとらえられているのか興味ある。いずれにせよ、以上の諸点から、たたき技術をまさに「たたき台」として人類文化と文明を考える史観の意義を以下で総括しておきたい。

1　初期人類のたたき技術

序章で見たように、ホモ・サピエンスをはるかさかのぼる原人（ホモ・エレクトゥス）や猿人（アウストラロピテクス）段階においても、遺跡にのこされた石器や顔料などから、たたき技術が数百万年前に起源をもつことが明らかとなり、たたき技術が人類の歴史にとり、果たしてきた大きな役割が次第に明らかとなってきた。すでにふれたとおり、二六〇万年前のホモ属最古のオルドワン石器をさらにさかのぼる三三〇万年前の猿人段階の石器がケニアのロメクウィ3遺跡で見つかった。人類史で、技術の発展・進化には気の遠くなるような長い時間を要することがさらに発掘から裏づけられたことになったわけだ。[2] コレージュ・ド・フランスの先史学部門のA・ルロア＝グーランが指摘したように、[3] モノに打撃を加える行為、つまりパーカッション（percussion）の技術には、切る、打ち砕く、たたく、挽く（弾く）などがあり、それらの基本的な技術として「あるモノを割る、つぶす目的で、別のモノに打撃を加える」行為ないし技術は、スラスティング・パーカッション（thrusting percussion）と呼ばれる。この行為がもった意味をはかり知ることは想像にすぎないが、たたくことのもつ解放感、たたく前後の変化に対する意外性など、心理学的な側面にも視野を広げて考える意味があるだろう。

2　チンパンジーとサルのナッツたたき

⑴西アフリカのチンパンジー

スラスティング・パーカッションの考え方は先史人類だけでなく、現世チンパンジーにおけるたたき行動でも見られるとする報告がある。つまり、類人猿であるチンパンジーが石を使ってナッツを割ることがわかっている。西アフリカのコートジボワールにあるタイ（Tai）国立公園やギニア、シエラレオネ、リベリアの熱帯雨林地域に生息するチンパンジーは、石や木片を使って石の上においたナッツを割る道具使用行動をもつことで知られている。

注目すべきは、前述したコートジボワール・タイ国立公園における考古学的な発掘調査から、過去にチンパンジーが使っていたとされる石器や、石器の使用痕、石器にのこされた食物残渣《ざんさ》粒の遺存体が発掘されたことである。放射性炭素の年代測定や食物残渣の安定同位体分析から、石器が使われたのはいまから四三〇〇年前であるという[4]。石器の摩耗状態は、現世チンパンジーの使う石器と類似しているという。発掘された石器の形態分析から、複数の研究者は予想外の結果を導きだした。オルドワン型の打製石器は、最大でも長さ一二センチ、重さ四〇〇グラム以下で、台石も一キロ以内である。しかし、タイ国立公園において、チンパンジーが利用した一四三四カ所のナッツたたきの場所、ハンマーの数一三三点を計測すると、六五％が一〇〇〇～九〇〇〇グラムで、一〇〇〇グラム以下が二三％、九〇〇〇グラム以上が一二％となっている（図6）。

　ハンマーの大きさは現世人類が手にして使用するものよりも大きいことがわかる。このことは、チンパンジーの把握力や腕の長さが人間よりも大きく、たたきにすぐれた身体器官を有するために可能であったと思われる。チンパンジーが原石に別の石を打ちつけて石器を作ったことが、複数の考古学者の検分からたしかめられており、ス

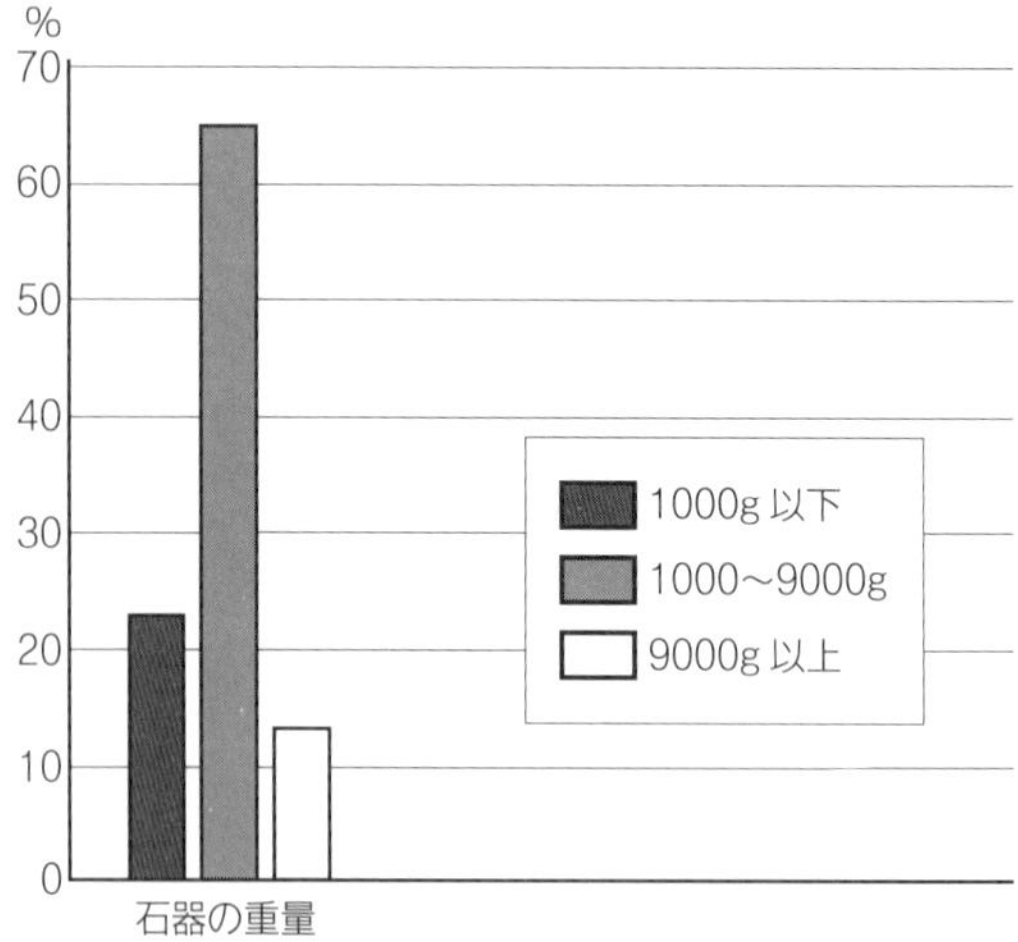

図6　コートジボワール・タイ国立公園における現世チンパンジーによって利用された石器の重量の割合

ラスティング・パーカッションをおこなったあとの大きさは平均最大長で九七ミリ（範囲：三五～二二〇ミリ）、重さも平均で七一〇グラム（範囲：二一～三七六一グラム）であった。これから、剥離されるまえの原石の厚みは最大で三二〇ミリ（範囲：七〇～六六〇ミリ）、最大重量は二〇三〇グラム（範囲：一四五～六七五〇グラム）と試算された。このサイズは、スラスティング・パーカッションによって人類集団が製作する石器よりも大型であると結論づけられた。実際、序章でふれたアシュール石器のハンドアックス、クリーバー、ピックの標本を見ても、最大長は一八〇ミリである。[5]

現世のチンパンジーが用いるナッツは五種類あり、ボロボロノキ科に属する通称アフリカ・クルミ以外は人間が利用しない。[6] また東アフリカのゴンベやマハレにおけるチンパンジー集団は石器を使うことがない。いずれにせよ、四三〇〇年前の石器の形態やすり減りかたは現世のチンパンジーの使う石器と酷似しており、二〇〇世代にわたって石器使用の伝統が継承されてきたと結論づけられた。

(2) オマキザル

チンパンジーの石器製作と使用に関する知見は大きな衝撃となった。チンパンジー以外にも、数は少ないが石を道具として使用する人間以外の動物の例がある。たとえば、新世界ザルに属する南米のオマキザルのなかで、クロスジオマキザルとキバラオマキザルが石や木切れを道具として使うことが報告されている。[7]

(3) カニクイザル

アジアでは、アンダマン海のメルグイ諸島の島じまでビルマカニクイザルが石器を使うことがすでに一九世紀に報告されている。[8] 最近の調査によると、カニクイザルは二種類の石器を使用することが確認されている。[9] 一つめは潮間帯で台石に甲殻類やナッツをおいてハンマーとなる石でたたいて押しつぶすためのものである。もう一つは海岸部のマングローブや岩に付着しているカキを掻きとるための石器である。たたき割るハンマーのほうが、掻きとり用のハンマーよりも大型である。また、カキを掻きとるために石だけでなく先端の鋭利な巻貝であるキリガイダマシも使う（図7）。

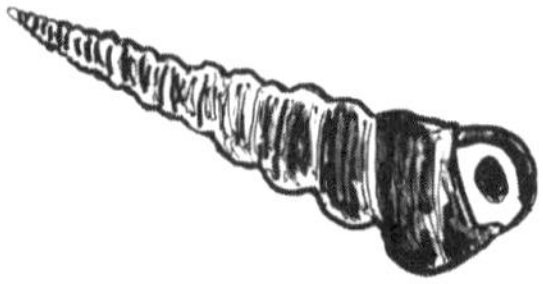

図7　ビルマカニクイザルが用いるのと同種のキリガイダマシ

西アフリカのチンパンジーの場合と同様に、タイのアンダマン海にあるピアク・ナム・ヤイ（Piak Nam Yai）島において、地表から一五～六〇センチの層から見つかった石器をカニクイザルが使用したものと同定する研究がおこなわれた。[10] 旧世界ザルののこした遺物としては初の成果となった。もちろん、カクニクイザルが石器を過去に使ったかどうかや、二〇一四年に発生したインド洋津波による影響についての議論があったが、地層の撹乱状態から津波の影響のなかったことや石器の使用痕や随伴するカキ殻の同位体分析から断定された。石器の大きさや利用目的に応じて、前述のように、二種類の石器が使われた可能性がある（図8）。貝類に対するたたき具としてのほか、海岸植生のモモタマナの実を割るために石器が使われることがある(11)。この実は海に浮くので広く拡散する。実は三〜六センチほどで、タイのアンダマン海に豊富に分布し、カニクイザルが集中的に使った。

以上、熱帯地域のサル（チンパンジー、オマキザル、ビルマカニクイザル）の石器使用行動について明らかにすることができ

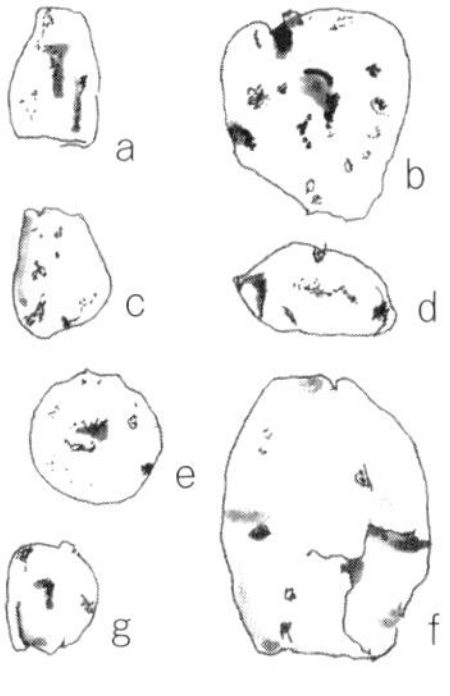

図8　ピアク・ナム・ヤイ島で採集されたカニクイザルの使った石器。A はハンマーとしてカキの身を開ける。P は巻貝を開けることを、A/P はそのいずれかを示す（Haslam *et al*. 2016）をもとに作成

図番号	材質	重量 (g)	長さ (mm)	幅 (mm)	厚さ (mm)	利用目的
a	玄武岩	45.8	43.7	31.9	31.6	A
b	玄武岩	70.8	69.0	60.8	14.4	P
c	玄武岩	34.1	42.6	37.8	17.4	A
d	玄武岩	21.4	51.1	32.8	10.4	A
e	玄武岩	31.6	46.7	43.6	12.2	A/P
f	玄武岩	175.8	86.8	66.0	25.0	A/P
g	玄武岩	14.6	36.5	32.1	8.9	A/P

た。カニクイザルの場合、海岸の岩場で石器を使い、ナッツをたたき割る、カキを掻きとるために石器が用いられることは明白で、海辺における霊長類のたたき具使用行動として注目しておいてよい[12]。このほか、ゴリラが木の棒で水場の深さをたしかめて、水のなかの餌となる植物を探す棒とする例や、オランウータンが木の棒をくわえて、果実の種子をくりぬく例や、つる植物をよじってロープを作る例があるが、石をたたく行動は報告事例がなく、チンパンジーのシロアリ釣りに用いられる木切れとおなじような道具使用にほかならない。

3 動物の道具使用行動とたたき技術

霊長類以外の例についてとりあげておこう。ラッコは海中で腹の上に台となる石をおき、二枚貝をたたいて割り、中の身を食べる。一九六四年にK・R・L・ホールとG・B・シャラーによる論文公表以来[13]、多くの調査と研究がおこなわれて現在に至っている。ラッコは分布域から三亜種に分けられている。アラスカやアリューシャン列島に棲むアラスカラッコ、サンフランシスコ周辺に棲むカリフォルニアラッコと太平洋西部の千島列島、コマンドルスキー諸島に棲息するアジアラッコである。ラッコは貝類、ウニ、魚などを食用とするが、個体群や個体によって石を使う行動はバラついている。かなりの時間、石を使う行動をもつ個体とまったく石を使わない個体がおなじ集団にいることもある。カリフォルニアラッコはアワビ、二枚貝、魚を摂食するさいに石を使うことがよく観察されるが、アラスカラッコはウニをよく食べ、石を道具に使うことは稀とされており、ウニや魚は前肢を使って引き裂いて食べる(14)。

ラッコ以外には、エジプトハゲワシがダチョウの卵に石を落として割る例がある。また、アメリカサギゴイが小石を水に落として魚を表層に誘導する例や、フクロウの一種が巣穴の前に糞をおいて甲虫を引きよせるような例があるが、いずれも直接モノをたたく行動ではない。日本でもカラスが道路上にクルミの実をおき、車がそのクルミを轢いて割れるのを察知してクルミの仁を食べる例も、後天的に学習したもので道具使用ではない。

4　発火法とたたき

食物の加熱処理について述べたが、そもそも人類は自然物に摩擦や打撃を加えて火をおこす技術を生みだした。伝統的な発火法には、大きく分けてたたきの技法と摩擦法がある。前者は黄鉄鉱・白鉄鉱の塊にケイ酸を主成分とするチャート、石英のほか黒曜石などの燧石を打ちつけて鉄片がはがれたさいに出る火花を火口《ほくち》に移して火種とする。石器時代からおこなわれてきた発火法であるが、古代以降は鋼鉄（＝火打金）に燧石（＝火打石）を打ちつけて火花を発生させるようになった。これはたたき技法にほかならず、発火法は人類にとり、きわめて応用範囲の広い画期的な技術革命となった。

発火技術には、このほか摩擦法がある。木の棒や割った竹をやわらかい木の溝にこすりつけて摩擦熱で火をおこす火溝《ひみぞ》式、割り竹の縁を直交するように木の枝や竹にこすりつけて発火するのこぎり式、籐のつるや竹ひごを割れ目のある木の枝に押しあててこすり発火させる糸鋸《いとのこ》式、木の棒を木の板のくぼみに立てて回転しながら発生する熱で火をおこす回転式発火法などの手法がある。いずれも木製の道具で木をこするさいに発生する摩擦熱を利用する点では共通している。「こする」「する」ことは英語でラブ（rub）と表現するが、マッチをすることは、ストライク・ア・マッチ（strike a match）と表現する。さらに、「する」ことはグラインディング（grinding）、パウンディング（pounding）、クラッシング（crushing）を意味し、広義の「たたき」技法にほかならない。つまり、あらゆる発火法は金属・石・木材を問わず、二つの素材をたがいにたたく、こすることにより達成されることを意味する。

5　たたき行動・技術の人類進化史

人類史をふまえて、たたき技術のあらゆる分野を探る作業を終えるにあたり、議論の到達点を明確にしておきたい。本書は、地球の生き物や大地と人間との相互作用を「たたき技術」を媒介として再構成した試みである。こうした研究はいままでなかった。

堀田満の言を借りれば、たたきの行為は人類の技術史から見れば「単位技術」に過ぎない[15]。長い人類史のなかでの採集狩猟段階は九割九分を占めており、そのなかでいまでも確証できる技術が石をたたいて石器を作る技術である。モノをたたく行為が最初にあったといってもよい[16]。では、本書の表題にあるように、ヒト（ホモ属）における技術として考えた場合、たたきの技術・技法をどのように位置づけることができるだろうか。

⑴たたき技術の進化モデル

本書の冒頭でたたき技術には、一撃で対象に有効な効果（対象の死、石核からの剥片の剥離）をもたらす場合から、何度もたたいてじょじょに効果を発揮する場合に分けて議論を進めてきた。とくにたたく行為が慣習化される点に着目した。ただし、チンパンジーもナッツをたたく行為を慣習化している点では人類とおなじといえる。そこで図9のように、たたく回数を横軸に、たたきの効果を縦軸にとり、いくつかのパターンを想定した。図のAは、一撃ないし数回のたたきで、大きな効果を得る場合である。原初的にはチンパンジーのたたき技術があてはまる。図のBは比較的少ない回数たたくことでその効果が得られる場合である。植物をたたいてペースト状にすることや、モチを搗く場合があてはまる。これはいわゆる慣習化（ハビトゥス化）されたたたき技術の例といえるだろう。

さて、Cは、最初からたたいてもさしたる効果が得られないがある時点から大きくたたきの効果が目に見えて飛躍的に増大する場合である。鍛冶で金属をたたく場合があてはまるだろう。最後のCの例はたたく過程で未来を予測する能力を前提とした技法である。いくらたたいても効果が出ないとあきらめるのではなく、辛抱強くたたく行為をくり返し、最終的には大きな効果を得ることにつながる。こう考えれば、A→B→Cと変化する工程を人類の未来予測能力の進化とは考えられないだろうか。慣習化が人類の思考と行為の体系に大きく関与したと考えるのである。この点はまだ仮設的な提案であり、今後の検証が必要だろう。

(2) 把握力と打撃の暴力

なぜ人類の祖先たちは最初にモノをたたいたのか？　この命題は人類史をたたき技術から再構成するうえで不可欠の問いであ

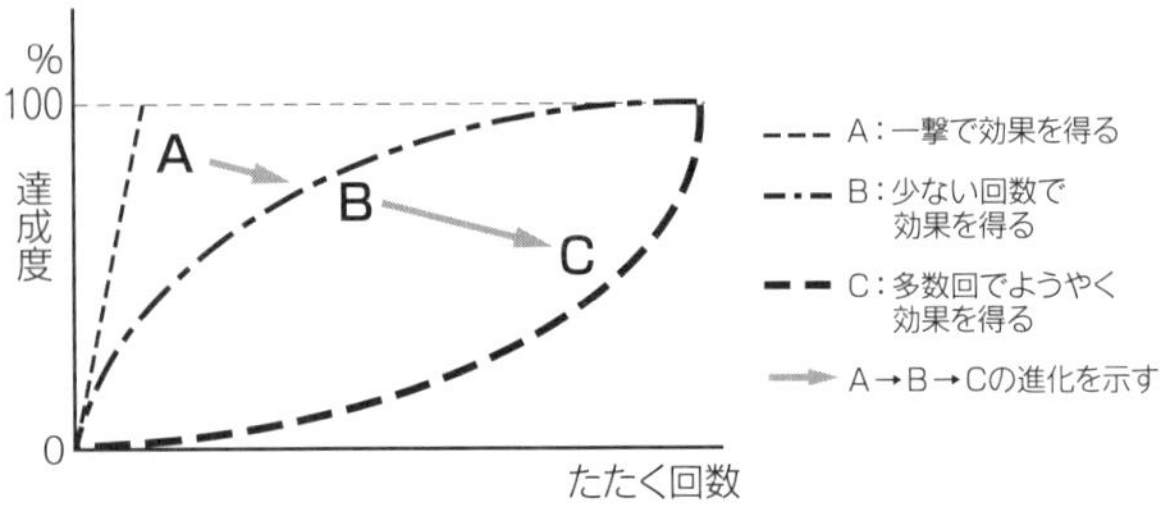

図9　たたく回数と得られる効果を示すたたきの進化仮説

る。まず、先史人類は二足歩行をすることによって両手が解放された。つまり、両手は歩行のさいの身体器官としてではなく、別の行為のために使うことが可能となった。そのさい、拇指対向《ぼしたいこう》性《せい》、つまり親指と他の四本の指を対向させてモノを握る能力を獲得していたことは重要である。霊長類にしか見られないこの性質は、樹上での生活をおこなった過去の時代に獲得されたとされている。つまり、ブラキエーション（腕渡り：**brachiation**）が重要な前適応（プレアダプテーション：**pre-adaptation**）となった。ただし、人類は後肢の把握能力を失ってしまった。

手の把握能力はモノを握って自然界に働きかける動作を容易かつ、日常化したことは想像に難くない。では、手で最初に握ったモノが長い木切れか石であった可能性があるとして、初期人類の生活にとり、どのような意味があったのか。

私は生存ないし生活面からして、食料の獲得と、外敵からの防御ないし攻撃が二つの重要な契機になったと想定している。手から口へ運ぶ動作を超えて、道具を使って食料の獲得・加工・抽出がおこなわれた。植物の場合、果肉などのやわらかい性質の部分でなくかたい殻や果皮は歯を使って割る、砕くことともに、石でたたいて種子をとりだすことがおこなわれた。すでにカニクイザルやチンパンジーはナッツをたたき割るために石器を使うことがわかっている。

動物食の場合、対象が攻撃をしかけてくるような肉食獣であれば、武器で追いはらうか、殺すか逃げるしかなかった。武器で戦う場合、石を投げつける以外に、相手の動物に強力な打撃が重要と考えられた。動物の骨を破砕するさいにも、植物の種子とおなじで、かたいものを扱うためにたたく行為が不可欠であった。

いずれにせよ、食料獲得や敵からの防御と攻撃にとって、道具でたたく行為はもっとも破壊的で、その意味を即座に理解できたに相違ない。つまり、暴力が目的を達成するもっとも有効で強力な行為であることを知ってしまったのである。人類にとっての暴力の萌芽がたたき技術であった。

(3)暴力の源泉としてのたたき技術の未来

いったん、たたきの行為が合目的であることが社会で共有されると、それはウイルスのように伝播し、拡散した。それだけでなく、たたきの道具である石器の効果や応用範囲は、より精緻な目的のため改良された。そのさい、暴力の行使が正当化されて広く受容されることとなった。たたくことは対象を破壊し、相手に死を与えることになるが、それが悪であるとは誰も考えなかった。植物繊維をたたくこと、肉をたたくこと、鋼をたたくことは、すべて人類の生存と文化や芸術にとり有益なものとされてきた。それゆえに、たたき技術は数万年、いや数十万年を経て継承されてきたのである。

たたき技術の発展は目を見張るものがある。人類がなんらの疑いもなく、たたき技術を志向してきた背景には人間存在を中心において考える発想があった。つまり、たたくことで生じる変化を予見し、その直接的な結果をみずからのために利用することが経験知となって蓄積されることとなった。

考えてみれば、数十万年前から先史人類が手に道具（＝石）をもって、ある対象をたたいた時点から、道具の種類や材質、形態は大きく変わってきた。およそ紀元前までにおけるたたき具となった石器の発展と遺跡名をまとめておいた（表6）。少なくとも、類人猿において萌芽的に見られたたたきの技術は、猿人、原人、旧人、新人段階を経て今日に至るまで持続・発展してきたといえるだろう。興味あることに、先史時代から今日に至るまで、たたく動作はまったく変わることのない

表6　人類進化と石器を中心としたたたき具の出現（紀元前まで）

進化段階	時代	たたき具	アフリカ・ヨーロッパ	日本
	B.C. 200~100			竪杵・臼（ツイジ・唐古）
	B.C. 400~300	ナッツクラッカー		
	B.C. 5000~4600	竪杵（河姆渡）		
古代中国・メソポタミア・エジプト・メソアメリカ	B.C. 8000~	石皿・石杵 臼・杵、メタテ・マノ		石皿・磨り石（三角山Ⅰ・八千代A・大正3）
	B.P. 3~2万年			局部磨製石器（下触牛伏）
新人	B.P. 4万年		オーリニャシアン	
旧人				
	B.P. 40万~25万年	破砕人骨	ムステリアン	磨石（ガラ竿）
原人	B.P. 150万~30万年		アシュール（コンソ）	
猿人	B.P. 330万年		ロムェクイ3	
類人猿・旧世界ザル		石：ナッツ割り		

身体技法であり、人類進化を通じて継承されてきた。

先史時代に端を発する技術の発達で、人類はきわめて多様なたたき技術を生みだして現在に至る。楽をしたいという欲望もあったであろうが、たたく行為を機械が人間に代わっておこなう時代が現出したのが現代である。しかし、いまなお手を使ったたたき技術は広くおこなわれており、じつに数十万年を経ても生きのこった「化石的な技術」といえる。

たたきのために人間が手を使う点はいまも昔も変わらないが、現代ではパソコンのキーやスマートフォンをたたく行為が日常化するようになった。つまり、対象を変形・破壊することなくたたき技術を適用する非破壊のたたき技術が台頭してきた。モノをたたく技術が内包する破壊と暴力はいまだ健在である。たたく行為のもつ暴力性は本源的であり、もっとも人間的な行為といえるだろう。この先、人間不在の技術が世界を席巻するようなことがあるのだろうか。

あえていえば、人間不在の技術が今後世界を広く、そしてくまなくおおいつくすまえに、数百万年前から育まれてきた、もっとも人間的な暴力の源泉としてのたたき技術にいま一度光をあてるべきではないだろうか。

序章で述べたように、たたきは人間と自然がつながるもっとも直接的な行為であり、反復することで慣習化され、世代を通じて継承されてきた。この点で「たたき」技術は始原性をもつとともに、言語を介しないが世代や文化を超えた（文化としての）遺伝性をもつ。異なった対象に似たようなたたき技術が応用されたことも目を見張る思いだ。対象が多岐にわたることで、たたき技術が単純な反面、多様性・汎用性・適応性をもつことが明らかとなった。たたきはまさに地球の錬金術といえるものだ。機械化と電子化、情報化、ＡＩ産業化、ロボット化の進む現代、人間不在の技術の将来を憂いたい。この点からも、本書が進化論、人間工学、生産技術をはじめ、造形芸術、音楽など多様な分野への強いインパクトになると確信する。

〈註〉

（1）Phillipe, D. *et al.*: *Beyond Nature and Culture*. (University of Chicago Press, 2014). 秋道智彌編『交錯する世界　自然と文化の脱構築　フィリップ・デスコラとの対話』（京都大学学術出版会　二〇一八）

（2）de Beaune, S. A.: The Invention of Technology: Prehistory and Cognition (*Current Anthropology* 45(2): 139–162, 2004).

（3）Leroi-Gourhan, A.: *L'Homme et la Matiere*. (Albin Michel 1971). ルロア＝グーラン・アンドレ（荒木亨訳）『身ぶりと言葉』（ちくま学芸文庫　二〇一二）

（4）Mercader, J., Barton, H., Gillespie, J., Harris, J., Kuhn, S., Tyler, R. and Boesch, C.: 4,300-Year-old chimpanzee sites and the origins of percussive stone technology (*Proceedings of the National Academy of Sciences of the United States of America USA*,104 (9): 3043–3650, 2007).

（5）諏訪元、ヨナス・ベイェネ、佐野勝宏、ブルハニ・アスファオ『アシュール石器文化の草創　エチオピア、コンソ』（図録）（東京大学出版会　二〇一七）

（6）Boesch, C., Boesch, H.: Optimization of nut-cracking with natural hammers by wild chimpanzees (*Behaviour* 83: 256–286 1982). チンパンジーが石器で割るナッツは、コウラ・エドゥリス（52％）のほかパンダ属のパンダ・オレオーサ（32％）、マメ科のスイート・デタール（9％）、パリナリ属のギニア・プラム（6％）とフミリア科のサコグロッティス・カボネンシス（1％）である。

（7）Fragaszy, D., Izar, P., Visalberghi, E., Ottoni, E. B. and de Oliveira, M. G.: Wild capuchin monkeys (*Cebus libidinosus*) use anvils and stone pounding tools. (*American Journal of Primatology* 64(4): 359–366, 2004). Moura, A. C. and Lee, P. C.: Capuchin stone tool use in Caatinga dry forest. (*Science* 306 (5703): 1909, 2004).Visalberghi, E. and Fragaszy, D.: The Etho-Cebus Project: Stone-tool use by wild capuchin monkeys. (In Sanz, C. M., Call, J. and Boesch, C. eds, *Tool Use in Animals-Cognition and Ecology*. Cambridge University Press, 203–222, 2013). Canale G.R., Guidorizzi C.E., Kierulff M.C.M., Gatto C.A.F.R.: First record of tool use by wild populations of the yellowbreasted capuchin monkey (*Cebus xanthosternos*) and new records for the bearded capuchin (*Cebus libidinosus*) (*American Journal of Primatology* 71: 366–372, 2009).

（8） Ca penter, A.: Monkeys opening oysters. (*Nature* 36: 53, 1887).

（9） Gumert, M. D., Kluck, M., and Malaivijitnond, S.: The physical characteristics and usage patterns of stone axe and pounding hammers used by long-tailed macaques in the Andaman Sea region of Thailand. (*American Journal of Primatology* 71: 594–608, 2009).

（10） Haslam, M., Luncz, L., Garrido, A. P., Falótico, T., Malaivijitnond, S. and Gumert, M.: Archaeological excavation of wild macaque stone tools. (*Journal of Human Evolution* 96: 134–138, 2016).

（11） Falótico, T., Spagnoletti, N., Haslam, M., Luncz, L. V., Malaivijitnond, S. and Gumert, M.: Analysis of sea almond. (*Terminalia catappa*). cracking sites used by wild Burmese long-tailed macaques. (*Macaca fascicularis aurea*) (*American Journal of Primatology* 79(5), 2017).

（12） C.W. Marean,: The origins and significance of coastal resource use in Africa and Western Eurasia. (*Journal of Human Evolution*. 77: 17-40, 2014).

（13） Hall, K. R. L., and Schaller, G.B.: Tool-using Behavior of the California Sea Otter. (*Journal of Mammalogy* 45(2): 287–298, 1964).

（14） Kelsey, E.: *The Quest for an Archaeology of Sea Otter Tool Use*. (*Hakai Magazine*. 2015), Fujii, J. A., Ralls, K., and Tinker, M. T.: Ecological Drivers of Variation in Tool-use Frequency across Sea Otter Populations. (*Behavioral Ecology* 26(2): 519–526, 2014).

（15） 堀田満「食用植物の利用における毒抜き」（吉田集而編『生活技術の人類学』42～65ページ　平凡社　一九九五）

（16） Oakley, K. P.: *Man the Tool-Maker*. (University of Chicago Press, 1976).

索引

索引項目は、たたき技術の道具と主要な対象物、たたきの技法と製品名、事例とした主要民族名を中心に選定した。詳しい記述のあるページのみとりあげた。

あ

か

あとがき

本書を脱稿するにあたり、「たたき技術」を主テーマとした構想の背景にふれておこう。私は一九九一（平成三）年、一一月一八～二一日に大阪の国立民族学博物館（民博）で開催された同館の特別研究「アジア・太平洋地域における民族文化の比較研究」におけるシンポジウムで「魚毒漁」について発表した。その内容は『生活技術の人類学　国立民族学博物館シンポジウムの記録』（平凡社、一九九八年）として公表された。

これを受けて、私は翌年『週刊朝日百科　植物の世界　九六』（朝日新聞社）のなかで、「植物をたたく」テーマをとりあげた。それからしばらく「たたき」への関心はブランクがあったものの、今回、あらためて考える機会を得た。最初の構想から本書の刊行に至るまで、二八年が経過したことになる。

本書では、植物や動物の食文化、樹皮布、製紙、土器製造、矢毒と魚毒、武器、金属や岩石の加工、スポーツ、楽器、絵画・彫刻・彫金などの芸術・工芸分野までを幅広く検討した。とりあげた地域は世界全体におよび、時代も類人猿段階から猿人、原人、旧人、新人と人類の進化を踏まえた考察を全体構想に組みこんだ。その意味で、たたき技術に関する網羅性、独創性を展開できたと自負している。まだまだ不十分な論点もあることだろう。読者の忌憚ないご意見をいただきたい。専門職人の方で、たたき技術を駆使して仕事をされている方々には恥ずかしい思いさえある。

本書では国立民族学博物館所蔵の標本資料を活用した。標本資料の選定と情報提供にさいして、同館標本資料係と同係の小関万緒さんにはたいへんお世話になった。お礼申し上げる。

本書の刊行を辛抱強く待ち、最初の構想と本書の構成についてご助言・ご示唆をいただいた「本作り空Sola」の檀上聖子さんには心から厚く感謝とお礼を申し上げたい。

なお、出典を明記していない図版・写真は著者作図・撮影によるものである。

二〇一八年一一月

秋道智彌

著者―秋道智彌（あきみち・ともや）

1946年京都府生まれ。東京大学大学院理学系研究科人類学専攻博士課程修了。理学博士（東京大学）。現職は山梨県立富士山世界遺産センター所長。2017年、伊波普猷賞受賞。著書に、『魚と人の文明論』『越境するコモンズ　資源共有の思想をまなぶ』（以上、臨川書店）、『食の冒険　フィールドから探る』『漁撈の民族誌　東南アジアからオセアニアへ』（以上、昭和堂）、『海に生きる　海人の民族学』『海洋民族学　海のナチュラリストたち』『クジラとヒトの民族誌』（以上、東京大学出版会）、『サンゴ礁に生きる海人　琉球の海の生態民族学』（榕樹書林）、『コモンズの地球史　グローバル化時代の共有論に向けて』（岩波書店）、『クジラは誰のものか』(筑摩書房)、『コモンズの人類学　文化・歴史・生態』（人文書院）、『アユと日本人』（丸善）ほか。編著に、『交錯する世界　自然と文化の脱構築　フィリップ・デスコラとの対話』（京都大学学術出版会）、『日本のコモンズ思想』『日本の環境思想の基層　人文知からの問い』（以上、岩波書店）、『水と世界遺産　景観・環境・暮らしをめぐって』（小学館）ほか多数。

カバー表1デザイン：中浜小織（annes studio）
協力：中山義幸（Studio GICO）
編集・制作：株式会社 本作り空Sola

たたきの人類史《じんるいし》

2019年3月10日　初版第1刷発行

著　者――――秋道智彌

発行者――――小原芳明

発行所――――玉川大学出版部
〒194-8610　東京都町田市玉川学園6-1-1
TEL 042-739-8935　FAX 042-739-8940
http://www.tamagawa.jp/up/
振替：00180-7-26665
編集　森　貴志

印刷・製本――創栄図書印刷

乱丁・落丁本はお取り替えいたします。

ISBN978-4-472-30311-1　C0039 / NDC389